天皇の歴史　4

天皇と中世の武家

河内祥輔
新田一郎

講談社学術文庫

目次

天皇と中世の武家

天皇の歴史　4

天皇と中世の武家

地図・図版作成
さくら工芸社

第一部　鎌倉幕府と天皇

河内祥輔

学術文庫版まえがき

この度、本書が学術文庫として再刊されるに当たり、私の執筆した第一部について、語句や図表の誤謬を訂正するとともに、正確で簡明な記述を目指して全面的に手を入れ、所々の文章を書き直した。ただし論旨は変更していない。

鎌倉幕府はなぜ生まれ、なぜ亡びたのか。本書第一部は平安から鎌倉へと変動する時代について、朝廷再建運動が変質しつつ継起するなかで、朝廷・幕府体制が成立、成長してゆく道筋を叙述した。とはいっても、この朝廷再建運動や朝廷・幕府体制という言葉は私の独自の用語であるので、多くの読者はこの見慣れない言葉に戸惑われるかと思われる。この言葉の意味・内容は、本書を読まれてご理解いただくようお願いしたい。この新しい用語の必要性を納得していただければ幸いである。

平安・鎌倉時代の政治や天皇について考えるには、個々諸々の事件、事象の史料を解釈、分析するのは勿論であるが、それとともに、その政治や天皇の独特のあり方を念頭に置いて、我々現代人の持ち合わせない、この時代人特有の感性や心性を想像、描出してみることが不可欠である。たとえば次のようなことがある。

一つに天皇は在位の天皇と退位した天皇とで何人も存在するのが普通であった。江戸時代の末から天皇は一人だけで続いてきたので、現代人は複数の天皇という感覚に馴染まなくなっている。しかし、この点は今後変化するかもしれない。折しも今、天皇の退位が取り沙汰され、近々、新旧二人の天皇が存在することになるとみられるからである。

二つに天皇は朝廷の中に閉じ籠り、貴族集団に覆われ隠された神秘的な存在であった。対して現代の天皇は頻繁に国民の前に現れて語りかけ、国民も日常的に天皇を話題にしている。この現代の天皇イメージは過去には通用しないものである。

三つに天皇は皇位継承者を自分の意思で選定した。現代は皇位継承の順位が皇室典範に規定されて、天皇には皇位継承者を選ぶ権能がない。そのため、現代人には平安・鎌倉時代における皇位継承問題の政治的重大性が理解しにくいものになっている。

四つに天皇・貴族・武士は自分を神の子孫と信じ、日本国の支配を神から託されているという神国思想を信じていた。彼らの行為とこの彼らの心性との繋がりを考えなければ、彼らの行為の意味は理解できない。これも現代人にはない政治感覚である。

このほかにも天皇の「正統《しょうとう》」主義など、様々な問題がある。それらが総体として醸し出す時代的景観の中に、個々の事件、事象の具体的分析を違和感なく溶かし込むことができるかどうか、政治史の成否はそこにかけられるであろう。短編ではあるが、そのようなことを思いながら、この概説を執筆した。

最後に、本書の原本からお世話いただいた講談社の鈴木一守氏に深甚の謝意を表したい。

二〇一八年二月吉日

河内祥輔

はじめに

十二世紀末に、日本史上初めての全国的規模の本格的な内乱が起きた。この内乱は普通は源平の争乱とか、治承《じしょう》・寿永《じゅえい》の内乱と呼ばれているが、本巻第一部においては、一一八〇年代内乱と呼ぶことにしたい。この内乱の中から新しい武士の政治組織、すなわち、鎌倉幕府が誕生する。その結果、政治体制はそれまでの朝廷の支配から、朝廷・幕府体制（朝廷と幕府の協同支配）へと大きく変化した。なぜこのような変化が起きたのであろうか。本巻第一部のテーマは、この変化の意味を天皇との関わりにおいて考えることにある。

日本史の全体を振り返ってみよう。十九世紀半ば過ぎに明治維新が起きた。明治維新によって幕府は滅亡し、幕藩制は崩壊したが、このとき幕府とともに、朝廷が解体、消滅したという事実をみることが重要である。逆にいえば、朝廷はこのときまで、実に一五〇〇年ほども存続してきたことになる。この朝廷の歴史をみると、その前半の八〇〇年ほどは単独で政治的支配を行い、その後半の七〇〇年近くは幕府とともに支配を行った。幕府は鎌倉幕府、室町幕府、徳川幕府と興亡を重ねても、朝廷はそれなりに生き続けていたが、結局、最後は幕府とともに消滅したのである。そこに、幕府なくして朝廷は立たず、朝廷なくして幕府は立たない、という両者の関係を読み取ることもできるであろう。

本巻第一部が叙述するのは、この朝廷の歴史がその前半期から後半期に移る変わり日に当たる時期である。

明治維新まで、日本国の支配者は朝廷であるという理念は崩れなかったが、本巻第一部が扱うのは、理念のみならず、実態においても朝廷の支配が行われていた時代である。この第一部の内容は、終始、政治が朝廷をめぐって動いてゆく様相を書き綴ることになろう。その中で天皇は、終始、政治の中心に描かれるであろう。その意味において、朝廷の支配には実質があった。鎌倉幕府が強大化して朝廷の支配は衰弱する、というような単純なことではない。朝廷と幕府のそれぞれのあり方を問い直したいと思う。

もう一点、注意すべきことがある。明治維新以前においては、天皇はあくまでも朝廷の中の存在であった。貴族に幾重にも取り囲まれ、外からは姿の見えない存在であった。この朝廷の中に包み籠められていた天皇と、朝廷が解体されて裸の存在となった近現代の天皇とは、明らかに異質である。中世の天皇を今の時代の感覚で考えてはならない。天皇に限らず、貴族も武士も同様に、彼らの行動は彼らの時代のものの考え方に即して理解しなければならない。難しいことながら、そこに面白さがあろう。

第一章　平安時代の朝廷とその動揺

1　再建される朝廷

長い平安な時代

平安時代とはよく言ったもので、その四〇〇年間は、政治的にはまことに平安な時代であった。秩序は安定し、平和は長く維持された。一一八〇年代内乱にはじまる中世と対比すれば、その特色は明らかである。一一八〇年代内乱のみならず、承久《じょうきゅう》の乱、鎌倉幕府の滅亡と十四世紀内乱（南北朝内乱）、そして応仁《おうにん》・文明《ぶんめい》の乱、戦国時代へと、中世はまさに内乱の時代である。平安時代と鎌倉・室町時代とはなぜかくも異なるのか。そのわけを知るには、まず、平安時代とはどのような時代か、ということから見つめなければならない。

平安時代の朝廷をみると、いくつかの特徴がある。

第一に、天皇の皇統が安定化した。

皇統とは、父から子・孫へと皇位継承を続けてゆく血統のことをいう。平安時代の前の奈良時代は、天武《てんむ》天皇の子孫が皇位を継承する、天武系皇統の時代であった。それが八世紀末、天智《てんじ》天皇（天武の兄）の孫である光仁《こうにん》天皇の登場によって、皇統は天武系から天智系に一挙に大転換した。このような皇統の大転換が起きると、朝廷の秩序は不安定になり、政治情況は大いに動揺することになる。しかし、平安時代にはこの光仁系皇統がそのまま続き、その中で小さな転換は時折あっても、皇統の大転換は起きなかった。これは朝廷が安定化しえた最大の要因とみなされる。

第二に、摂関制が成立し、摂関の家系が貴族のリーダーの地位を固めた。九世紀以後、藤原良房《ふじわらのよしふさ》と養子の基経《もとつね》からはじまる家系は、二〇〇年余りにわたって天皇の外戚《がいせき》となり、摂政・関白の役職を独占して、貴族の首座にあったが、その地位は天皇の外戚を外れるようになった後も継続し、摂関家として貴族の最上位の家格を確立した。貴族のリーダーが一つの家系に固定化されたというこの特殊な仕組みが、朝廷の安定化をもたらしたのである。摂関は貴族全体を束ねる役を果たし、天皇と摂関の協調を基軸にして朝廷は運営された。

第三に、上流貴族（公卿《くぎょう》）を摂関の子孫（藤原氏）と天皇の子孫（源氏）が独占した。平安時代の朝廷を絵に描くとすれば、天皇と摂関の周りをその親族が公卿として取り囲むという、この姿になろう。摂関は、摂関を族長とする親族の秩序と、彼ら親族に内在する親和的関係とに依拠して、貴族を束ねていた。朝廷それ自体が一つの親族集団であるという特殊な事情が、朝廷の安定化をもたらしたといえよう。

以上のように、平安時代の朝廷には安定的状態を長く保つための基本的条件が備わっていた。しかし、それだけで安定化が得られるものではない。政治史の実際の動向を眺めてみよう（拙著『古代政治史における天皇制の論理〔増訂版〕』参照）。

安定期と不安定期の反復

平安時代には次のように、安定期と不安定期が繰り返し現れた。

八〇六年〈桓武《かんむ》天皇の死〉
不安定期①　平城《へいぜい》・嵯峨《さが》・淳和《じゅんな》天皇（兄弟）の「正統《しょうとう》」をめぐる争い
←　八四二年〈承和《じょうわ》の変〉
安定期①　嵯峨天皇系（仁明《にんみょう》〜陽成《ようぜい》天皇）が「正統」として存在
←　八八四年〈陽成天皇退位事件〉
不安定期②　「正統」が退位し、光孝《こうこう》・宇多《うだ》天皇が「正統」を志向
←　九〇一年〈菅原道真《すがわらのみちざね》失脚事件〉
安定期②　醍醐《だいご》・村上《むらかみ》天皇が「正統」として存在（「延喜《えんぎ》・天暦《てんりゃく》の治」）
←　九六七年〈村上天皇の死〉
不安定期③　冷泉《れいぜい》天皇系と円融《えんゆう》天皇系とに皇統が分裂（「正統」をめぐる争い）
←　一〇一七年〈敦明《あつあきら》親王皇太子辞退事件〉
安定期③　後朱雀《ごすざく》・後三条《ごさんじょう》・白河《しらかわ》・鳥羽《とば》天皇が「正統」として存在
←　一一五六年〈保元《ほうげん》の乱〉

不安定期④　平治《へいじ》の乱・治承《じしょう》三年政変・一一八〇年代内乱の続発
　　←
　朝廷・幕府体制の成立

右で明らかなように、不安定期は何回も現れたが、そのたびごとに事件が起き、安定期が回復された。安定期はいずれも「正統《しょうとう》」の天皇が揺るぎなく存在しているのに対し、不安定期は「正統」の天皇が定まっていない。この「正統」の天皇が定まるかどうか、そこに承和の変、陽成天皇退位事件、菅原道真失脚事件、敦明親王皇太子辞退事件などが関わっていた。次に、これら諸事件の様相を探り、キーワードとなる「正統」の意味を説明しよう。

「正統」の天皇

(1) 承和の変（八四二年）

桓武天皇の死後、その三人の皇子、平城・嵯峨・淳和が相次いで天皇に即位し、皇統が分裂する不安定期となった。承和の変は皇太子の恒貞《つねさだ》親王（淳和の子）が謀反の罪を着せられて失脚した事件であり、かわって皇太子に仁明天皇の子（文徳《もんとく》天皇。嵯峨の孫）が立てられ、皇統は嵯峨系に一本化した。これにより嵯峨系が「正統《しょうとう》」の地位を確立した。

(2) 陽成天皇退位事件（八八四年）

仁明から文徳・清和《せいわ》・陽成と皇位は父子一系で継承され、陽成は「正統」の地位にあった。しかるに陽成は殺人事件を起こし、退位させられる。かわって傍系の光孝天皇、次いで宇多天皇（光孝の子）が即位し、結局、宇多が「正統」の地位を確保するに至った。

（3）菅原道真失脚事件（九〇一年）

宇多上皇は菅原道真と共謀し、長男の醍醐天皇を退け、三男の斉世《ときよ》親王を即位させようと企てた。これは「正統」の後継者を醍醐ではなく、斉世にしようと意図したからである。しかし、醍醐がこれに反発し、藤原時平《ときひら》をはじめとする貴族と連携して、道真を失脚させ、父宇多の企図を挫いた。宇多の院政は幕を閉じ、以後、醍醐系の皇統が永続し、「正統」となった。

（4）敦明親王皇太子辞退事件（一〇一七年）

村上天皇の死後、皇位継承が兄の冷泉天皇系と弟の円融天皇系の二つに分裂して進行し、五〇年も異常な不安定期が続いた。そこで摂関家の藤原道長《みちなが》は皇太子の敦明（冷泉の孫）に圧力をかけて辞退に追い込み、かわって円融の孫（後朱雀天皇）を皇太子に立て、冷泉系を廃絶させた。これにより、以後、円融系の皇統が永続し、「正統」となった。

これらの事件に共通するのは、皇統の成立や廃絶の問題である。いずれも二つの皇統が争い、勝利した側が永続する皇統となった。(1)→(2)→(3)→(4）と進行するに従い、嵯峨系→光孝系→醍醐系→円融系へと、永続する皇統が決まっていった。これをまとめると、次頁の「天皇系図（平安時代前期・中期）」になる。

中心の太い幹が永続する皇統であり、その周りの枝葉は廃絶した皇統や一代限りの天皇である。（1）〜（4）の事件はこの中心の太い幹を作る運動であった、とみることができよう。皇統は決していくつにも枝分かれしてはならない、皇統は必ず一本の幹にならねばならない、という考え方がこの運動に貫かれている。

この中心の太い幹、即ち、父子一系で繋がる一筋の血統（皇統）が、中世では「正統」と呼ばれた。「正統」の語は、北畠親房《きたばたけちかふさ》『神皇正統記《じんのうしょうとうき》』の題名にもなっているように、中世の読み方は「しょうとう」である。「せいとう」は江戸時代の儒学の読み方であり、意味も全く異なるので、読み方を区別する必要がある。

「天皇系図（平安時代前期・中期）」でいえば、光仁、桓武、嵯峨、仁明、光孝、宇多、醍醐、村上、円融、一条、後朱雀、後三条だけが「正統」であり、それ以外は非「正統」になる。この区別は天皇としての権威の優劣にかかわっていた。同じく天皇とはいっても、「正

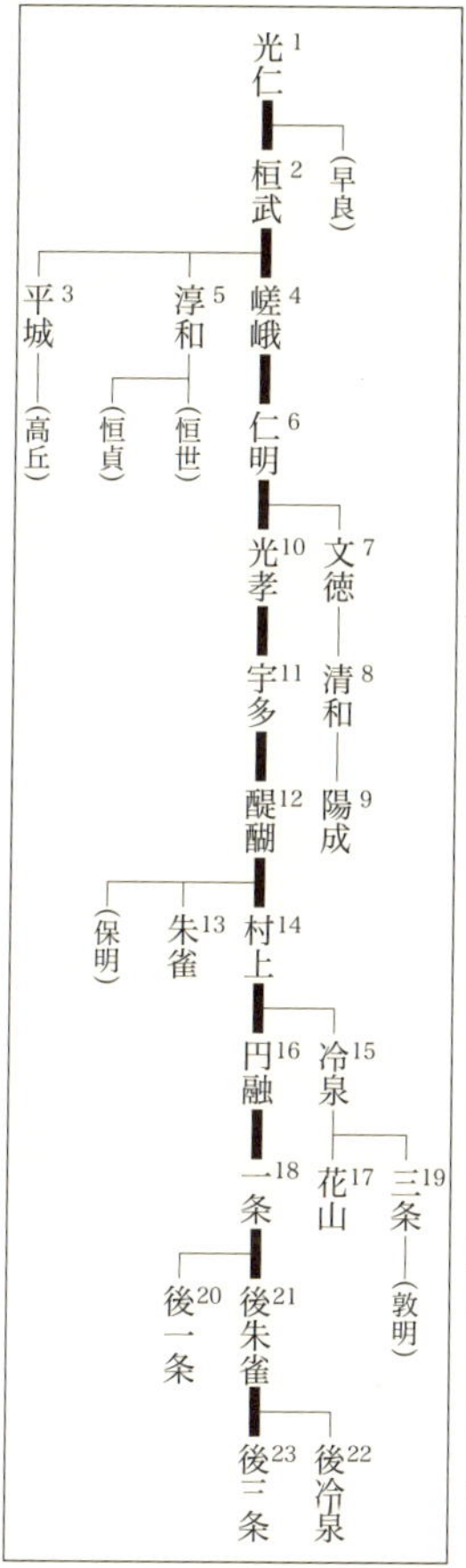

天皇系図　平安時代前期・中期

統」の天皇は天皇としての権威が十分に認められたのに対し、非「正統」は権威に欠ける天皇とみなされた。皇統の形成＝「正統」＝権威ある天皇、という関係である。

このような「正統」の理念は、『神皇正統記』に語られている。親房はこの書に、「正統」が天皇制の本体であり、「正統」の天皇こそが真に価値ある天皇である、という趣旨を説明しているが、この考え方は古代・中世における普通の天皇観であったとみなすことができる。朝廷では江戸時代の終末にいたるまで、この考え方が保たれていた。

「正統」とは、初代の天皇と伝えられる神武《じんむ》天皇（さらに遡《さかのぼ》れば天照大神《あまてらすおおみかみ》）と現存の天皇とを結ぶ父子一系の血統である。現代の日本人にはこの感覚はない。明治維新以後、日本人は「万世一系」という言葉を使うようになったが、この「万世一系」は「正統」の父子一系とは別のものである。「万世一系」の場合は、すべての天皇が皇位継承の順番通りに一列に並んでいるというイメージであり、その意味で、すべての天皇は同質である。重んじられるのは皇位であり、皇統（血統）ではない。

具体的な例をあげると、江戸時代の朝廷では、いわゆる北朝（光厳《こうごん》天皇など）が正式な天皇であり、南朝は天皇とは認められなかった。江戸時代の天皇は北朝の子孫であるから、「正統」の理念による限り、それは当然のことである。しかし、明治維新以後になると、政府は南朝を正式な天皇と認め、北朝の光厳や崇光《すこう》天皇を（明治天皇等の祖先であるにもかかわらず）正式の天皇とは認めないことにした。それは天皇制の本体を皇位とみなす発想と結びついている。これが「万世一系」の理念であり、古代・中世ではありえない考え方である。

朝廷再建運動

以上のように、平安時代の朝廷は、たとい「正統」の定まらない不正常な状態に陥っても、それを必ず克服し、再びあるべき姿を回復する復元力を備えていた。不安定期の原因は解決され、「正統」と秩序は繰り返し再建された。そこに朝廷の支配が永続した理由を解く鍵があるとみるべきであろう。

　ここで注目されるのは、(1)～(4)の事件のいずれにおいても、その事件の中心に摂関の家系の者がいることである。(1)の良房、(2)の基経、(3)の時平、(4)の道長がそれぞれの事件の中心にいた。そして、彼ら摂関はいずれも天皇を担ぎ、貴族の大多数を味方につけて、政変に勝利した。天皇と摂関が協調し、貴族全体がそれを支持する、という形こそ、朝廷のあるべき姿とみなされたのであり、それによって朝廷は秩序と安定を回復することがで

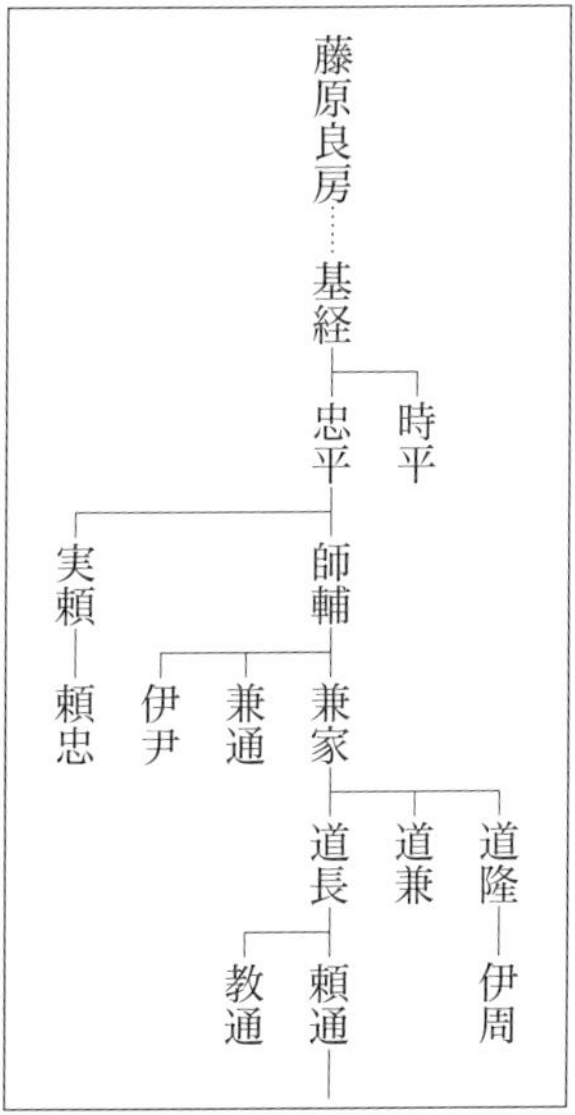

摂関の家系　平安時代前期・中期

きたのである。

（1）〜（4）の事件は、かかる意味において、朝廷再建運動と呼ぶことができる。朝廷再建運動は朝廷自身の内発的な運動であり、朝廷に生じた混乱や分裂を朝廷の内部で解決していた。平安時代に朝廷が生き続けた原動力は、このような朝廷再建運動の活力にあったといえるであろう。

2　院政と摂関

後三条天皇の院政

安定期③は、まず、藤原頼通《よりみち》が五〇年間も摂政・関白を務めた時期にはじまり、ついで後三条天皇の登場を経て、白河天皇の院政から鳥羽天皇の院政へと続いた。この一四〇年間（一〇一七〜一一五六年）をひと括《くく》りにするのは、短い波瀾《はらん》の時期はありながらも、基本的に「正統」の天皇が存在したからである。

関白頼通が後朱雀天皇の意に反し、後朱雀の次男である後三条の立太弟に反対した事件は有名である。しかし、頼通が反対した理由は、よく誤解されているように、彼が後三条の外戚ではなかったからということではない。次頁の「後三条天皇系図」に見るごとく、後三条の血筋は全く摂関の家系の中に包み込まれている。後三条の外戚は頼通しかいない。実際にも、後三条の母は道長の娘同然に育てられ、この母子は頼通に庇護されていた。後三条が天皇になることは、外戚同然の頼通にとって何の不都合もない。

　頼通が後三条の立太弟に反対した理由は、兄弟継承という点にある。兄弟継承は皇統の分裂に繋がり、「正統」が定まらなくなる危険が大きい。まさに不安定期③の再来が予想されよう。頼通は、「正統」は兄の後冷泉天皇が受け継ぐとする既定方針を守り、摂関としての責任を全うしようとしたとみるべきであろう（ただし、後冷泉には子が生まれず、その結果、「正統」は後三条に受け継がれた）。

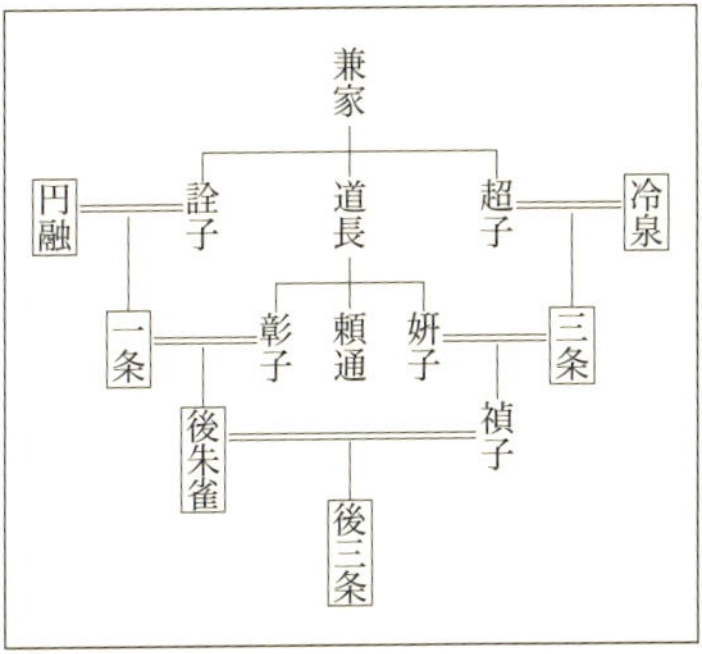

後三条天皇系図

　後三条が関白と対立した逸話は、確かにいくつか伝えられている。しかし、後三条は基本的に摂関家と融和・協調する方針をとった。それは皇太子（白河天皇）の妃に摂関家の師実《もろざね》（頼通の子）の養女（賢子）を選んだことによく表れている。それは、つまり、白河の後は再び摂関家が天皇の外戚になることを期待するという意味である。後三条にとって最も頼りとなるのは、やはり摂関家であった。

　しかし、ここで一つの異変が起きた。後三条に男子（実仁親王。白河の異母弟）が誕生すると、その途端に、後三条はこの生まれたばかりの子を天皇にしたい、と望むようになった。一〇七二年、後三条は在位五年で白河に譲位し、わずか二歳の実仁を皇太弟に立てた。これは白河を「正統」から外し、実仁を「正統」の後継者にするという意味である。皇太弟とは一般的にそのような地位である。

後三条にはさらに将来の計画があったはずであり、数年後には白河から実仁に譲位させ、その後は、実仁の子孫に皇位を継承させるまで見届けるつもりであったろう。そこまで実現しなければ、実仁は「正統」にはなれない。

これが後三条の院政である。しかし、実際には、後三条は譲位のわずか半年後に死去し、始まったばかりの院政は、あっけなく終わりを告げた。

院政とは何か

天皇は譲位すると、太上天皇《だいじょう》の称号になる。略して上皇《じょうこう》といい、出家すると法皇《ほうおう》という。太上天皇は「院」とも呼ばれ、「院政」の「院」とは太上天皇を指す。つまり、「院政」とは太上天皇の執政の意味であり、江戸時代の造語である。

ほとんどすべての天皇にとって、皇位継承は最大の関心事である。天皇の多くは自分で皇位継承計画を立て、それを達成することに生涯をかけた。その目的に向かって、在位を長く続けることもあれば、譲位をする場合もある。前者の例は桓武、醍醐、村上、円融、一条などの天皇であり、それぞれ皇位継承計画との絡みで在位が長期化した。

一方、後者の例は光仁、平城、宇多、三条、そして、後三条などの天皇であり、彼らは譲位を皇位継承計画を実現するための手段に使った。この場合、譲位は決して引退に繋がらない。依然として朝廷の中心に存在し、重要事案の処理に関わりを持ち続けることになる。そして、皇位継承計画をさらに推進する。これが「院政」である。

天皇は、在位であろうと、譲位をしようと、天皇であることに変わりない。七〜八世紀に譲位が制度化されると、天皇は同時に幾人も存在するようになった。その中で、最も権威ある天皇が執政を担い、それを「治世《じせい》」という。その権威は何に基づくかといえば、それは「正統」の理念である。父が太上天皇、子が在位の天皇であれば、「正統」に目されるのは父であり、天皇の権威は父に集中するから、父の太上天皇が執政を担うのは当然のこととなる。

このように、「院政」の根底にあるのは「正統」の理念である。「院政」は天皇制の本質そのものの現れであり、その意味では、「院政」は朝廷の正常なあり方といえよう。かかる見方からすれば、「院政」の起源は八世紀末の光仁の譲位にあるとみることができる。九世紀には平城や宇多の例があり、特に宇多は代表的である。そして、後三条・白河以降、「院政」は常態化したが、中世後期以後は断続的になり、江戸時代末期の光格《こうかく》天皇が最後の例となった。

なお、在位の天皇が執政を担う場合は、「親政《しんせい》」と呼ばれる。それは「院政」を行うべき父が不在（死去・引退など）のときである。「院政」と「親政」は天皇の執政（「治世」）の二つの型であり、異質のものではない。

白河天皇の院政

白河は父後三条によって傍系とされた。それが白河の、天皇としての出発点である。しかし、その父の死去によって、「正統」への活路が開かれた。実仁に皇位を渡さず、ひたすら在位を続けていた彼に幸運が訪れる。実仁が一五歳で死去したのである。翌一〇八六年、白河はさっそく譲位し、自分の子（堀河《ほりかわ》天皇）を即位させた。白河院政の始まりである。

即位した堀河の母は関白師実の養女賢子である。摂関家の女性を母とする点において堀河は「正統」の資格を具えており、これが白河の強みになった。実は、実仁が死去したとはいえ、その同母弟に輔仁《すけひと》親王がおり、この輔仁が実仁に代わって「正統」の後継者に目される余地は十分にありえた。白河は輔仁に対抗しながら、自分の皇統を築かねばならない。それが白河院政の課題であった。

一一〇三年、堀河に待望の男子（鳥羽《とば》天皇）が誕生した。この吉報に白河は落涙したというが、白河自身、ここにはじめて「正統」の地位を固めたのである。以後、孫の鳥羽のみならず、曾孫の崇徳《すとく》天皇の即位（一一二三年）までも思い通りに実現できたのは、七七歳の長寿のお蔭といえよう。

院政を全うし成功させたのは、白河が初めてである。それまでは、平城・宇多のように敗北に終わったものや、光仁・後三条のように半年ほどで死去して実質のないものばかりであった。この点、白河院政は画期的である。

白河と摂関家の関係をみると、白河は基本的に摂関家を重んじていた。鳥羽と崇徳の生母は摂関家の出身ではなかったが、崇徳の中宮には関白忠通《ただみち》の娘を迎えている。将来は摂関家が再び外戚になることを望んだのであり、それが白河の最後の仕事になった。関白忠実《ただざね》（師実の孫）を処罰して引退させた事件（一一二〇年）が目を引くが、これは白河と鳥羽との対立に根本の原因があり、白河が摂関家を敵視したものではない。ただし、忠実の行動には何かと問題が多く、白河と忠実とが協調できなかった責任の大半は、忠実に帰せられるようにみえる。白河は忠通（忠実の子）とは良好な関係をつくっている。

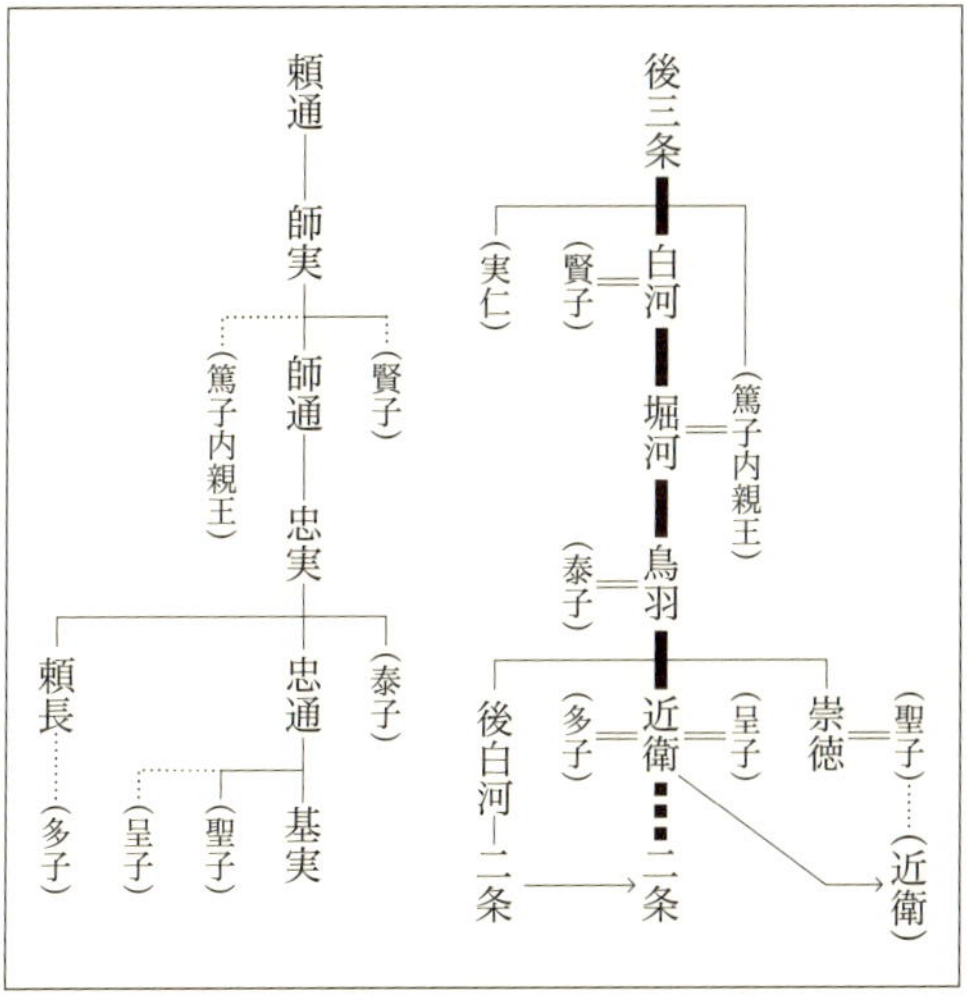

天皇・摂関系図　平安時代後期（平治の乱まで）

鳥羽天皇の院政

鳥羽は生まれながらの「正統」である。その鳥羽も自らの意思で「正統」の後継者を決めようとして、祖父の白河と対立した。

鳥羽が一七歳のとき、長男の崇徳

鳥羽天皇　「天子摂関御影」より。宮内庁三の丸尚蔵館蔵

が誕生する。そのとき、白河は崇徳を「正統」と決めたが、鳥羽はそれに従わず、独断で関白忠実に働きかけ、忠実の娘（泰子）を妻に迎えようとした。白河はこれに激怒し、忠実を処罰する。鳥羽はこの白河の威圧に負け、結局、崇徳に譲位し（一一二三年）、以後、表向きは白河に従順な態度をとって、自分の時代が来るのを待った。

　白河の死去（一一二九年）から鳥羽の院政が始まる。鳥羽はまず、宇治に引退させられていた忠実を朝廷に呼び戻し、関白忠通の上に据えた。そして、その娘の泰子を妻に迎えて宿願を果たすが、子供は生まれなかった。

　その後、鳥羽の寵愛する妻（得子）に男子が誕生すると（一一三九年）、彼はこれを「正統」の後継者に決め、誕生の三ヵ月後に皇太弟に立てた。さらに二年後、崇徳からこの近衛《このえ》天皇に譲位させる。こうして、鳥羽は祖父白河からの自立を果たした。

　なぜ鳥羽は崇徳を「正統」にしなかったのか、という理由について、『古事談《こじだん》』には、実は崇徳は白河の子（「叔父子《おじご》」）であったとの説が書かれている。しかし、もろもろの反証があり、この話を鵜呑みにすることはできない。かかる怪しげな話に依《よ》らずとも、鳥羽が崇徳を嫌う心理は理解できるように思われる。崇徳は白河によって「正統」に決められたのであり、白河の権威を象徴していた。鳥羽にはそれが我慢ならないのではないか。あたかも自分が白河に支配されているように感じたのであろう。そこに崇徳に対する疎《うと》ましさが生まれる。天皇は、自分の意思で「正統」の跡継ぎを決めたとき、自分こそ権威ある天皇であると納得することができるのである。

鳥羽はこの近衛の成長を見守った。安定期③はこの鳥羽院政の終わりまで続いた。

3　動揺のはじまり

中世への入り口

平安な時代はなぜ終わったのか。以上に朝廷の支配が続いた経過を述べたが、この時代は十二世紀後半にいよいよ終わりを迎えることになる。その節目は、安定期③が鳥羽の死去（一一五六年）を境にして、不安定期④に転換したことにあった。

ところで、この安定期から不安定期への転換それ自体は、何も珍しいことではない。既述のごとく、その現象は平安時代を通して反復されてきた。したがって、この不安宗期④も克服され、次に安定期④へと進むのではないかと予想されて当然であろう。

しかしながら、この予想に反して、来るべき安定期④は、実際には到来しなかったのである。不安定期④の結末は、幕府の成立、即ち、朝廷・幕府体制への転換という激変をもたらした。なぜ朝廷はこのとき、あの安定化への復元力を発揮できなかったのであろうか。不安定期④には何か特殊な事情があるのであろうか。これが中世への入り口である。そこでまず問われるべきは、不安定期④の中身は何か、という問題である。

近衛天皇の死

一一五五年、鳥羽に大きな挫折が訪れる。「正統」の後継者である近衛が、一七歳の若さで死去した。脳腫瘍らしい。近衛には子供もなかったので、鳥羽は仕方なく、次の天皇に四男（崇徳の同母弟）を選び、即位させた。それが後《ご》白河《しらかわ》天皇である。その皇太子には後白河の子（二条天皇）が立てられた。

後白河はこのとき「正統」に選ばれたのではない。鳥羽が近衛に代わる「正統」の後継者に選んだのは、後白河の子の二条である。

二条は既にこの二年前、近衛の病状が悪化して譲位が問題になったとき、新天皇の候補者に挙げられていた。それは父の後白河を即位させずに、子の二条を即位させるという案であり、関白忠通が持ち出したものである。この父を即位させないという、一見、奇妙な案の意味は、二条が傍系であり、単なる中継ぎ役として即位することを公然化させる点にあった。譲位後も近衛が「正統」の不動の地位にあることを周知させ、将来は近衛の子孫を間違いなく天皇に即位させるための策である。ただし、このとき鳥羽には近衛の譲位の決断がつかず、この案はたなざらしにされていた。

ところが、今やその肝心の近衛が死去し、「正統」はいなくなった。誰かを「正統」の新しい後継者にしなければならないが、鳥羽としては、崇徳の復活だけは許したくない。そこで鳥羽は、この中継ぎ役で名の挙がっていた二条を、急遽《きゅうきょ》、次の「正統」の後継者に選んだのである。しかも、鳥羽は後白河の即位に難色を示した。それは、「正統」が近衛から二条に継承されるという形に固執したからである。二条をすぐに即位させる案や、近衛の同母姉（八条院）を即位させる女帝案（二条は皇太子）などが提起され、鳥羽は「後白河は天皇の器ではない」とまで発言した。

しかし、この鳥羽の意向は、関白忠通の支持を得ることができなかった。忠通は鳥羽に「現存する父からまず即位させるのが順当である」と進言し、鳥羽はこの意見を受け入れ、後白河の即位が実現する運びとなる。

後白河天皇　「天子摂関御影」より。宮内庁三の丸尚蔵館蔵

とはいっても、以上のような経過は貴族の知悉《ちしつ》するところであり、「正統」は子の二条であること、父の後白河は子への中継ぎ役に過ぎないことは、朝廷全体に知れ渡った。

二条は立太子の後、元服を加え、近衛の同母妹の妹子内親王と結婚する。これは二条が近衛から「正統」を継承することの証しであった。

鳥羽法皇の死

鳥羽は、その翌年の一一五六年（保元元）七月二日、五四歳で死去した。彼自身は死後に混乱が生じるとは思っていなかったらしい。しかし、彼が死去するや否や、事態は一挙に揺れ動き始めた。

鳥羽の死から三日後、後白河天皇と関白忠通が手を組み、崇徳上皇と左大臣藤原頼長《よりなが》を謀反人呼ばわりして、追い落とす行動に出た。頼長は忠通より二三歳年下の異母弟である。ここに対立の構図が明瞭になる。しかし、崇徳と頼長は、実際にはまだ手を組んでいたわけではない。後白河・忠通派が一方的に彼らを謀反の一味に仕立てたのである。

崇徳はこのとき、父鳥羽の終焉の地である鳥羽殿（京都の南郊）に滞在していた。彼は父の臨終の日、京の御所から鳥羽殿に駆けつけたが、父の遺体に対面することを拒絶され、それに激怒して鳥羽殿の中の一つの屋敷に引き籠ったまま、葬儀にも参列しなかった。父の鳥羽が「自分の死に顔を崇徳に見せるな」と遺言していたためである。この仕打ちに逆上した崇徳は、初めてあからさまに父に対して反抗する態度をとった。そこに後白河が付け入ったのである。

後白河は父の死に強い不安を覚えたと思われる。同母の兄、崇徳の存在がにわかに重くのしかかったからである。もともと後白河は崇徳の屋敷の部屋住みの身であり、天皇としての権威は崇徳より著しく劣っていた。天皇の地位を守るには、今、崇徳を蹴落とさねばならない、と後白河は焦ったのであろう。

他方、忠通と頼長は、摂関家の後継者をめぐって、既に一〇年余りも反目していた。摂関家の当主である忠実は頼長を擁護し、忠通と親子の縁を切るなど、父子は厳しく対立した。

この摂関家の内訌《ないこう》に対して、鳥羽は生前、介入を控え、話し合いによる解決を求める態度を取っていた。鳥羽の存在によって紛争の激化は抑えられていたが、今、鳥羽が死去してその抑止力が消滅した途端に、過激な行動が噴出したのである。まず忠通が動いた。忠通は忠実・頼長を失脚させ、自ら摂関家の当主になることを目指して、一気呵成《いっきかせい》に攻勢を仕掛けた。

後白河と忠通は、それぞれの目的を果たすために、互いに手を取り合う必要があった。一年前に忠通が後白河の即位を進言したのは、かかる連携を予期してのことであったかもしれない。かくして、後白河・忠通派は崇徳・忠実・頼長をまとめて謀反の一味に仕立てたが、ここで窮地に立たされた崇徳が思い切った行動に出た。

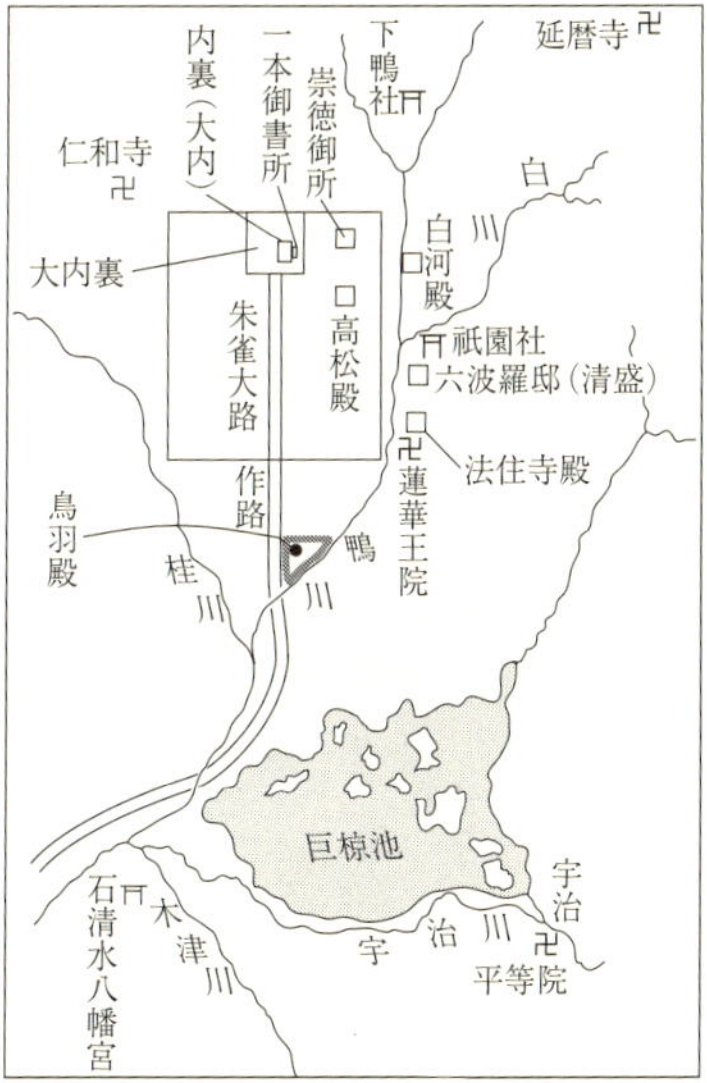

保元の乱・平治の乱関係地図

崇徳上皇の反発

崇徳は鳥羽の初七日法事（七月八日）にも欠席したうえ、その翌九日の真夜中、突然、鳥羽殿を抜け出し、白河殿《しらかわとの》に入った。前頁の「保元の乱・平治の乱関係地図」に見るごとく、白河殿は鴨川を挟んで京に隣接し、貴族の邸宅が密集する地域に近い。何よりも、白河殿は白河上皇・鳥羽上皇の御所として、院政を象徴する邸宅であった。崇徳が白河殿に入った理由はこの点にあろう。

崇徳は、自分こそが白河・鳥羽の後継者として朝廷の中心にいることを貴族に訴えかけ、後白河に対抗しようとしたのではないかと考えられる。後白河の攻撃をはねのけることができるかどうか、それは貴族の支持が得られるかどうかにかかっていた。貴族が多数、崇徳のもとに参仕してくれれば、負けることはない。白河殿は貴族に参仕を促すのに最適の邸宅である。彼はここで貴族を待ち受け、形勢の逆転をはかった。

なお、崇徳は挙兵を企てて白河殿に入ったとする説もあるが、これには現実的根拠がない。白河殿は地理的に挙兵には向かない。もしも挙兵をはかるのであれば、忠実のいる宇治に行くべきであろう。崇徳には兵力など、挙兵の準備もみられない。挙兵説は否定されてよい。

翌十日、後白河方は崇徳の意外な行動を知って驚愕した。白河殿と後白河の内裏である高《たか》松殿《まつどの》とは、互いの様子が見えるほどの近さである。後白河方はとっさに、崇徳はまさに挙兵したと判断し、すぐさま京中の武士に召集をかけた。夜になる頃には一〇〇〇騎ほどの武士が集まり、戦闘態勢がつくられた。

かたや、崇徳方の情況をみると、この日、白河殿に参仕した公卿は、頼長と崇徳側近の一人と、合わせて二人に過ぎない。頼長は崇徳の呼びかけを受けて宇治から駆けつけたが、白河殿に到着したのは十日の暮れ方である。これをみても、崇徳と忠実・頼長との間に事前の連絡はなかったことがわかる。

ところが、注目すべきことに、公卿の姿がないのは崇徳方だけではない。後白河方も同様なのである。高松殿に参仕した公卿は、わずかに忠通とその長男の基実《もとざね》の二人だけであった。高松殿も白河殿も、そこには天皇と摂関家の者がいるだけであり、公卿は皆、白邸に引き籠るという異様な光景となった。両方ともに孤立的様相を深めた。

かくして、鴨川を挟み、西側には大軍がひしめく一方、東側には微々たる人数しかいないままで、緊張は極度に高まった。武力攻撃を受ければ、崇徳方はひとたまりもない。勝敗は誰の目にも明らかであった。

保元の乱へ

後白河方は午前二時頃になって、ついに武力攻撃の開始を決定し、軍勢が白河殿に向かって出発した。戦闘態勢が整ってからこの出陣まで、軍勢は六時間ほども待機させられたが、それは忠通が出陣命令を出すのを渋っていたためである。

後白河の側近で下級貴族の信西《しんぜい》は、武士の源義朝《みなもとのよしとも》とともに、出陣命令を早く出すよう、関白忠通に強く要求した。後白河の立場からこの情況をみると、崇徳をこのまま白河殿に居すわらせるのはきわめて危険であろう。日が経つにつれて、公卿の中に崇徳に参仕しようとする動きが出ないとも限らないからである。一刻も早く崇徳を白河殿から追い出し、紛れもない謀反人に仕立てる必要があった。

この信西等の出陣要求に対し、忠通はただひたすら沈黙を守って、これを拒み続けていた。忠通は、崇徳方が白河殿から自主的に退去するのを待っていたのであろう。彼は武力の行使だけは何としても避けたかったに違いない。武力行使となれば、父の忠実は正真正銘の謀反人になるからである。それは摂関家として前代未聞の不祥事であり、その痛手はあまりに深い。そこで彼はかかる災難を回避しようとして、崇徳方が自ら降参することに望みをかけた。しかし、忠通の黙《だんま》り戦術も六時間ほどが限界であった。彼はついにやむなく出陣を命じ、ここにこの事件は「乱」となった。

一方、崇徳が退去しなかった理由は、彼は彼で、貴族が参仕するようになるまで、そのまま待ち続けようとしたのであろう。崇徳は、よもや天皇である自分に対して武力攻撃が加えられることはあるまい、とたかを括っていたのかもしれない。

この合戦は、戦闘で死んだ者は一人もいない。つまり、戦闘らしい戦闘はなかったとみられる。十一日の朝、攻撃は白河殿に火を放ち、全員を追い出して終了した。あらかじめ東側には軍勢を配置せず、崇徳をはじめ、全員が東門から逃げ出るのを傍観した。その後、全員を捜索、逮捕し、死刑や流刑に処している。後白河方がこのような作戦をとったのは、天皇である崇徳に危害が及ぶのを避けるためであったと考えられる。ただし、頼長だけは逃げる際に流れ矢に当たり、その負傷に因って死亡した。

後白河は崇徳を厳罰に処し、讃岐《さぬき》国に流した。天皇が流罪になるとは、当時の人々にとって信じがたい衝撃的なことである。崇徳はついに京都に戻ることなく、讃岐の地で死去した。

崇徳方の者に対する処罰も非常に重く、忠実の幽閉、貴族の流罪のほか、武士二〇人が死刑にされた。これは崇徳を流罪にする以上、武士には死刑を当てはめねばならないということであろう。

乱はなぜ起きたか

天皇同士の合戦に多数の武士が動員されるという華々しさに目を奪われると、あたかもこのとき朝廷は真っ二つに割れたかのような印象が生まれるであろう。しかし、事実はそうではない。この保元の乱は、崇徳・後白河・忠実・忠通の四人だけの事件であった。「正統」二条（皇太子）と大多数の公卿は、この事件に全く姿を見せない。そこにこの事件の特徴がある。大多数の公卿はこの二条を護る立場にいたとみなければならない。

朝廷の中心勢力＝本流は「正統」二条と公卿集団であり、それは故鳥羽法皇の「正統」路線を継承し、鳥羽の遺志を遵守しようとするグループである。この朝廷の中心勢力＝本流は事件を傍観していただけであり、分裂も動揺もなく、二条の「正統」の地位は少しも揺らぐことがなかった。

他方、例の四人はこの本流の外にいた。崇徳と後白河はもともと「正統」から外れているが、本来は本流にいるべき摂関家も本流から外れてしまった。保元の乱はこの傍流化した四人が脇道を暴走して引き起こした事件である。

問題は摂関家にある。骨肉の争いは摂関家の権威を貶《おとし》め、忠実も忠通も貴族の信任を失い、貴族を結集する力を失っていた。それが彼らを暴走に駆り立て、摂関家自身が「乱」の元凶になった。これは平安時代のそれまでの摂関家のあり様とは全く別の姿である。

もちろん、もしも摂関家に分裂がなく、忠実・忠通父子が一体の関係にあるとしたならば、保元の乱のような事件が起こるはずはない。摂関家は「正統」二条を擁し、貴族を束ねて本流を固め、崇徳や後白河がいかなる意図を懐こうとも、その動きを封じ込めるであろう。そうなれば、朝廷の安定期はなお長く続いたはずである。しかるに、そのあるべき姿とは打って変わり、摂関家は自ら朝廷に混乱をもたらす主因となった。ここに保元の乱の最も注意すべき問題点がある。

保元の乱は、「正統」が健在であっても、摂関家に分裂や抗争が生じた場合には、朝廷には不測の事態が起こりかねないことを明らかにした。「正統」の行方とともに、摂関家がはたして立ち直るのかどうか、その行方がこれからも問題になるのである。

4　平治の乱から後白河院政へ

信西の横死

乱の後、すべては故鳥羽法皇の遺志に添って進んだ。一一五八年、後白河は三年間在位しただけで譲位し、二条天皇が即位する。後白河はいかにも中継ぎ役らしい、短い在位であった。

この二条の即位を推進するなど、この頃、朝廷の運営を切り盛りしていたのは、信西である。信西は法名で、本名を藤原通憲《みちのり》という下級貴族であるが、きわめて有能であり、鳥羽の信任を得て、側近として長く活躍した。上流貴族の評判もよかった。

彼はまた、後白河の乳母《めのと》を妻にしたことにより、後白河の側近にもなり、保元の乱でも崇徳に対する武力攻撃を主導するなどの働きをみせた。彼は故鳥羽の遺志の忠実な遵奉者《じゅんぽうしゃ》であり、後白河にもその立場で仕えた。彼の考え方は、二条が「正統」の地位を確立すれば、後白河も父として自ずと「正統」の系列に入るのであるから、後白河は父鳥羽の敷いた路線に満足して当然である、ということであろう。

二条天皇　「天子摂関御影」より。宮内庁三の丸尚蔵館蔵

ところが、一一五九年（平治元）十二月九日、突然、この信西が襲撃される事件が起こった。襲撃を企てたのは権中納言《ごんのちゅうなごん》藤原信頼《のぶより》という後白河の側近である。信頼はここ二、三年の間に後白河の寵愛を一身に占めるようになり、官位も急激に昇進して、信西を凌ぐ勢いになっていた。その信頼が源義朝等の武士を動員し、後白河の御所で信西を待ち伏せしたが、信西は危険を察知し、京外に逃亡した。この混乱で、後白河の御所は焼失した。

信西は信楽山《しがらき》（近江国境）に逃れ、その山中に穴を掘り、土中に身を埋めて、念仏を唱えつつ餓死しようとしたが、数日後に捜索隊に発見され、自ら刀を胸に突き刺して自殺した。彼の首級は切り取られ、「大路渡《おおじわた》し」の後、京の西獄《にしのごく》の門前に晒された（梟首《きょうしゅ》）。また、彼の息子等も流罪となった（縁坐《えんざ》）。信西は謀反罪の処罰を受けたのである。しかも梟首とは異様である。梟首の刑は源義親《よしちか》以来、五〇年ぶりのことであった。

誰が信西にかかる仕打ちを加えたのであろうか。『平治物語』は軍事クーデターまがいに、信頼が朝廷を牛耳ろうとしたかのような話に作っているが、信頼ごときが一人でそのようなことをなしうるはずもない。この九日事件の真相は何か。それを見極めるためには、この事件の顚末《てんまつ》を見届けなければならない。九日事件の半月後、十二月二十五日に第二の事件が起きる。この二十五日事件こそ、歴史上に大きな意味をもつ事件であった。

公教の反後白河運動

信西の死に様を見せつけられた一人の公卿が、これは朝廷の屋台骨を揺るがす大事件であるという強い危機感を懐いた。その公卿とは内大臣藤原公教《きんのり》である。

公教は閑院《かんいん》流三条家の祖である。閑院流は白河・鳥羽・後白河の外戚となって上流貴族に昇り、摂関家につぐ高い家格を得た。この頃、公教は朝廷の運営を担う働き盛りであったが、信西と同様に、かつては鳥羽の側近であり、近衛没後の皇位継承問題の審議にも参加した。ともに故鳥羽路線の遵奉者として、信西とはきわめて近い関係にあったとみられる。

公教は密かに反信頼派を結集する工作活動を始めた。まず、二条天皇の外戚（藤原経宗《つねむね》）や側近（藤原惟方《これかた》）を説得し、二条の同意を取り付け、次に、公卿の大多数を味方に引き入れて、二条を担ぐ貴族集団を作った。ここで重要なのは、この活動が後白河には極秘裏に行われたことである。つまり、後白河は敵側とみなされていた。

さらに公教は、抗争を一挙に決着させるために、意想外な作戦を企てた。それは二条を内《だい》裏《り》から脱出させるという奇策である。そして、公教がこの計画の実行役に起用したのが、平清盛《たいらのきよもり》である。清盛はここではじめて、この事件に関わることになった。

なぜ二条を内裏から脱出させるのか。その理由は、この時、後白河と二条が大内裏《だいだいり》の中で隣り合わせに住んでいたからである。そこに事件の真相を解く鍵があるように思われる。

二条は即位以来、大内《おおうち》（大内裏の中の内裏）に居住していた。しかるに、後白河は、九日事件で御所が焼けた後、よりによってその大内の東隣の一本御書所《いっぽんごしょどころ》という建物に引っ越してきた（保元の乱・平治の乱関係地図〈三五頁〉参照）。上皇は内裏に隣接して住まないという原則があり、また、大内裏の中に住まないという原則もある。後白河のやり方は二重の原則違反であり、すこぶる異常といわねばならない。そこには二条を自分の支配下に置こうとする意図が表れていると

平清盛　「天子摂関御影」より。宮内庁三の丸尚蔵館蔵

みることができよう。この後白河の行動は、九日事件に彼自身が深く関わっていたことを示している。

二条を内裏から脱出させるのは、二条を後白河の支配から解放するためである。二条と後白河を引き離し、二条を自立させるためである。そのようにみれば、公教にとって真の敵は後白河その人であることになろう。公教は反後白河派を結集しようと運動したのである。その仕上げが二条の内裏脱出であった。

この二条の内裏脱出は二十五日夜に決行された。これについては慈円《じえん》『愚管抄《ぐかんしょう》』に詳しい。清盛は見事にこの脱出を成功させ、二条を洛東六波羅《ろくはら》の私邸に迎え入れた。その報せを受けて、公卿は続々と六波羅の清盛邸に駆けつけた。後白河は一人、大内裏に取り残され、六波羅に結集した二条・貴族集団と対峙する形になった。

二条派は事の成り行きを後白河に通告し、後白河の身の処し方を彼自身の意思に任せた。後白河には、信頼と結束して二条派と闘うか、二条派に降参するか、一人孤立するか、三つの選択肢があったと思われるが、彼は三番目の道を選び、大内裏を脱け出て、六波羅とは正反対の方角にある仁和寺《にんなじ》に逃げ込んだ。信頼を見捨て、自分は局外の場に身を置いたわけである。

翌朝、信頼は空っぽになった大内を見て、呆然と立ち尽くした。彼は都合が悪くなれば捨て駒にされる役割であった。

平治の乱とは何か

この二十五日事件は公教らによる反後白河運動である。それが九日事件に端を発しているとなれば、九日事件の張本人も後白河であることになろう。確かに、信西を謀反人に仕立て、梟首に処することができるのは、後白河しかいない。襲撃するはずの場所が後白河の御所であったことも符合する。

信西は後白河に逆らったために、後白河によって抹殺されたとみることができる。梟首の刑は衆人に対する見せしめであろう。それは、自分に逆らう者はこのようになるという、後白河の強烈な警告である。後白河は、信西を殺してでも、何かをやろうとしていたのである。

その問題とは何か。それは二十五日事件で明白になったように、後白河と二条の対立関係、即ち、皇位継承問題をめぐる父子の対立であることに間違いなかろう。「正統」は故鳥羽の決めた二条であるとする立場と、「正統」は後白河の意思で決まるとする立場と、この二つの路線の相克である。

事件を推測してみよう。後白河は、自分こそが「正統」であることの証しとして、将来の「正統」を自分の意思で決めようとした。その第一歩は、自分の選んだ子を立太子させることである。丁度このとき、後白河の次男（守覚法親王《しゅかくほっしんのう》）が出家への道に入ろう（入室）としていた。出家をすれば、皇位継承の資格は失われる。つまり、後白河はこの次男を「正統」候補者に選んだのではないか。そこで、この次男の出家を阻止し、立太子を実現しようとしたのではなかろうか。

おそらく、信西はこの後白河の計画に反対して殺されたのであろう。「正統」二条の擁護を信念とする信西を除かなければ、次男の立太子は到底実現しえない。九日事件は後白河なりのぎりぎりの決断であった。それに反応したのが公教らの貴族である。二条擁護派は結束して二十五日事件を起こし、後白河を屈服させた。

以上が事件の本筋である。本篇はこれで終わったのだが、しかし、これに付録が付く。翌二十六日、信頼に動員されていた武士の源義朝が武力蜂起に走り、この事件は「乱」になった。義朝は自分が謀反人の立場になったと知って、死刑を覚悟し、自暴自棄になる。保元の乱では武士は死刑になり、義朝自身、父為義《ためよし》の死刑を執行したからである。義朝は清盛に戦いを挑んで敗れ、逃亡の末、尾張《おわり》国で殺された。また、義朝の子の頼朝《よりとも》は伊豆《いず》国に流罪にされた。

『平治物語』は清盛と義朝の武士同士の対立が事件の原因の一つであるかのように描くが、それは的外れである。合戦という終わり方はこの事件の本質とは関係がない。

また、信頼については、彼はろくな取り調べも受けずに、二十七日に死刑にされた。口封じといえよう。それは後白河をこれ以上は追及しないという意味である。公卿の死刑は三五〇年ぶりのことであった。

摂関家の復帰

ところで、まだ肝心の人物が登場していない。それは摂関家の忠通《ただみち》（大殿）・基実《もとざね》（関白）父子である。摂関家はこの事件で何をしていたのであろうか。

実は、公教らは摂関家を後白河派と目し、敵方とみなしていた。それは、この間、基実が信頼の妹と結婚し（男子が誕生）、摂関家は後白河に擦り寄る態度をみせていたからである。公教らの運動は摂関家を全く排除して行われた。

二十五日夜、忠通・基実父子は二条天皇が六波羅に入ったとの報せを聞き、急遽、六波羅に駆けつけた。ここで二条擁護派に加わらなければ、摂関家の生き延びる道はない。しかし、摂関家に対する風当たりは厳しく、迎え入れようとしない雰囲気があった。公教はここで摂関家が排斥されてはならないと考え、一計を案じ、居並ぶ公卿らを飛び越して、遠くにいる清盛に声をかけた。

「大殿と関白殿が参られたということだが、どうしたらよいものであろうか」

清盛は次のように答えた。

「大殿と関白殿はこちらからお迎えに上がらねばならない方々でありますのに、わざわざお出でいただくとはまことに恐れ多いことです。お入りいただくのはいうまでもありませんん」

まさに公教が期待した通りの返答であった。勝利に興奮していた公卿らも、この清盛の発言に冷静さを取り戻す。この瞬間に、摂関家はその地位を辛《かろ》うじて持ち堪《こた》えることができた。貴族社会の秩序の伝統は保たれた。

そして、これは清盛が公卿らの信用をかち得た場面でもある。清盛が単なる一介の武士ではなく、政治家としての度量と見識を具えた人物であったことを、この逸話はよく物語っている。彼の栄達は彼に寄せられる信用に支えられていた、という側面をみなければならない。

この台詞のごとく、清盛は摂関家の権威を重んじる思想の持ち主であった。彼は決して場当たり的に発言したのではない。これが彼の思想であるとみることによって、彼の後年の行動（治承《じしょう》三年政変など）もよりよく理解することができる。平安時代的朝廷のあり方を尊重しようとする彼の考え方は、上流貴族の公卿らよりもむしろ保守的であるといえよう。さらにいえば、源頼朝もまた、摂関家の権威を重視する点では清盛と同様であった。清盛や頼朝にかかる共通の考え方がみられることは興味深いが、それは下流貴族出身の者の思想的特徴であるといえるかもしれない。

朝廷再建運動の変質

平治の乱の本質は朝廷再建運動である。既述のごとく、朝廷再建運動は平安時代を通して何度も繰り返された。その中でも、平治の乱に最もよく似ているのは菅原道真失脚事件であろう（本書二〇頁）。

両者を比較すると、天皇父子が対立したこと（父は宇多と後白河。子は醍醐と二条）、皇位継承問題が原因であり、父の上皇が長男の天皇を「正統」から外そうとしたこと、子の天皇と貴族が団結して父の上皇と対決したこと、子の天皇と貴族の側が勝利したことなど、二つの事件の構図はそっくりである。醍醐天皇も二条天皇も偶然ながら同じく一七歳であった。二六〇年の時を超えて、菅原道真失脚事件が平治の乱に再現されたのである。

　このようにみれば、平治の乱とは朝廷の支配の終わりに向かうものではなく、逆に、朝廷が安定性を回復し、朝廷の支配の永続に向かって前進した事件であった、と評価することもできよう。確かに、「正統」二条の地位は安定化した。しかし、そのような評価だけでは済まされない問題がある。平治の乱には菅原道真失脚事件にはない弱点が現れていた。それは摂関家の役割である。

　菅原道真失脚事件において、運動を中心的に担ったのは摂関の家系の時平であった。一方、平治の乱においては、摂関家は運動から排除された。運動の中心を担った公教は、家格が摂関家よりも一段劣る上流貴族である。この点に重要な相違がある。運動の担い手が摂関家から一段下の上流貴族に下降した、というこの現象に注目しなければならない。

　ここに朝廷再建運動の変質がみられる。摂関家は

蓮華王院本堂　三十三間堂として知られる。1164年、後白河上皇が平清盛に命じて造営させた。鎌倉時代に再建

結果的に辛うじてその地位を保ちえたが、まだまだ不安は尽きない。摂関家が立ち直らない限り、この朝廷再建運動の変質、即ち、運動の担い手の下降現象は、今後も続くことになるであろう。

後白河院政の成立

平治の乱の後、二条が父後白河を完全に圧倒したかというと、実はそうでもなく、父子の確執がなお続く状態にあった。その原因は二条が太皇太后《たいこうたいごう》多子（近衛中宮）を妻に迎えて、中宮姝子（近衛同母妹）と不仲になり、姝子が出家するという、故鳥羽の遺志に反する行動をとったために、貴族の支持が弱まったからであるらしい。しかし、それも二年ほどで決着がつき、二条は朝廷全体の支持を回復して、「親政」の形を実現した。朝廷は「正統」二条と関白基実の協調を基軸にして、再び安定期を取り戻したかにみえた。

この間、公卿の顔ぶれは大きく変わる。公教が平治の乱の半年後に死去したのをはじめ、忠通らの長老達も次々に引退、死去した。一方、清盛は四三歳で公卿に昇進し、瞬く間に四九歳で内大臣にまで昇り、公卿の中で最年長組に属するようになった。

もしも、二条＝基実体制がこのまま長く継続したならば、少なくとも、二条か基実のどちらかでもなお生き続けたならば、朝廷は安定期の回復と持続に成功し、いわゆる平安時代はさらに長く続くことになったかもしれない。しかし、この二条＝基実体制はあっけなく終わってしまった。二条が一一六五年に二三歳の若さで死去し、基実もその翌年に二四歳で死去したからである。

二条はわずか二歳の子（六条《ろくじょう》天皇）に譲位して死んだが、この六条は生母の身分が低く、「正統」とは認められなかった。このため、後白河が一躍、脚光を浴びることになる。もはや「正統」の資格を有する者は、二条の父である後白河以外に存在しなかった。彼は労せずして「正統」の地位についた。

後白河は六男を皇位継承者に選び、六六年に皇太子に立て、六八年、八歳で即位させた。高倉《たかくら》天皇である。これが後白河の院政であり、それは六五年に成立したとみなすことができる。

高倉天皇　「天子摂関御影」より。宮内庁三の丸尚蔵館蔵

後白河は清盛に絶大な信頼を寄せ、自らの院政を支える側近とした。清盛は太政大臣《だいじょうだいじん》に昇って辞任した後、六八年に出家した。後白河もその翌年に出家する。後白河は清盛と連携して「正統」の継承を図る方針をとり、清盛の娘（徳子）を高倉の中宮に立てた。

摂関家については、後白河は基実の遺児（基通《もとみち》。生母は藤原信頼妹）を摂関家の後継者に決めた。基実は平治の乱後、信頼の妹と離婚し、清盛の娘（盛子）と結婚していたので、この基実未亡人（盛子）を遺児基通の後見人にして、摂関家の財産を相続させた。実質は清盛が摂関家の後見人であり、基通が成人して摂関家の財産を相続し、摂関に就任するまで、清盛はその後ろ盾の役目を担うことになった。基通はのちに清盛の娘と結婚する。なお、摂関の職には基実の異母弟である基房《もとふさ》が就任した。基通が成人するまでの中継ぎの役割である。

以上のごとく、二条の死去も、基実の死去も、何事もなく乗り越えられた。後白河院政は無事に船出した。朝廷はこのまま安定期を続けることができそうにみえる。確かにそれは十分に可能であるといえよう。ただし、後白河院政の船出の方針がそのまま守られるならば。つまり、後白河がその方針を守り通すならば。

第二章　朝廷・幕府体制の成立

1　治承三年の政変

摂関家をめぐる暗雲

藤原基実《もとざね》の遺児基通《もとみち》は、一一七〇年に一一歳で元服を迎えた。ここから摂関家の当主となるにふさわしい昇進が始まるはずであるが、しかし、その予想に反して、基通にはそのような待遇は全く与えられなかった。例えば、祖父忠通《ただみち》や父基実と比べてみると、忠通が一五歳で権中納言、一九歳で内大臣に昇り、基実が一六歳で関白に昇りつめたのに対して、基通は二〇歳になってもなお、非参議（非正規の公卿）に据え置かれたままである。基通は摂関家を相続する立場にはないとみなされよう。

なぜこのようになったのか。それは後白河が摂関家についての方針を変えたからである。後白河は最初、基通を摂関家の後継者に決めたが、その後、次第に、現職の関白である基房《もとふさ》に摂関家を相続させてはどうかと考えるようになった。その理由はよく分からないが、おそらくは、基房の不満顔を毎日のように見るのが辛くなったということであろうか。基通の昇進は後白河によって抑制されたとみるほかない。

後白河は基房に肩入れして、基実未亡人である清盛の娘（盛子）を基房と再婚させるという縁談を持ち出したが、清盛は承知しなかった。清盛は、基通に摂関家を相続させるというもともとの方針をあくまでも守り通そうとしていた。

後白河は清盛の反対を知りながら、なおも基房の線でことを進めようとする。その大詰めの場は一一七九年（治承三）六月に訪れた。基実未亡人の盛子が死去したのである。摂関家の財産は暫定的に盛子に相続されていたので、彼女が死去したとなれば、いよいよその相続人を正式に決定しなければならない。当初の方針に基づく限り、基通がその相続人に定まるはずである。しかし、後白河はそれを無視し、高倉《たかくら》天皇を摂関家財産の相続人に決定した。基通は相続人になれないことが明白になった。

高倉を相続人にするというのは、次に基房方にこの財産を渡すための一時的な便法である。基房の男子、師家《もろいえ》がその受け皿にされた。この年十月、わずかに八歳の師家は権中納言・正三位に昇進し、摂関家後継者の立場にあることが歴然となった。近い将来に師家が高倉から摂関家の財産を相続し、さらに父の譲りを受けて関白に就任するであろうことは、もはや疑いようもなかった。

後白河上皇と清盛の関係

後白河と清盛の関係はどのようになったのであろうか。後白河は清盛との信頼関係を断ち切ったのであろうか。しかし、最も根本となる皇位継承問題をみれば、後白河は依然として

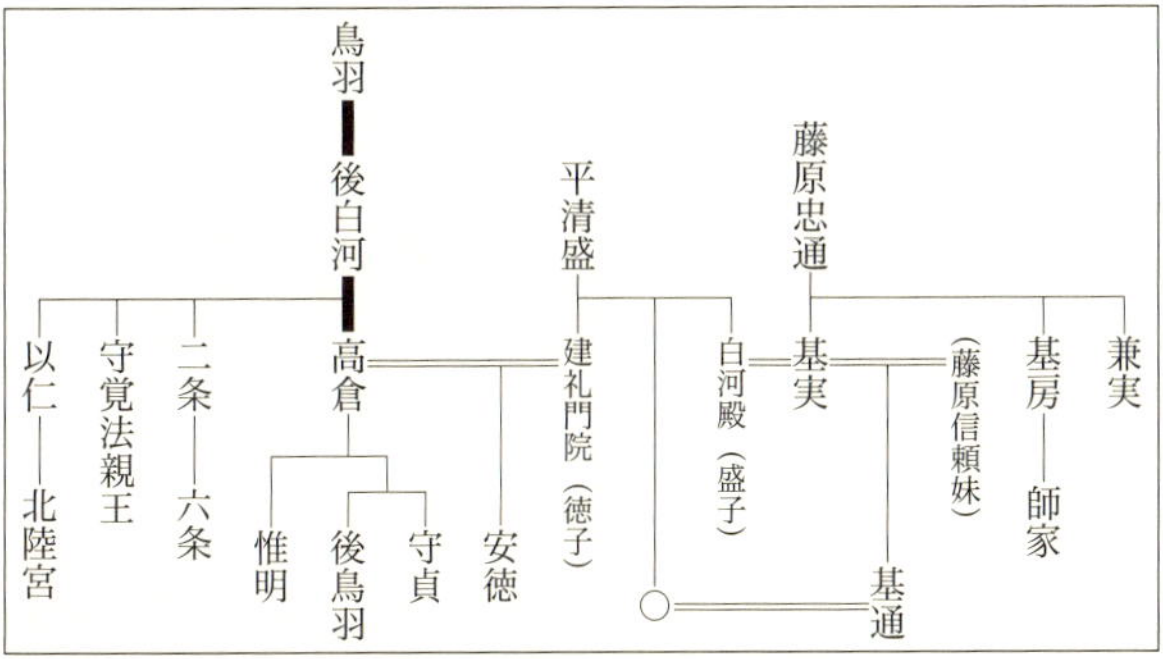

天皇・摂関系図　後白河院政期

清盛との誼《よしみ》を深めていた。この前年（一一七八年）に清盛の娘徳子は高倉天皇の長男（安徳《あんとく》天皇）を出産したが、後白河はその誕生を大いに喜び、誕生の一ヵ月後には皇太子に立てた。後白河は依然として、清盛を心底から信頼しているとみるべきであろう。信頼しているからこそ、摂関家問題では我を通そうとしたのであろう。清盛は最後には自分の思い通りにしてくれる、というのがその信頼の中味であるように思われる。

なお、従来の見解では、この頃すでに後白河と清盛の関係はきわめて悪化していたとする見方が普通であるが、この見方は『平家物語』の説くいわゆる「鹿《しし》ケ谷《たに》の密議」の話に影響を受けている。一一七七年、清盛が後白河の側近を殺害するという事件が起きた。これについて『平家物語』はこの後白河側近グループが清盛打倒の陰謀を企んだ事件であるとし、後白河と清盛の対立がここに露わになったと説くが、この『平家物語』流の筋立ては基本的に疑わしい。実のところは、比叡山と後白河側近との対立に巻き込まれかかった清盛が、延暦寺《えんりやくじ》と武力衝突することを嫌い、後白河側近を殺害することによって紛争を解消した、というのが事の真相である。清盛打倒の陰謀なるものは『平家物語』の虚構とみなされる。この事件後も、後白河と清盛は良好な関係を続けていた。

ところで、清盛が摂関家の後継者は基通でなければならないという考えに固執したのには、彼なりの理由があった。それは、彼自身が見た夢の中に春日大明神と賀茂大明神が現れ、その二神から摂関家を護る使命を託されたからなのである。彼は、基通に摂関家を継がせることが神の意思であると信じた。神の意思に逆らえば摂関家は保たれず、摂関家が崩壊すれば朝廷は保たれない、自分は朝廷のために神から託された使命を実現しなければならない、と彼は考える。清盛はきわめて信心深く、また、摂関家中心の平安時代的朝廷のあり方を一貫して尊重した。清盛とはそのような人物であった。

清盛の決起

この年（一一七九年）十一月十四日、清盛はついに決起した。彼は、突如、軍勢を率いて福原《ふくはら》から上京し、翌十五日に、まず後白河上皇を引退させて、その院政を停止させ、次に、高倉天皇との交渉に入った。高倉は抵抗を試みるも、結局、真夜中になって清盛の要求を容れ、基房の関白罷免と基通の関白就任の命令を下した。関白の交代が清盛の要求の眼目であった。

その後、基房は流罪にされ、太政大臣藤原師長《もろなが》等、一〇人ほどの公卿が処罰されたが、出家した基房と師長を除き、公卿等の処罰はすぐに赦免され、彼らはじきに朝廷への出仕を再開した。結果的にみれば、公卿等に対する打撃はきわめて小さい。むしろ、このとき新たに官位を得た公卿が何人もいた。その一方、平家一族でこのとき新たに官位を得たものはほとんどいない。清盛は、公卿の反発を最小限に止めることに意を注いだとみられる。それは新関白基通を公卿等に迎え入れてもらうためであろう。公卿の全体的支持が得られるかどうか、そこにこの政変が成功するか否かの鍵があった。

この政変によって、朝廷は後白河の院政体制から高倉の親政体制に変わった。後白河は強制的に引退させられたのであったが、しかし、貴族の清盛に対する反発は意外なほどに小さい。清盛を謀反人とする非難もあまり聞かれない。これは後白河が人望に欠けることの表れであろう。朝廷にとって後白河には引退してもらう方がよい、とする雰囲気が貴族にはある。清盛の行動は、仕方のないこととして貴族に支持される面があった。

清盛は軍勢を率いて京に入ったので、この政変はよくクーデターと表現されるが、実際にはクーデター的性格は薄い。軍事政権が生まれたわけでもなく、平家の政権が作られたものでもない。清盛自身は六日後に京を去って、福原に戻った。高倉親政・関白基通の新体制にはなっても、それを支えるのは旧来からの公卿集団であるという点において、朝廷は何も変わっていなかった。

なお、清盛が軍勢を動員したのは、彼の異母弟頼盛《よりもり》が彼の行動に従わなかったためである。平家一族の中で、この頼盛と清盛の長男重盛《しげもり》（事件の四ヵ月前に死去）の二人は、とかく清盛と摩擦を起こしがちであった。この内、重盛の長男維盛《これもり》はこのとき清盛に従ったが、頼盛は後白河を護ろうとして清盛と対立した。清盛は軍勢をもってこの頼盛の動きを抑え込み、その結果、頼盛も清盛に服従して、合戦沙汰にはならなかった。

後白河上皇の幽閉

後白河がいかに人望に欠けるとはいえ、頼盛のように、後白河を護ろうとする者もいた。この政変を成し遂げるためには、後白河と彼らとの接触を断たねばならない。そこで清盛は後白河を京外に幽閉することにし、二十日の朝に後白河を京の南郊の鳥羽殿に移した。それを見届けて、清盛自身もその日の昼に福原に向けて出京した。

この政変の最大の問題点は、この後白河の幽閉であろう。それはこの幽閉ということが、地方の武士や寺院の大衆《だいしゅ》（僧侶集団）などの朝廷の外にいる者に対して、重大な衝撃を与えたと考えられるからである。もしもこの政変が後白河の引退（院政停止）ということだけで済んでいたとすれば、武士・大衆はそれを朝廷の内奥のこととみなし、自分に関係のある問題とは考えなかったのではなかろうか。もともと武士や大衆にとって、天皇と上流貴族からなる朝廷の内奥は遠く隔絶した世界であり、そこに起きたことを実感的に理解できるわけではなかった。

しかるに、後白河が幽閉されたとなれば、武士・大衆の受け止め方は大きく異なることになる。後白河から身の自由を奪わねばならないほど、清盛と後白河とは激しく敵対している、と誰もが諒解する。清盛は後白河に謀反を起こした、と誰もが直感的に思い込む。さらに後白河は激怒し、清盛を憎み、無念の思いに沈んでいるに違いない、と想像することになる。後白河の幽閉という事実を聞いた武士・大衆は、清盛の謀反、後白河の無念ということを容易に確信し、強い衝撃を受けたのである。ただし、貴族に言わせれば、そうした理解は多分に誤解であることになろうか。しかし、後白河という人物も朝廷の内実も知らない武士・大衆にとっては、それがごく自然な確信であった。

清盛の朝廷再建運動

以上、治承三年政変について述べたことをまとめると、これは清盛の起こした朝廷再建運動である、と捉えることができよう。清盛は、直接には摂関家相続問題を解決して摂関家を確立し、さらにその問題の根源である後白河の院政を停止して高倉親政体制を作り、朝廷の秩序と安定を回復しようとした。この後白河に対決する運動の構図は、二〇年前の平治の乱にそっくりである。

清盛にとって、この治承三年政変は平治の乱の再演であった。清盛は既に一度、後白河との闘いを経験していたわけである。前回、彼は藤原公教《きんのり》の指図を受けて働いたが、今回は彼自身が上流貴族として公教の立場を担い、運動の主導者になった。自分は朝廷のために、神意に反する天皇を退けたのだ、というのが清盛の言い分であろう。治承三年政変もまた、平安時代における朝廷再建運動の伝統の上に位置づけることができる。

しかるに、一方、治承三年政変は朝廷再建運動の伝統から外れる傾向が顕著である。第一に、朝廷再建運動は元来、摂関が主導者であった。それが平治の乱で、主導者が摂関ではない上流貴族（公教）に下降するという変化が生まれたのであったが、この治承三年政変にいたって、主導者が清盛という武士出身の成り上がり上流貴族にまでさらに下降したのである。この主導者の下降傾向に注目しなければならない。この下降がもう一歩進めば、朝廷再建運動には下流貴族が、そして武士が、その担い手として参入することになろう。その変化が段階的に進行しているのである。

第二に、治承三年政変の大きな弱点は、清盛は高倉天皇を担いで後白河上皇と対決する形をとったにもかかわらず、実際には後白河と高倉の父子間に対立がなかったことにある。高倉の意思で後白河を排除するのであれば朝廷再建運動は正当化されるが、事実上、その正当化の根拠は成り立たず、清盛が一身にその責任を負うことになった。

清盛は、『愚管抄《ぐかんしょう》』が伝えているように、「偏《ひとえ》に世のため、君のため」を信条としていたのであろうが、その手法はあまりに強引であった。また、前述のごとく、後白河を幽閉したことは地方の武士や寺院の大衆に強い衝撃を与えた。ほどなく、清盛を糾弾する動きが朝廷の外から始まることになる。

2　寺院大衆の「アジール」運動

大衆の後白河救出計画

朝廷はともかくも平穏に復し、政変から三ヵ月後の一一八〇年（治承四）二月、高倉は皇太子に譲位して、安徳《あんとく》天皇が践祚《せんそ》した。高倉の親政から院政に形は変わる。しかし、朝廷の外では反清盛運動が始まっていた。

最初に行動を起こしたのは、大衆《だいしゅ》（衆徒《しゅと》）と呼ばれる大寺院の僧侶集団である。彼らは共同生活を基礎にして集団全体の会議体（大衆僉議《せんぎ》）をもち、嗷訴《ごうそ》などにもみられるように、集団行動をとることに慣れていた。まず、園城寺《おんじょうじ》の大衆が口火を切った。

彼らが計画したのは、後白河と高倉の両上皇を捕らえ、園城寺の中に連れ込んでしまおうという、途方もない企てである。そのやり方は、高倉が譲位の後、安芸《あき》の厳島《いつくしま》神社に参詣することになったのを狙い、その参詣に京都から出たところで高倉を捕らえ、同時に、鳥羽殿から後白河を連れ出すというものである。園城寺の大衆はそのことを後白河にひそかに伝えていた。延暦寺《えんりゃくじ》や興福寺《こうふくじ》の大衆（衆徒）にも協力を求めたらしい。この企ては三月半ば頃にまさに実行されようとしたが、その寸前にあえなく潰れてしまった。後白河自身がこの陰謀を平家に漏らしたからである。おそらく、後白河にはこれが成功するとは思えなかったのであろう。

この事件は未遂に終わったが、内乱に向かって情勢が大きく展開する切っ掛けとなった。まず何よりも、これは反清盛運動がはじめて公然化した事件であった。そして、その反清盛運動の担い手として、寺院の大衆がクローズアップされた。反清盛運動はこの三月の園城寺大衆の運動に始まり、五月の以仁王《もちひとおう》事件、八月の源頼朝らの挙兵へと、連鎖的に拡大、発展することになった。

「アジール」運動

この大衆による後白河・高倉奪取の企ては、寺院独特のきわめて画期的な運動形態である。大衆の作戦の眼目は、後白河と高倉を寺院の堂塔伽藍《どうとうがらん》という聖域の中に匿《かくま》うことにあった。つまり、天皇と朝廷を切り離し、反清盛側が天皇をその手中に収めるのである。これによって、清盛こそが謀反人である、という構図が浮かびあがろう。狙いは朝廷の危機を貴族に突きつけ、貴族に解決を迫ることにある。解決は貴族の決断にかけられる。貴族が反清盛運動に起ち、清盛一党が朝廷から排除されたならば、大衆は天皇を朝廷に返すであろう。大衆が企てたこの作戦は、大衆流の朝廷再建運動であるとみることができる。

念のため言えば、ここで後白河と高倉が争奪の対象になるのは、この二人が「正統」の天皇に目されたからである。在位の天皇の安徳は後白河・高倉の下に位置するので、問題にならない。「正統」の後ろ盾を失えば、平家はたちまちに無力化するであろう。それ故に、大衆は後白河と高倉を同時に奪取しようとした。

この大衆の企ては、朝廷は堂塔伽藍に対して武力を行使しない、という慣習に寄りかかっている。これは本来、宗教空間の聖性を守るための不文律であったが、大衆はこれを政治運動の武器に転用した。この寺院特有の運動形態を「アジール運動」と呼ぶことにしたい。「アジール」とは西洋史の用語で、世俗の権力の及ばない場所（「遁避所」）を意味するが、大衆の運動を表現するのに最もふさわしい語であるように思われる。

「アジール」は三年前（一一七七年）に日本の寺院にもはじめて出現した。それは延暦寺が「アジール」となり、天台座主明雲《みょううん》をそこに匿ったという事件である。この経験が朝廷再建運動に、即ち、天皇のために、応用されたことになる。さらに、これ以後、寺院はしばしば天皇のための「アジール」となった。以仁王《もちひとおう》事件に続いて、後白河上皇は平家都落ちを逃れて延暦寺に登り（八三年）、後鳥羽《ごとば》上皇も承久の乱で延暦寺に登ろうとし（一二二一年。ただし、拒絶される）、後醍醐《ごだいご》天皇も繰り返し延暦寺・笠置寺《かさぎでら》・吉野山などに逃れている。天皇が寺院を頼ろうとするのは、この「アジール」の力に期待したからである。

以仁王事件

園城寺大衆の企てた三月事件から二ヵ月後、思わぬ大事件が勃発した。その主役となったのは以仁王なる人物であるが、彼は後白河の三男であり、出家もせず、親王にもされないまま、三〇歳になっていた。かつては高倉天皇に万一のことがあった場合の皇位継承候補者に目されていたとみられるが、高倉に男子が次々と生まれ、安徳への譲位も行われて、高倉系皇統の確立をみるにいたった今、もはや以仁のかかる役割はすでに消滅していた。しかるに、彼はなお依然として出家をせず、皇位継承の資格を放棄していない。平家からみれば、以仁は皇位に即こうとする野心を持ち、高倉に対して謀反を起こしかねない人物であることになる。

折しも、後白河は鳥羽殿の幽閉を解かれることになり、五月十四日の夜、半年ぶりに京都に帰還した。その翌十五日、突然、以仁の流罪が決定された。貴族の日記によれば、以仁に謀反の事実があったわけではなく、いわば予防検束としての処罰であったらしい。

そこで、検非違使《けびいし》が以仁の逮捕に向かったところ、彼はすでに逃亡していた。以仁は園城寺に逃げ込んだのである。しかも、園城寺の大衆は以仁を迎え入れ、匿う行動に出た。数日の間に、以仁擁護の運動は、園城寺のみならず、延暦寺や興福寺にも拡大し、興福寺の衆徒が奈良から上洛する動きをみせるなど、三大寺が連合して朝廷に対決を挑む大事件に発展した。

以仁が園城寺に逃げ込んだのは、三月事件の影響であろう。彼は、園城寺の大衆に反清盛の気運がみなぎっていることを知り、そこにすべてを託したのであろう。「アジール」がここに実現した。大衆は三月の企てを生かし、以仁を迎えて即座に「アジール」をつくることができた。以仁は後白河の皇子である点に価値がある。後白河の幽閉が解かれたとはいえ、大衆からみれば、清盛は後白河に反逆した謀反人であることに変わりはない。大衆は以仁を後白河の身代わりとして匿ったのである。

「アジール」運動の挫折

このような情況に直面して、朝廷は、園城寺に対して武力攻撃を加えてでも以仁を捕らえるという方針を決定し、二十一日に平家一門の諸将と源頼政《よりまさ》（武士。公卿に昇進）に出動命令を下した。ところが、その命令が出されたその日の深夜、今度は頼政が突然寝返り、一族等五〇騎で園城寺に入り、以仁のもとに馳せ参じたのである。これに朝廷側は大きな衝撃を受け、平家もすっかりうろたえ、浮き足立った。平家は天皇三人（後白河・高倉・安徳）を連れて福原に逃げようとしている、という噂が飛んだ。

なぜ頼政一党はにわかに以仁に与《くみ》したのであろうか。その理由は、園城寺に対する武力攻撃を命じられたことにあろう。例えば、三年前（一一七七年）、清盛は延暦寺への武力攻撃を嫌って後白河の側近を殺害するという事件を起こしたが、それは清盛が「仏敵」となることに恐怖したためであった。この清盛の例と同じように、頼政もまた「仏敵」の身になることを恐れたのであろう。園城寺攻撃を拒否するとなれば、平家と戦うほかに道はない。

なお、この以仁王事件については、『平家物語』（『吾妻鏡《あずまかがみ》』も同じ話を継承）によって、以仁と頼政はすでに四月から平家打倒を共謀していたと説明されるのが普通であるが、『愚管抄』などに基づき、その話は『平家物語』の創作とみなすのが妥当である。

平家はまさに窮地に立たされたかにみえた。しかるに、ここでまた事態が急展開することになった。大衆が急速に以仁から離反し始めたのである。以仁と頼政は園城寺の中でまったく孤立し、「アジール」は崩壊するにいたった。

大衆が敵に変われば、以仁はそこから逃げ出すしかない。以仁・頼政一党は、二十五日深夜、園城寺を脱出し、興福寺を頼ろうと奈良に向かった。しかし、翌二十六日、宇治で平家の軍勢に襲われ、一党は全滅する。こうして以仁王事件は終わった。

なぜ以仁は突如、大衆の支持を失ったのか。なぜ「アジール」は崩壊したのか。おそらく、その原因は頼政一党が園城寺に入り込んだことにあろう。「アジール」は僧侶によって作られ、支えられるのであって、宗教的聖性にその特質がある。そこに武士が入り込めば、聖性は破壊され、武力攻撃を拒むことができなくなる。それでは「アジール」は成り立ちえない。大衆は以仁が頼政と手を結んだことに反発し、以仁を見放したのである。以仁は頼政とともに自滅した。

しかしながら、これはただの自滅ではない。皇子と武士の結合という新しい運動が出現したことに注目しなければならない。武士が反清盛運動に参加し、その担い手となる方向が、ここにようやくみえるようになった。

以仁の檄文

以仁・頼政一党は、一つの貴重な文書を遺していた。彼らは園城寺にいたとき、諸国の武士に向かって、挙兵を呼びかける檄文を発したのである。それは以仁の「勅」「宣」「令旨」などと呼ばれ、諸国の武士に流布した。伊豆国にいた源頼朝もこの檄文を受け取っていた。

この檄文を読んだ武士は、決起を迫られ、心が揺さぶられたであろう。後白河の皇子の文書であるとなれば、文書の奥に後白河がいるかのように感じるのは自然なことといえよう。この檄文は後白河の意思を伝えるものであると信じ、後白河が清盛打倒に起てと命じている、と武士は読み取ったのである。客観的事実としてそれが誤解であったことは今は問題ではない。以仁の檄文はここにその絶大な効果があった。以仁は死んでも、この檄文は生きていた。その効果を存分に使ったのが頼朝であった。

地方の武士は分散して生活しており、なかなか一つにまとまりにくい。遠い都に起きた事件には実感が乏しい。しかし、その壁をこの以仁の檄文は打ち破った。武士はこれぞ後白河の命令であると実感した。頼朝が短期間に多くの武士に働きかけ、ともかくも挙兵に持ち込むことができたのは、全くこの檄文があったからにほかならない。挙兵のとき、頼朝は自分の旗にこの檄文を結び付け、それを掲げて軍勢を率いた。

頼朝だけではない。挙兵は各地に相次いだが、いずれもこの檄文の果たした役割はきわめて大きかった。

3　頼朝勢力の出現

蜂起の奇跡的成功

以仁王事件から三ヵ月後の一一八〇年八月十七日、源頼朝は伊豆国で清盛打倒を掲げて蜂起した。頼朝は反清盛勢力の盟主になる資格と条件を具えていた。その資格とは、下流ながらも貴族の身分であることで、それによって朝廷の問題に関わり、清盛に対抗することができる。頼朝は五位の位階（従五位下《じゅごいのげ》）と中央官庁の次官の官職（右兵衛佐《うひょうえのすけ》）の履歴をもつ貴人であった。また、その条件とは、反清盛の立場が鮮明であることで、この点、平治の乱で清盛と戦って敗れ、流罪となった頼朝は、清盛打倒を叫ぶのに最もふさわしい立場にあった。

頼朝の挙兵は、近隣に住んでいた平兼隆《たいらのかねたか》に対する襲撃から始まった。『平家物語』は兼隆を平家の従者（伊豆国目代）とするが、それは事実ではない。彼は都で検非違使を務め、平家に従属しない独立の武士である。父の信兼《のぶかね》と紛争を起こして流罪になり、この一年ほど前に伊豆国に下っていた。下流貴族の武士で流人という身分は頼朝と同等である。伊豆国に在住するただ一人の貴人であった頼朝は、そこに現れた同格の相手に激しい対抗心を燃やしたのであろう。頼朝は挙兵を妨げる敵として兼隆を討たせた。

蜂起した頼朝のもとに、伊豆国や相模《さがみ》国の武士が四、五十人ほども参集してきた。また、三浦一族も頼朝一党に加わろうとして、三浦半島から相模湾沿いに西に向かった。頼朝一党は東に向かい、箱根を越えて三浦一族と合流しようとしたが、石橋山《いしばしやま》で平家方の軍勢に敗れ、散り散りになってしまう。しかし、既に甲斐《かい》国の武田一族も反清盛に起ち、駿河《するが》国に進出してきたため、平家方は武田勢との戦いに追われ、頼朝一党の捜索に打ち込むことができなかった。これにより、頼朝等は多く死を免れ、海を渡って、安房《あわ》国にたどり着いた。三浦一族も平家方に敗れた後、安房国に逃れ、頼朝のもとに集結した。

安房国に上陸した頼朝は、まさに風前の灯火の状態にあったが、卑屈な態度は微塵《みじん》もなく、毅然として安房国の武士に挙兵に加わるよう呼びかけたという。それが奇跡的な大逆転を呼び起こす。武士が続々と反清盛の旗を揚げ、頼朝のもとに集まりだした。九月十日過ぎ、頼朝勢は安房国を出発し、東京湾に沿って進軍を開始する。上総《かずさ》・下総《しもうさ》・下野《しもつけ》・武蔵《むさし》諸国の武士は、当初は平家方であった者も変心し、雪崩を打つように頼朝の傘下に入った。かくして相模国・伊豆国の武士も加え、頼朝は十月七日に相模国の鎌倉に入った。蜂起から二ヵ月足らずで、頼朝は七ヵ国の武士を従える反清盛勢力の盟主に変身した。

平家は事態の急変に驚き、急遽、官軍を編成して頼朝の討伐に向かわせたが、官軍は十月二十日の富士川の戦で戦わずして敗走した。本来、戦わずして勝つのが官軍である。官軍が近づくと賊軍は内部分裂を起こし、崩壊するからである。しかるに今回は、賊軍の頼朝勢は固く団結し、戦意は高揚していた。この予想外の情況に官軍の平家勢は怯《ひる》み、また、甲斐武田勢に背後を脅かされたために、官軍は急ぎ撤退することになった。この結果、頼朝勢力は拡大・安定化に努める余裕を得た。以後、常陸《ひたち》国・上野《こうずけ》国を支配下に収め、甲斐武田一族を服属させた上に、さらに信濃《しなの》国等も組み込んで、頼朝勢力の支配圏は遠江《とおとうみ》国・信濃国以東の一三ヵ国に拡大した。

後白河上皇を護れ

後白河上皇を護れ――それが頼朝勢力のスローガンである。謀反人清盛を打倒して後白河を救い出し、清盛によって破壊された朝廷を元のように、後白河中心の朝廷に戻すことが彼らの目標である。彼らは自分自身を、朝廷のために、天皇のために起ち上がった「義兵」であるとみなした。

その目標と信念を支えたのは、前述した以仁王の檄文であろう。しかし、この文書には限界もある。以仁は既に死去しているし、それは後白河自身の文書ではない。頼朝勢力は後白河のために、とは言いつつも、実のところ、後白河という存在は彼らにとって実感に乏しい。後白河自身の命令を直接受けたわけではない。何よりも後白河のいる都はあまりに遠い。後白河から遠く離れた坂東の地で、ただ一方的に後白河を想うだけで、彼らはその目標と信念を貫くことができるのであろうか。

おそらくは、これは頼朝自身の心に重くのしかかる問題であったのではないか。彼は自分のためにも、また、頼朝勢力全体のためにも、この問題に何らかの答えを出さねばならなかったはずである。それでは彼はどのような答えを出したであろうか。

一つの事実に注目したい。頼朝がまだ安房国にいたとき、彼らは自らの本拠地に鎌倉を選んだという。鎌倉を薦めたのは千葉常胤《ちばつねたね》であったといわれるように、頼朝と有力武士が一致して決めたらしい。そこで頼朝勢はこの鎌倉を目指し、東京湾岸沿いに進軍を開始した。それは見事に成功し、頼朝勢は大勢力となって、目的地の鎌倉に到着したのである。

それにしても、なぜ鎌倉なのか。普通に考えれば、頼朝の住地である伊豆国を本拠地にしそうなものであるが、その当時、ただの一寒村に過ぎなかった鎌倉をなぜ本拠地に選んだのか、そこに頼朝の出した答えがあると考えられる。

鎌倉の八幡社（若宮）

十月七日、頼朝は八幡社を遥拝《ようはい》して鎌倉に入った。鎌倉には八幡社があった。それは「若宮」と呼ばれ、海岸に近く、今の元八幡社《もとはちまんしゃ》がその遺地であるといわれる。そして早くもその五日後の十二日、頼朝はこの八幡社を北山の麓に移建した。これが今に続く鶴岡八幡宮《つるがおかはちまんぐう》である。

さらに翌年には社殿が新しく造営され、翌々年（一一八二年）には社殿から海岸に至る直線の参詣路、即ち、若宮大路《わかみやおおじ》が造られた。このように頼朝は鎌倉入りと同時に、鶴岡八幡宮と若宮大路の、今も我々の見る独特の景観の原型を次々と創り出していった。

鎌倉の八幡社（若宮）は、一〇六三年に源頼義《よりよし》が石《いわ》清水八幡宮《しみずはちまんぐう》から勧請《かんじょう》して創祀したと伝えられる。頼義は頼朝の五代前の祖先である。千葉常胤は鎌倉を「要害地」であり、「御嚢跡《ごのうせき》」（先祖の遺跡）であるとして薦めたという。鎌倉には頼朝の父義朝の館もあったとされ、先祖からのいろいろの縁もあるが、頼朝にとっ

鶴岡八幡宮舞殿　鎌倉市雪ノ下

て「御嚢跡」といわれる第一は、やはりこの八幡社であろう。頼朝は伊豆の地で、この「若宮」に祈るのを日課にしていた(『吾妻鏡』)。

頼朝挙兵の時点の坂東地方には、上総国・下総国・相模国などの国府に石清水八幡宮の別宮があったとみられるが、西国に比べれば、八幡社はきわめて少なかったようである。そのなかで、奇しくも頼朝の祖先が、鎌倉に八幡社を遺していた。それが頼朝勢力の本拠地は鎌倉でなければならない理由であろうと思われる。

なぜ八幡社なのか。八幡神は応神《おうじん》天皇がこの世に現れた神と信じられた。つまり、天照大《あまてらすおお》神《みかみ》(伊勢神宮)と並ぶ皇祖神《こうそしん》(天皇の祖先神)であり、朝廷の守護神として信仰されていた。八幡神は特に天皇に密着した神である。これがその当時の八幡信仰であった。

ところで、石清水八幡宮と鶴岡八幡宮を区別し、石清水は朝廷守護の神、鶴岡は武神で武門守護の神、とする説をよく目にするが、そのような思想はこの後の時代に生まれたものであり、鎌倉時代初期の思想ではない。また、八幡神を源氏の氏神として強調するあまり、その皇祖神としての本質が軽んじられてはならない。頼義や頼朝にとって八幡神は自分の祖先神でもあるが、しかし、八幡神はなによりも天皇と朝廷の守護神であった。ここに視点を据えなければならない。

鎌倉の都市計画と鶴岡八幡宮

頼朝はこの鎌倉の八幡社をそのまま保存したのではなく、場所も建物も全く新しいものに

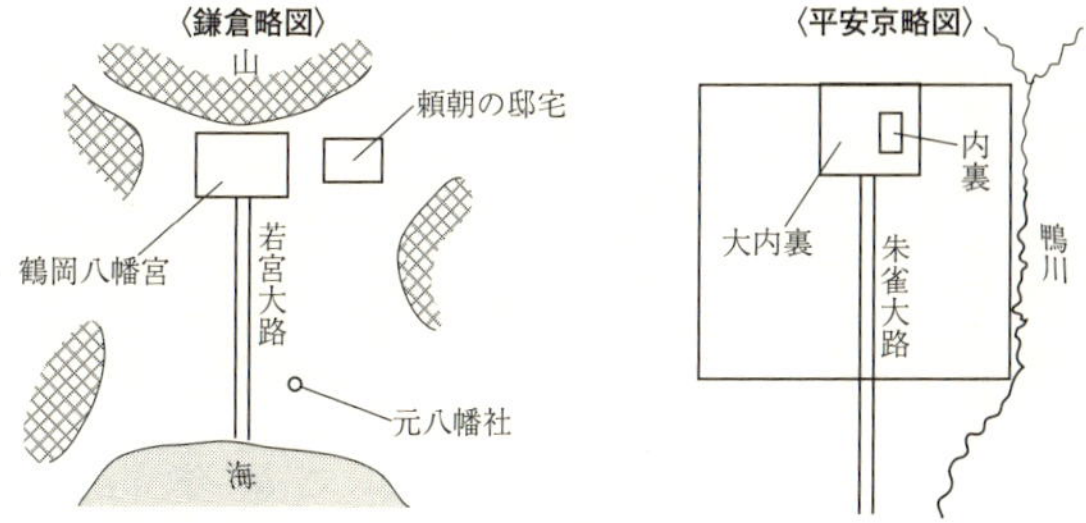

鎌倉は平安京をモデルに　鶴岡八幡宮に内裏を、八幡神に天皇を重ね合わせた

つくり変えた。鶴岡八幡宮は今も鎌倉の中心であり、若宮大路は鎌倉の中軸である。この形は、頼朝の鎌倉入りからわずか五日後の、八幡社の移建によって決まったといえよう。つまり、頼朝は安房国で鎌倉を本拠地にすると決めて以来、進軍の間に鎌倉の街づくりの計画を練り、鎌倉入りと同時にそれを実行していったとみられる。その都市計画の基本方針は、八幡宮を中心に置く街づくりにあった。

頼朝勢力の本拠地を造るとなれば、常識的には盟主頼朝の邸宅を中心に置く街づくりを考案することになろうか。しかし、鎌倉はそのような政治・軍事都市の形にはならなかった。以後、幕府（将軍御所）はつねに中心から外れた位置に置かれることになる。鎌倉は八幡宮中心の宗教都市という姿に造られたのである。

鎌倉の街は京都を模して造られた、とする説がある。鶴岡八幡宮は内裏《だいり》（大内《おおうち》）に相当し、若宮大路は朱雀《すざく》大路に相当する、と見立てるのであるが、これは鎌倉という街の本質を言い当てた見方であろう。

鶴岡八幡宮が北端にあり、そこから南方にまっすぐ若宮大路がのびるという構図は、どう見ても、平安京がモデルであるというほかない。平安京には朱雀大路が不可欠であるからこそ、それを模して若宮大路が造られたのであろう。即ち、この坂東の地に京都を再現することが、鎌倉の都市計画の基本設計であり、頼朝の狙いであった。それはこの武士集団が天皇に仕え、朝廷に仕える者であることの証しなのである。

かくみれば、鶴岡八幡宮の位置づけと役割は明らかになろう。頼朝や武士は八幡宮に内裏を重ね合わせ、八幡神に天皇を重ね合わせて、八幡宮にはあたかも天皇がいるかのように感じようとしたのではなかろうか。天皇とともにあるという感覚を、彼らは求めたのではないか。

鎌倉に後白河はいないし、その声は聞こえない。頼朝勢力の声も後白河には届かない。この情況の中で、後白河と頼朝勢力とを繋いでくれるであろうことを期待できるのは、八幡神のみである。八幡の神意に適《かな》えば、後白河の心にも適うはずであるし、八幡神の加護があれば、頼朝勢力は後白河から忠節を尽くす武士として認められるであろう。

頼朝勢力にとって、八幡神は後白河に代わる存在であった。この信仰があれば、彼らは確信をもって行動することができるのである。

八幡信仰と坂東武士

先ほど、坂東地方に八幡社は少なかったと述べたが、平安時代においては、八幡信仰は西国では盛んであっても、東国にはさほど普及していなかったとみることができる。八幡信仰は、その朝廷の守護神という性格からして、まずは貴族の信仰であった。下流貴族の家系である頼朝にとっては、馴染み深い信仰であったろう。しかし、坂東の武士の多くは、石清水八幡宮の信仰を知ってはいても、それを自身の信仰の主柱にすることはなかったと思われる。彼らの信仰の中心は東国の大社や住国の神社であった。

従って、頼朝勢力全体が八幡信仰で結束したことは、坂東の武士の精神世界としてもきわめて画期的であった。天皇の身に起こった事件に関わって自ら起つという新しい経験が、この新しい信仰を必要としたのである。これ以後、八幡信仰はたちまちに武士に浸透し、東国のいたる所に八幡社が建てられるようになった。

4　頼朝勢力の勝利

内乱の展開

朝廷では、一一八一年正月に高倉上皇が死去し、高倉院政が終わった。清盛は後白河に執政への復帰を請い、後白河院政の世となる。その二ヵ月後に、今度は清盛が死去した。清盛がいなくなり、後白河の世になったとなれば、平家は急速に没落しそうなものである。おそらくは頼朝もそのように期待したであろうが、その気配はなく、平家は宗盛《むねもり》を中心にして勢力を保った。後白河が案外に平家に対して協調的であり、平家と対立するような姿勢をみせないからである。後白河は摂政基通とも親密になっていた。

内乱は、八〇年十二月に平家の軍勢が奈良の衆徒を攻め、興福寺・東大寺の伽藍が焼失する事件が起きた後、八一年三月には木曾川墨俣《すのまた》合戦で平家勢が源行家《ゆきいえ》等の軍勢を破り、その六月には信濃千曲川《ちくまがわ》合戦で源義仲《よしなか》等の軍勢が平家方の越後城《えちごじょう》氏を破る、という展開をみせた。その結果、次頁の「諸勢力の支配圏」のごとく、平家勢力は美濃《みの》国・尾張《おわり》国以西を確保し、頼朝勢力は遠江国・信濃国以東を固め、義仲勢力は越後国から越前《えちぜん》国に及ぶ北陸地域を占拠した。これに陸奥《むつ》国・出羽《でわ》国を支配する奥州藤原氏を加えて、全国はこの四大勢力に分割される形勢となった。

八一年半ば頃から八三年半ばまでの二年間ほど、頼朝勢力は全く動きを止め、頼朝勢力と平家勢力の間には不思議なほど静かな休戦状態が続いた。一方、義仲勢力はその間も南下して越前国を全面占領し、京都を脅かすようになる。そこで、八三年四月、平家は義仲勢力を討伐しようと大軍を北陸に進攻させたが、逆に越中礪波山《となみやま》合戦に敗れて敗走し、勢いに乗った義仲勢力はそのまま京都に向かって進撃した。

七月二十五日、ついに平家は京都を捨て、安徳天皇を連れて、西に逃げた。平家は後白河も連行しようとしたが、後白河は基通からその情報を聞いてすばやく比叡山に登り、あやうく難を逃れた。基通は平家と一緒に京都を出た後、すぐに平家から離れて逃げ帰り、後白河のもとに参じている。京都には義仲をはじめとする諸勢力が入った。このとき頼朝勢力は西方に進出したが、京都に進軍することはなかった。

情況は大転換し、後白河は平家追討の命令を下す。後白河は早速、鎌倉の頼朝に使者を派遣して、謀反の罪名を撤回し、その功績を認めた。さらに公卿会議で平家追放の論功行賞《ろんこうこうしょう》が審議され、第一頼朝、第二義仲、という順位になった。しかるに、義仲がこれに反発して順位は逆転され、頼朝には任官も復本位《ふくほんい》も行われない結果になり、義仲と頼朝の対立が鮮明になった。

また、後白河が安徳に替わる天皇を選ぼうとしたところ、それに義仲が意見を挟み、以仁王の子（北陸宮《ほくりくのみや》）の即位を強く主張した。後白河はこの義仲の主張を退け、高倉の四男（後鳥羽《ごとば》天皇）を天皇に選び、即位させたが、義仲が皇位継承問題に介入したことで、後白河や貴族は義仲に対する嫌悪の念を強めた。それとの対比で、頼朝に対する好感度はさらに高まった。

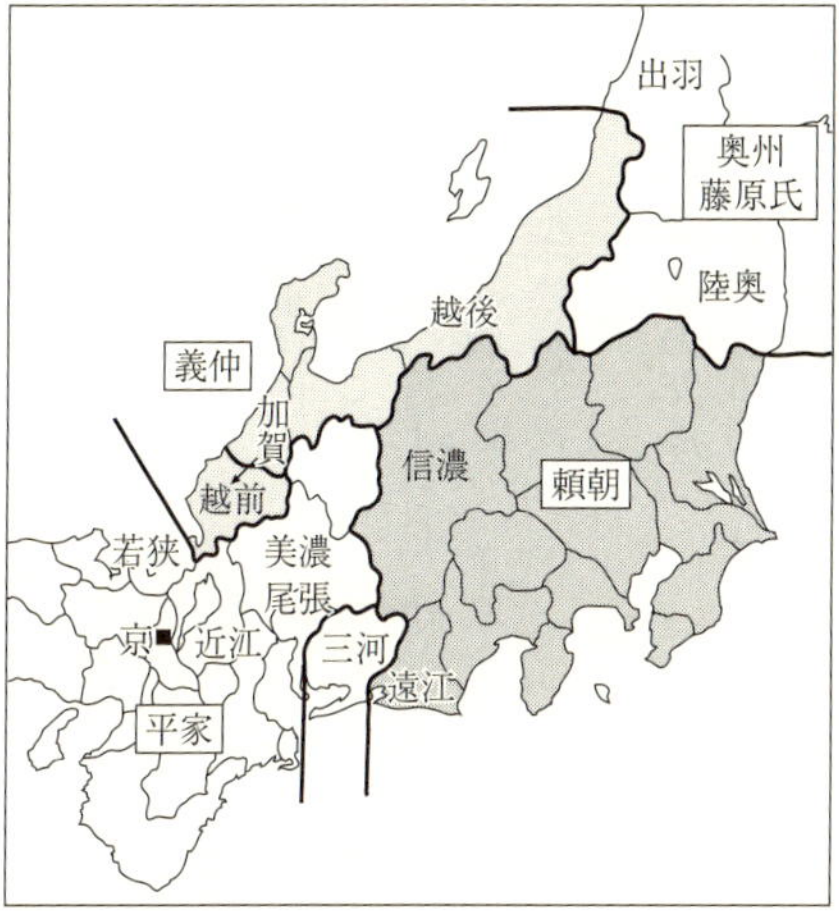

諸勢力の支配圏　1181年後半〜1182年

十一月十九日、義仲は後白河の御所（法住寺殿《ほうじゅうじどの》）を襲撃し、後白河を捕らえて監禁した。その報せが鎌倉に届くと、頼朝はただちに軍勢を京都に向けて出陣させる。源範頼《のりより》と源義経《よしつね》の率いる軍勢は、翌八四年正月二十日、京都に突入し、後白河の救出に成功した。義仲は近江粟津《あわづ》で敗死する。頼朝勢力はようやく京都への進出を果たした。

その後は頼朝勢力と平家勢力との戦いになる。頼朝方は二月七日の福原合戦（一谷《いちのたに》の戦）に勝って、平家方を西方に押しやり、八月には範頼が東国の軍勢を率いて、鎌倉を出陣した。この遠征軍は山陽道を進み、九州の豊後《ぶんご》国に上陸するも、戦費の欠乏などによって、非常な苦戦に陥る。この危機に直面し、頼朝は八五年正月、京都に駐在していた義経に出陣を命じた。義経は二月十八日、讃岐屋島《やしま》に平家勢を急襲して破り、続いて三月二十四日、長門壇浦《だんのうら》で最後の決戦を遂げ、平家を滅亡させた。ここに頼朝勢力の勝利をもって、さしもの内乱もひとまず終結した。

後白河上皇との交渉

頼朝勢力はなぜ勝利を得ることができたのであろうか。その勝因として、まず第一に挙げられるのは、後白河を護る、という基本目標を一貫して守り通したことである。

頼朝は後白河の意向を確かめることを重視し、その命に従って行動するという方針に徹した。そのために情報の収集に努め、情況を正確に把握したうえで、後白河との接触、交渉に努力した。そしてあらゆる機会に、自分は後白河に忠節を尽くす者であると力説し、後白河の信任を獲得しようとした。それらの活動は平家の監視と妨害をくぐり抜けながら、着々と成果を生み、勝利への道をきり開いた。

かかる活動の一端は、次のように貴族の日記にも書き留められたが、これはきわめて注目すべき記事である（『玉葉《ぎよくよう》』養和《ようわ》元年〈一一八一〉八月一日条）。

頼朝が挙兵してからまだ一年もたっていない頃である。後白河は頼朝の奏状《そうじょう》を受り取った。頼朝は既に、後白河には平家追討の命令を出す意思がないことを承知しており、それならばと、次のような提案をしたのである。即ち、「源氏」（頼朝）に東国を任せ、「平氏」（宗盛）に西国を任せ、どちらが後白河に忠節を尽くすか、試されてはどうか、と。後白河はこの案が気に入ったようであり、この頼朝奏状を宗盛に見せて、この案による和平を勧めたが、宗盛はこれを拒絶した。

以上が記事の内容である。これによって、まず、これ以前にもすでに交渉があり、平家追討の命令は出さないという後白河の意向が、頼朝に伝わっていたことがわかる。この後白河の意向は頼朝勢力にとって重大であり、これに従うならば、頼朝勢力は平家に対して戦いを仕掛けることはできない。このことは一一八一年半ば頃から頼朝勢力が全く動かなくなるという事実に符合する。即ち、実際に頼朝勢力は後白河のかかる意向に従ったのである。

その上で頼朝は、後白河の意に添うように、今回の奏状に平和共存と忠勤競争の提案を盛り込んだ。このやり方は巧妙であり、後白河が頼朝と頼朝勢力に好意を持つようになったのは確かである。少なくとも、頼朝は和平の対象とみなされた。それは頼朝と頼朝勢力が謀反人の立場から脱却するための第一歩であった。

以仁の檄の破棄

この後白河との交渉に関連して、一つの重要な問題は以仁王に関する評価である。頼朝は挙兵に際して以仁の檄文を重用した。この檄文がなかったならば、はたして挙兵は可能であったかどうか疑わしいほど、その役割は大きかったと思われる。ところが、いつしか頼朝の態度は一変し、以仁とその檄を無視するようになった。

そのことは挙兵から一年半後の彼の文書（伊勢神宮に納めた告文《こうもん》）でも確かめられる。そこには命を狙われて挙兵したとあるのみで、以仁にも檄文にも触れていない。この文書は後白河に読まれることを期待して書かれたはずであり、そこに後白河に対する頼朝のメッセージが込められていたと考えられる。

頼朝が以仁を無視するようになった理由は、後白河が以仁を謀反人とみなしていることを知ったからである。後白河は終生、以仁を赦《ゆる》すことはなかった。後白河は、以仁は高倉を否定して自ら天皇に即位しようと企てた、とみなしたのであろう。後白河にとって、それは「正統」である自分に対する反逆である。

頼朝は情報収集を進め、後白河との交渉に努めた過程で、この意想外の事実を知った。そこで彼は後白河の意に添うべく、以仁の檄を破棄したわけである。このように、後白河の命に従うとは、平家との戦いを休止したり、以仁を謀反人とみなすなどの、軌道修正を次々と受け入れることでもある。頼朝勢力はそこに生まれるであろう不満・動揺を克服しながら、後白河を護る、という基本線を貫いた。その実績の積み重ねによって、後白河の頼朝勢力に対する信用は高まり、平家都落ち後の論功行賞において、一旦は義仲を差し置き、頼朝に功績第一の評価が与えられることにもなった。

義仲勢力の敗因

頼朝勢力に比べて、対照的なのが義仲勢力である。義仲勢力は京攻めを敢行し、平家を京都から追い出すという、一見、華々しい活躍をみせた。しかし、そこに落とし穴があった。

義仲の失敗の原因は、後白河が以仁を謀反人とみなしている、という事実を知らなかったことにある。彼は後白河が以仁の行動を高く評価しているものと信じていた。その彼は、占領した加賀国で、その地にたまたま逃亡していた以仁の遺児（北陸宮）と運命的にめぐり会ったのである。彼にとっては、この北陸宮こそが安徳に替わる真の皇位継承者であった。

北陸宮を擁して、義仲勢力は一気に京都に向かって進軍し、北陸宮を後白河のもとに送り届けた。後白河は新天皇の選定を始める。しかし、義仲の期待に反して、後白河は故高倉の子だけを皇位継承の候補者とするばかりで、これに北陸宮を入れようとしない。そこで義仲は後白河に猛然と抗議し、北陸宮を候補者に加えさせたが、結局、義仲の主張は退けられ、新天皇には後鳥羽が選ばれた。義仲の信望は失墜し、義仲勢力は凋落に向かった。

それでもなお、義仲は北陸宮の擁立によって、形勢の挽回を図ろうとした。義仲は北陸宮の身を確保したうえで、法住寺殿を攻め、後白河を監禁状態に置き、いわば義仲なりの朝廷再建運動に突き進んだ（基房の子の師家《もろいえ》を摂政に据える）。しかし、それは義仲勢力の最後のあがきであった。

頼朝と対照的に、義仲には後白河の真意を探ろうとした形跡がほとんどみられない。義仲勢力は以仁の檄の価値を疑わず、北陸宮の即位を夢見て、その思い込みから抜け出ることができなかった。その結果、後白河に敵対する行動に走り、破滅したのである。後白河とどのような関係をつくるか、その違いが勝利と敗北の分かれ道になった。

5　幕府への転生

頼朝の摂政更迭要請

一一八四年正月、頼朝勢力は待望の京都進出を果たし、いよいよ頼朝は誰の妨げもなく、後白河と直接に交渉することができる立場になった。そこでその三月、早速、頼朝は後白河に奏状を提出する。それは摂政の更迭問題であった。

義仲によって摂政に据えられた師家は義仲の滅亡とともに罷免されたが、後白河がその後任に当てたのはまたも基通《もとみち》であった。そもそも基通は、治承三年政変の当事者であり、清盛によって関白にされ、清盛と一味になって後白河に反逆したとみなされてよい人物であろう。平家とともに謀反人とされるべき基通をなぜ後白河は重用するのか、これから平家と存亡をかけて戦おうとする頼朝としては、容認しがたいものがあった。

しかし、朝廷の重事《ちょうじ》について、今まで頼朝が後白河の決定に異を唱えたことはない。はたして頼朝は摂関人事に口を挟める立場にあるのか。頼朝は八幡の神意によって、その是非を確かめようとした。彼は鶴岡八幡宮の神前で中原《なかはら》（大江）広元《ひろもと》に奏状を書かせ、七カ日参籠《さんろう》した結果、この行為は神意に適《かな》うとの確信を得たのである。このとき頼朝は九条兼実《くじょうかねざね》（忠通三男）を摂政に推挙した。その報せは広元の父（広季）から兼実に伝えられている。

この頼朝の提案は実現せず、基通はそのまま摂政に在任した。その事情は不明であるが、おそらくは、後白河が頼朝提案に応じようとしても、基通が承知しなかったのであろう。清盛と同様に、頼朝も摂関問題を重視した。頼朝もまた、平安時代的朝廷の姿を理想とする思想を懐き、朝廷の安定は摂関家にかかっていると考えたのであろう。ただし、この後、頼朝の摂関家に対する態度が変化することに注意しておきたい。

いずれにしても、頼朝がこの実績をつくったことは重要である。控えめながら、これは紛れもなく、朝廷再建運動に通じる行動である。頼朝にその担い手となる資格があることを、後白河も貴族たちも認めざるをえないようになった。

義経事件と奥州藤原氏

一一八五年三月、平家滅亡によって内乱は一応終結したが、頼朝にとってはまだ大きな敵が残っていた。陸奥・出羽両国を支配する奥州藤原氏（藤原秀衡《ひでひら》）である。頼朝勢力は、平家と戦っている間は秀衡と戦わないことを得策とし、秀衡との間で相互不可侵の関係を続けてきた。しかし、平家の滅亡と同時に、それはもはや無意味になる。かわって、秀衡を滅亡させ、奥羽の地を征服することが、次の新しい目標に浮上した。頼朝は、秀衡と戦端を開くための口実を必要とした。そこに謀略が生まれる。

その謀略とは、異母弟の義経を挑発し、反乱に追い込もうというものである。もともと義経は秀衡に養われ、その庇護を受けていた。兄頼朝の挙兵を聞き、秀衡の許しを得て、兄のもとに駆けつけたが、この義経の帰参は、苦境にあった頼朝にとって、まことに有難い朗報であった。秀衡は頼朝に敵対しないことが明らかになったからである。頼朝勢力にとって義経とは、秀衡の代理人として相互不可侵関係を保証する存在であったといえよう。頼朝が義経を重用した意味もここにあった。

頼朝は、この義経と秀衡の特別の関係を謀略に利用しようとした。義経を挑発して反乱行動に追い込めば、秀衡も義経に加担して軍事的動きをみせるのではないか、それを捉えて奥羽に侵攻しよう、というのが頼朝の計略であったと考えられる。

五月以降、頼朝は計画的に義経を追い詰めた。宗盛を護送してきた義経を鎌倉に入れず、「勘発《かんぼつ》」(叱責)に処して京都に追い返した上に、屈辱的な仕打ちをいろいろ加えた。しかも、京都で自由に活動させ、京都とそれ以西からはすべての東国武士を関東に引き上げさせ、義経がたやすく挙兵できる環境に整えてから、十月に義経に向けて暗殺団を送り込んだ。この暗殺ははじめから失敗するように仕組まれており、これが挑発の決め手となる。義経は襲撃を受けて、ついに反乱に起ち、後白河に頼朝追討宣旨《せんじ》の発給を要求し、十八日にこれを受け取った。しかし、義経一党はまたたくまに凋落してしまう。十一月三日、義経は京都から逃げ出して行方不明となった。

頼朝にとって、挙兵事件に持ち込めたのは成功としても、義経一党があまりに急速に没落したのは思惑外れであったろう。結局、奥州の秀衡は義経に加担する動きをみせず、頼朝は奥羽侵攻の口実をつかめなかった。しかし、この事件の効果で、この年末には、秀衡は頼朝に服属する態度をとるようになり、一応、頼朝の覇権は奥羽にも及ぶことになった。

ところが、その後、事態は急転する。義経が逃亡のはてに秀衡のもとに逃げ込み、秀衡に匿われたのである。秀衡は頼朝に反逆する形になった。頼朝はこの恰好《かっこう》の口実を得て、秀衡死後の八九年、奥羽に侵攻し、奥州藤原氏を滅亡させた。これをもって一一八〇年代内乱は最終的に終結した。

頼朝の朝廷再建運動

義経挙兵事件は頼朝に思わぬ副産物をもたらした。それは後白河が頼朝追討宣旨を義経に与えたことである。頼朝はこれに強く抗議し、その責任を追及しようとした。

後白河にとって、この頼朝追討宣旨は義経に強要されたものであり、これを拒否すれば、義経から監禁、連行、その他の狼藉《ろうぜき》を受けることを覚悟せねばならなかった。後白河は我が身の安全を優先して宣旨を与えるしかないと判断し、公卿らに意見を求めたが、人多数はやむ無しと答えている（九条兼実がただ一人、反対した）。

ただし、後白河は、頼朝との関係が無事には収まらないことも自覚していた。彼は摂政に責任を取らせることで頼朝を納得させようとはかり、義経が都落ちしたその日に、基通に摂政を辞任するよう持ちかけたが、基通はにべもなく断った。後白河はその後も説得を試みたが、基通は拒み通した。

この辺の事情は頼朝にも伝えられたらしい。それを踏まえて頼朝が立てた方針は次のようなものであった。第一に、後白河の責任を問わない。第二に、摂政の更迭を求めない（基通留任）。第三に、兼実が宣旨に反対した功労に報いる。第四に、義経の謀反に加担した者を処罰する。第三・第四の具体策は、兼実の内覧《ないらん》（関白代行職）就任と、高階泰経《たかしなのやすつね》等一二人の解官《げかん》・追却《ついきゃく》（追放）の要請である。これらの要請は十二月六日付奏状で送られ、同月二十六日に京都に届くと、後白河によってそのまま承認された。

この経過をみると、頼朝の後白河や上流貴族に対する態度は、意外なほどに生ぬるく妥協的である。それは摂政更迭を見送った点に露《あらわ》であり、そのほか、頼朝追討宣旨の上卿《しょうけい》（発令責任者）を務めた左大臣藤原経宗に対しても、議奏《ぎそう》（後白河の顧問）のメンバーから外しただけで、その責任追及を止めている。

一方、その鬱憤《うっぷん》を晴らすかのように、攻撃の矛先は高階泰経に向けられた。泰経は後白河の側近で、頼朝追討宣旨を経宗に伝える役目を務めたからである。彼は下流貴族から公卿の末席に成り上がった者であるが、その他の解官・追却の処分を受けた者もほとんど下流貴族であり、義経と親しかったというだけで謀反の共犯者とされた。頼朝は泰経らをスケープゴートにすることで、かろうじて責任追及の形をつくったのである（なお、このとき頼朝が

「日本国第一の大天狗」と揶揄《やゆ》したのはこの泰経であり、後白河本人ではない）。

それでも頼朝には、朝廷を刷新するという高揚感があったのであろう。彼はその意気込みを「天下草創」と表現したが、実際には、兼実の内覧就任がその具体策であるにすぎなかった。しかるに、当の兼実自身は、摂政ではなく内覧であることに強い不満を表明し、さらに内覧の辞任を申し出た。ことここに及び、頼朝はやっと摂政の更迭に方針を切り換える。頼朝は後白河に強く更迭を要請し、それによって基通もついに辞任することになり、一一八六年三月十二日、兼実の摂政就任が実現した。

最後の結末をみれば、確かに頼朝が要求して摂政が更迭される結果になった。これは頼朝の朝廷再建運動であるといえよう。頼朝はここでその担い手としての実績をつくった。つまり、朝廷再建運動の担い手は、ついに下流貴族出身の武士（ただし、頼朝はこのとき従二位《じゅにい》の公卿）にまで下降したのである。

九条兼実　「天子摂関御影」より。宮内庁三の丸尚蔵館蔵

幕府とは何か

今まで頼朝を盟主とする武士の組織を頼朝勢力と表現してきたが、これからは、この組織体を幕府の名で表現することにしたい。幕府と呼びうる一つの条件は、その支配が全国的規模に拡大したことである。一

一一八五年三月の平家滅亡と年末の奥州藤原氏の服属が、その指標になろう。もう一つの条件は、この組織体の永続性が明確化されたことである。義経挙兵事件はこれに大きな役割を果たした。

頼朝勢力は清盛の打倒を目標にして生まれた。従って、それだけであれば、平家滅亡によって目標は達成され、存続の理由はなくなるはずである。もしも頼朝が上洛して京都に移住し、上流貴族に仲間入りしていたならば、武士の組織は解体の道を辿ることになったかもしれない。しかし、頼朝勢力は別の道を歩んだ。

八三年の対義仲戦にも、八四〜八五年の対平家戦にも、頼朝自身は鎌倉を動かず、軍勢の指揮を代官に執らせた。それによって、頼朝は今後も鎌倉に住み続けること、平家と戦うことだけが目標ではないことを明らかにしたのである。八六年の文書には「遠国《おんごく》に住し」「東海道惣官《そうかん》」と記し、東国の住人として自らを語った。

頼朝が鎌倉に永住することによって、頼朝を盟主とする武士の組織体もそのまま永続することが可能になる。八二年に長男の頼家《よりいえ》が誕生し、後継者が定まったことは、頼朝が鎌倉永住を決意する大きな理由になったであろう。頼朝勢力は幕府へと生まれ変わる。

その生まれ変わりを推進したのが朝廷再建運動である。八四年三月の摂政更迭要請は、まさに画期的な運動であった。そして義経挙兵事件の結果、その運動は実を結んだ。頼朝勢力は単に平家と戦うための組織ではなく、また、後白河の命令に従うだけの組織でもない。朝廷のあり方をみつめ、そこに重大な欠陥を見出したときは、後白河にその是正を要請する、それが後白河と朝廷を護るということの真の意味である、という新しい理念をこの組織体は我が物とした。朝廷再建運動の担い手として存在すること、それが幕府の理念である。

それ故に、幕府は永続しなければならない。朝廷の支配を永続的に支えるのが幕府の役割なのである。

御家人制の性格

幕府が成り立つには、一つに組織が永続し、もう一つに活動が永続しなければならない。この組織の永続性の基礎となったのは御家人《ごけにん》制であり、活動の永続性を実現したのは守護《しゅご》・地頭《じとう》制度であった。まず、御家人制について述べよう。

頼朝が鎌倉に定住したのは、東国武士と特別の強い繋がりをもったからである。この頼朝と武士との間につくられた関係を御家人制という。御家人制によって、頼朝勢力は忠誠心と規律性を備えた永続する組織、即ち、幕府に生まれ変わることができた。しかし、この御家人制の成立事情はあまり明らかではない。ただ、その成立の目安は一一八二～八三年頃になろうかと思われる。

頼朝の挙兵に呼応して参集した武士は、そもそも頼朝の命令に服すべき従者（家人《けにん》・郎《ろう》従《じゅう》）ではなかった。頼朝は清盛打倒の目標で一致する集団の盟主ではあっても、彼らの主人の立場にはなかった。頼朝と武士との結びつきは同盟関係であって、主従関係ではない。当時、主従制は武士社会の中の小さな一部分にすぎなかった。頼朝勢力は、頼朝と一般武士との同盟関係の集団であったからこそ、急激に膨張、拡大することができた。

しかし、その反面、かかる同盟関係の集団は離合集散しやすい。同盟関係にある一般武士が盟主から離反するのはありえることとして許容されたからである。そこで、頼朝勢力は、かかる同盟関係のルーズな集団から脱却するために、集団全体を主従関係の形をとる組織に作り変えた。家人・郎従は主人に背くことを許されないという主従制の特徴が、忠誠心と規律性を備えることに役立つからである。

そのやり方は次のようになる。頼朝勢力には東国一三ヵ国（「諸勢力の支配圏」〈七七頁〉の頼朝支配地域）のすべての武士が結集していた。その武士全員は頼朝の従者であるという意味で、彼ら全員に「家人」の号を与えたのである。頼朝は武士全員の主人となった。

この「家人」とは、現に実在する家人と同じものではない。すべての一般武士が全員一挙に、現に実在する家人と同じになることができるはずはない。いわば擬似的家人である。そこで、この「家人」に「御」の字を付けて「御家人」という呼称を作り、現に実在する家人と区別するようにした。これが御家人制であり、主従制とはいっても擬制的性格が濃厚である。のちに「御家人」の語は社会的身分の標識に転化した。

御家人制の成立には独特の条件と環境があった。頼朝勢力は東国一三ヵ国を固めたまま、二年余りも動かずにいたことによって、組織の生まれ変わりが必要になり、また、それが可能になったのである。この八二～八三年の時期に、御家人制は生まれたとみなすことができよう。

このように御家人制は東国に成立した。その後、頼朝勢力の西方進出に伴い、西国にも御家人制は拡大したが、しかし、西国においては、御家人となる武士もいれば、御家人にはならない武士もいた。同じ御家人とはいっても、東国御家人は明確に西国御家人に優位する地位を占めた。御家人制の内実をみれば、幕府が鎌倉から動かない理由もわかる。

守護・地頭制度の確立

次に、守護・地頭制度にふれよう。幕府の担う永続的な活動とは、謀反人およびその他の犯罪の取り締まりである。頼朝は一一八五年末、義経挙兵事件を利用して、それが全国にわたる永続的な活動であることを後白河に認めさせた。平家が滅亡したからといって、世の中が平和になるわけではない、謀反人は必ず繰り返し現れる、義経がその見本ではないか、と頼朝は主張し、守護・地頭制度の強化を認めさせたのである。

守護はこの頃までは惣追捕使《そうついぶし》と呼ばれ、頼朝が国別に一人任命し、謀反人の取り締まりに当たらせた。もともとは事件・合戦が起きたときに臨時に派遣されるものであったため、平家滅亡にともなって、縮小・停止の措置が取られた。しかるに義経事件を機に、再び西国への派遣が復活する。その後、さらに九州にも拡大され、そのまま全国的・恒常的な役職として定着するに至って、守護制度は確立した。

一方、地頭はもともと国衙《こくが》領・荘園《しょうえん》の役職であったが、頼朝勢力の東国一三ヵ国に御家人制が生まれ、頼朝が御家人に所領安堵《あんど》の下文《くだしぶみ》を給付したとき、それらの御家人所領に統一して「地頭職《じとうしき》」の名称を与えたようである。その後、頼朝勢力は西国に進出し、義仲方や平家方の謀反人の所領を没収して、これを「地頭職」の名で御家人の所領にした。しかし、この謀反人所領の没収は荘園領主との紛争を生み、頼朝側の権限はなお不確定の状態にあったが、これも同じく義経事件を機に、頼朝側の謀反人所領没収権と地頭職補任権が全国的・永続的権限として確立される。これによって、謀反人取り締まりの活動は実効性のあるものとなった。

幕府は謀反人および重犯罪の取り締まりを担って、朝廷の支配を支えたのである。

第三章　後鳥羽院政と承久の乱

1　後鳥羽天皇の治世

後鳥羽天皇と皇位継承問題

一一九二年、後白河《ごしらかわ》上皇が死去し、後鳥羽《ごとば》天皇（一三歳）の世となった。これから始まる後鳥羽の時代は、二つの視点から見る必要がある。一つは、後鳥羽には守貞《もりさだ》親王という同母の兄が存在したという皇位継承に関わる問題であり、もう一つは、すべての貴族と幕府に支持される体制を築こうとする後鳥羽の政治姿勢の問題である。

後鳥羽天皇　「天子摂関御影」より。宮内庁三の丸尚蔵館蔵

まず、守貞と後鳥羽の関係をみよう。後鳥羽は平家都落ちの後、祖父の後白河に選ばれて即位したのであったが、実はこの時、同母の兄の守貞は不運にも平家に連れ去られたため、選考の対象にならなかった。もし、守貞が京都に残っていたならば、当然、守貞が新天皇に選ばれたはずである。後白河は守貞の身代わり

という気持ちで、後鳥羽に決めたのであろう。

しかるに、この守貞は壇浦《だんのうら》の戦の後、京都に帰還した。守貞には人々の同情が集まったと思われる。以後、後鳥羽にとって、この兄は彼の皇位を脅かす存在となった。後鳥羽が一一九八年、一九歳の若さで早々と長男の土御門《つちみかど》天皇に譲位したのは、できるだけ早く自分の皇統を確立し、皇位継承から兄を排除したいと意図したからであろうと考えられる。

ところが、この時、後鳥羽の懸念は現実になった。源頼朝《よりとも》がこの譲位に口を挟み、ひとまず守貞を即位させてはどうか、という意見を申し出たのである。後鳥羽はこれを容れず、土御門への譲位を果たした。後鳥羽と幕府の関係は波瀾含みとなった。

頼朝は守貞の境遇に同情したのであろう。守貞は即位するとしても一代限りであり、すぐに後鳥羽の子に譲位し、後鳥羽の子孫が皇統をつくる、即ち、「正統《しょうとう》」は後鳥羽である、ということは当然の前提であろうが、それでも後鳥羽には受け容れられない話であった。頼朝としては、皇位継承問題という最高の重事に介入することで、自分の存在感を示したという意味もある。

次頁の「守貞親王関係系図」に見るごとく、頼朝と守貞とは、一条能保《いちじょうよしやす》を介して繋がりがあった。守貞の妻の兄（持明院保家《じみょういんやすいえ》）は能保の猶子《ゆうし》である。この能保はもと下流貴族であったが、頼朝の同母姉を妻にしていたので、頼朝は能保に全幅の信頼を寄せ、能保も頼朝の後援を得て上流貴族に昇進した。また、守貞の妻や保家の外祖父である平頼盛《よりもり》にも、頼朝は絶大の信頼を寄せていた。このような縁によって、頼朝は守貞にひときわ親近感を懐いたのであろう。

「正統」の確立

頼朝は翌一一九九年正月に死去した。その直後、いわゆる三左衛門尉《さんさえもんのじょう》事件が起きる。前年の頼朝の介入に対し、後鳥羽側が反発したのである。守貞の縁者の保家やそのまた縁者である西園寺《さいおんじ》公経《きんつね》等が処罰され、守貞の立場は大きく貶められた。

幕府ではこの三左衛門尉事件に中原《なかはら》（大江）広元《ひろもと》等が関わり、後鳥羽側に与して、守貞の追い落としに動いた。幕府にとって、頼朝が後鳥羽の不興を買ったとなれば、事は重大である。そこで、頼朝の死去を機に、一転して後鳥羽に追従し、今度は守貞への攻撃に回った。広元はこのような対朝廷工作の担当者であり、後鳥羽側近の源通親《みちちか》に接近するなどして、後鳥羽の信頼の回復に努めた。

もはや守貞に即位の可能性はなくなっ

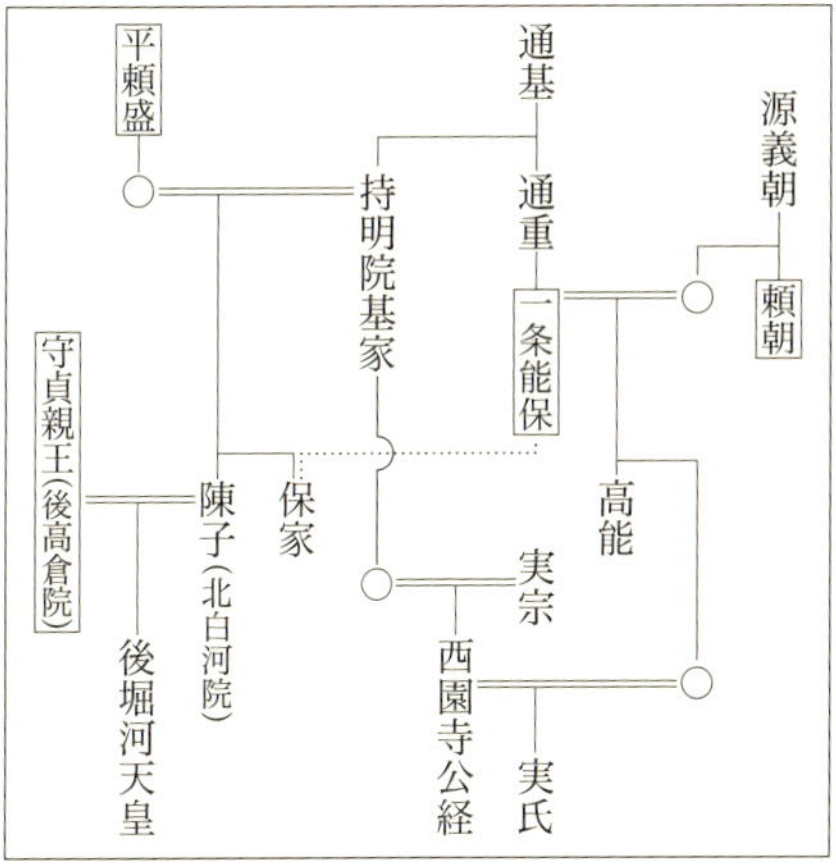

守貞親王関係系図

た。彼は一二一二年に出家を遂げ、自らも皇位継承の望みを断ち、彼の長男・次男も次々に出家する。かくして、後鳥羽はようやく「正統」の地位を固めるに至った。

後鳥羽が「正統」の後継者に選んだのは、三男の順徳《じゅんとく》天皇である。後鳥羽は一二〇〇年に順徳を四歳で皇太弟に立て、一〇年に土御門から順徳に譲位させた。さらに、一八年に順徳の中宮（立子。九条良経の娘）に長男が生まれると、すぐに皇太子に立て、彼の皇位継承計画を着々と進めていった。

親幕府貴族の復活

この間、後鳥羽は貴族や幕府を自分の支持勢力に結集した。

前述のごとく、平頼盛と一条能保は頼朝と親しく、彼らは朝廷における最初の親幕府貴族であった。さらに九条《くじょう》家と西園寺家が能保と姻戚関係を結び、親幕府貴族に加わった。能保と頼朝の姉との間に生まれた娘の一人が九条兼実《かねざね》の子の良経《よしつね》の妻になり、もう一人が西園寺公経の妻になったからである（親幕府貴族の系図〈一〇六頁〉参照）。

兼実は一一八六年から摂関の職にあったが、九六年に失脚し、関白は近衛《このえ》基通《もとみち》に替わった。頼朝が兼実から離れたためである。頼朝は娘を後鳥羽に入内させようと図り、娘を中宮とする兼実に隔意を懐いたといわれる。頼朝は、既に八五年に基通を摂関として認める方針を示したことがあったが、ここで明確にそれを認めたわけである。

九条家の失脚に続き、九九年には守貞問題に絡んで一条家関係者や公経も失脚し、親幕府貴族は退場したかにみえた。しかし、後鳥羽はこれらの親幕府貴族を復活させる方針をとった。一二〇二年、良経を摂政に任じて、九条家が摂関家に確定する道を開き、また、公経や一条家を側近に取り立てるようになる。幕府の三代将軍実朝《さねとも》の妻の兄である坊門忠信《ぼうもんただのぶ》も、後鳥羽の側近になった。後鳥羽の側近は親幕府貴族が中心であるといってよい。勿論、幕府には縁のない者もいて、親幕府派のみに偏ることもなかった。

よく初期の後鳥羽院政は源通親が牛耳ったかのようにいわれるが、それは正確ではない。例えば、後鳥羽は「正統」の後継者に、通親が外戚である土御門を選ばず、通親とは関係のない順徳を選んだ。後鳥羽は一人だけを寵臣にしたりはしない。その点に後白河との違いがある。

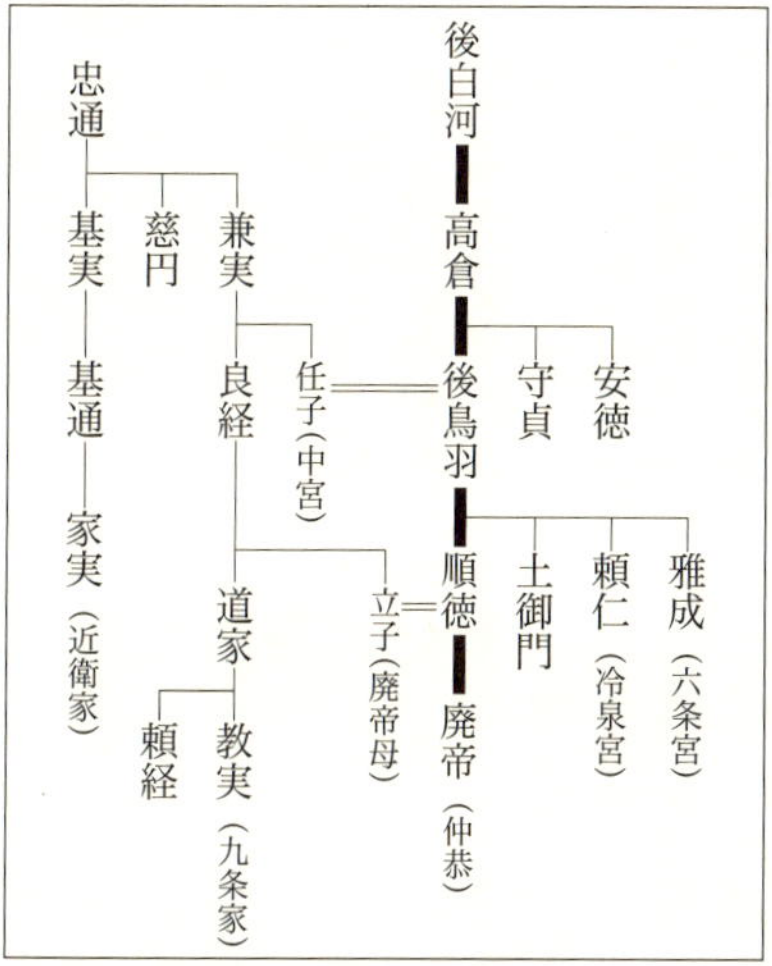

天皇・摂関系図　後鳥羽院政期

摂関家の分立

良経の摂政就任について重要なのは、これによって摂関家の複数分立の方向が明らかになったことである。その後、良経が一二〇六年に死去すると、近衛家実《いえざね》が摂政に就任する一方、一一八年には良経の外孫が皇太子に立ち、次の摂政に九条道家《みちいえ》(良経男子)の就任がほぼ確定するなど、近衛家と九条家の分立はいよいよはっきりした。後鳥羽が摂関家を分立させ、共存・共栄をはかる政策を推進したのは明白である。

振り返れば、平安時代の藤原道長以降、摂関家はつねに一つであった。それに対し、十二世紀後半には摂関家が分裂と抗争を繰り返し、ついには一一八〇年代内乱を招いたが、そこには大前提として、摂関家は一つという理念があり、複数分立などは許されなかった故に、激しい対立、抗争が展開されたのである。

しかるに、後鳥羽は情況を根本的に変えてしまった。摂関家の複数分立が容認されてしまえば、もはや摂関家をめぐって深刻な対立が起きることはない。その反面、それはもはや昔日の摂関家ではない。分立とは、権威の低下した状態がそのまま固定化されることである。以後、朝廷再建運動の課題から摂関家問題は消え去ることになった。

後鳥羽院政体制

近衛家と九条家を両方ともに摂関家と認めれば摂関家をめぐる紛争は片付く、というこの解決法こそ、後鳥羽院政を理解する鍵であろう。後鳥羽は貴族の中に不満分子が生まれることを嫌い、すべての者に支持されること、即ち、総支持体制の構築を目指した。その最も手っ取り早い手段は官職の大盤振る舞いであり、その結果、公卿《くぎょう》の数は激増している。

この総支持体制を希求する姿勢は、後鳥羽に限ったことではなく、白河・鳥羽・後白河等にも共通しており、いわゆる院政の特徴といえよう。彼らに特にこの姿勢が強く出るのは、自分の進めようとする皇位継承計画を貴族全体の一致した支持を得て実現させたい、と願うからである。後鳥羽はこの点において典型的であった。

　後鳥羽にとって、幕府の支持はとりわけ重要であった。幕府は頼朝の死後、二代将軍頼家の時代にかなりの混乱をみせたが、後鳥羽はそれに介入せず、幕府が自力で混乱を乗り越えるのを待つ、という姿勢を保った。将軍が実朝に代わってから幕府は立ち直り、後鳥羽との間にも協調関係が確立した。実朝将軍期には幕府は朝廷の重事に口を挟むことなく、後鳥羽の支え役に徹している。朝廷・幕府関係は安定していた。

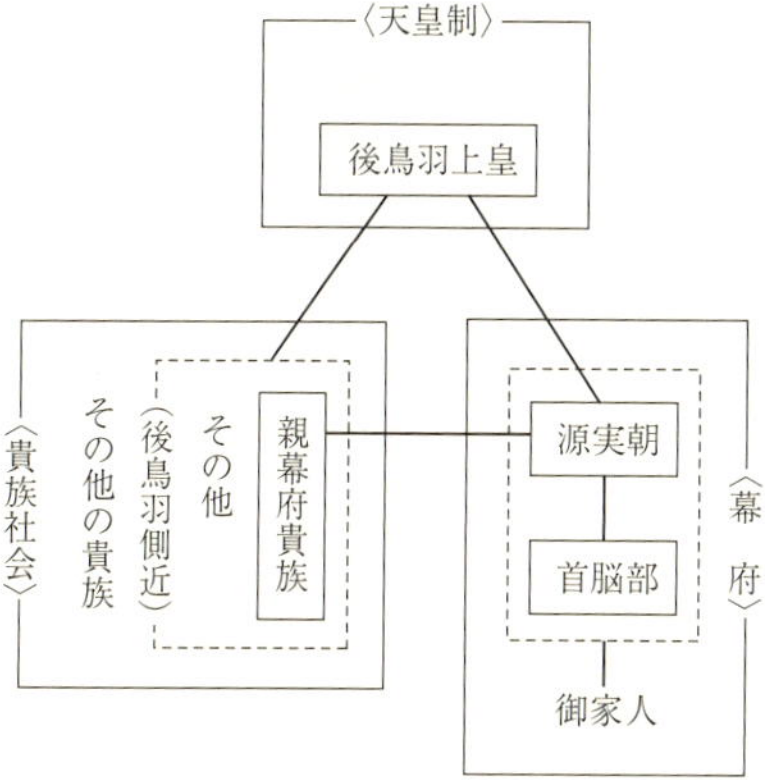

後鳥羽院政体制

　後鳥羽は自ら貴族と幕府の両方を統轄し、政治を主導した。一二〇〇年代から一二一〇年代を通して、院政は順調に推移する。後鳥羽院政体制は朝廷・幕府体制の一つの到達点に位置づけられよう。ただし、この体制には、平安時代的朝廷における摂関家のような束ね役がいない。後鳥羽の政治主導に狂いが生じた時、それを制止する役の者がいないという点に、この体制の危うさがあった。

2　承久の乱の勃発

実朝暗殺事件と宮将軍計画の挫折

後鳥羽の政治が狂い始めた切っ掛けは、将軍実朝の暗殺事件である。一二一九年正月、実朝は右大臣に昇進した報賽《ほうさい》（お礼の参拝）に鶴岡八幡宮に参拝し、八幡宮寺別当の公暁《くぎょう》に殺された。公暁は頼家の子で、「親のかたき」と叫んで実朝に襲いかかったという。この事件については、北条義時《ほうじょうよしとき》黒幕説や三浦義村《みうらよしむら》黒幕説など各種の黒幕説をみるが、実朝が死んで得をする者は誰もいないという情況を重視すれば、単純に公暁の単独犯行とみなすのが妥当である。

実朝の突然の横死は、幕府のみならず、後鳥羽にも強い衝撃を与えたであろう。その衝撃のためであろうか、後鳥羽は幕府の懇請を蹴って、実現間近にあった宮将軍《みやしょうぐん》（皇子将軍）の約束を反故にしたのである。ここから朝廷・幕府関係に暗雲が立ち籠めるようになった。

それは次のような事情である。この三年前、実朝が高位高官を望んだことに対し、北条義時と大江広元が相談して諫言《かんげん》したところ、実朝は、「自分には子供が生まれず、源家将軍は自分の代で終わりになるので、少しでも家名を高めたいのだ」と説明した。それは実朝の引退表明であり、幕府首脳部に将軍後継者の選定を促すものであった。

幕府首脳部は一年ほど後に結論を出した。一つに実朝の引退が決まり、朝廷に実朝の官位を急速に昇進させるよう要請した。権中納言《ごんのちゅうなごん》であった実朝は、一二一八年の正月から十二月までの間に、権大納言、左近衛大将、内大臣、そして右大臣へと昇進する。ここで殺されたのであるが、もし生きていたならば、さらに太政大臣に昇って引退したであろう。

もう一つは将軍後継者問題であり、幕府首脳部は宮将軍を後鳥羽に要請することに決めた。即ち、後鳥羽の子を将軍として鎌倉に迎える案である。一八年二月、頼朝未亡人で実朝の母である北条政子《まさこ》が幕府を代表して京都に行き、後鳥羽の側近である藤原兼子と交渉して、後鳥羽の内諾を得ることに成功した。これで問題は解決し、幕府の新体制の実現に向かってすべてが動き始めた。

源実朝　「天子摂関御影」より。宮内庁三の丸尚蔵館蔵

そこに突然、実朝暗殺事件が起きたのである。幕府は急遽、宮将軍を迎えたいと後鳥羽に要請したが、ここで意外にも、後鳥羽はこれを拒否した。後鳥羽は「将来、日本国を二つに分ける」ことになるのを危惧したと慈円《じえん》『愚管抄《ぐかんしょう》』は伝えているが、この意味を諒解するのは難しい。後鳥羽の子が将軍になれば、後鳥羽の統率下に朝廷と幕府は一つになる、と考えるのが自然である。宮将軍は院政体制の強化に繋がるであろう。後鳥羽もそのような見通しをもって、宮将軍案に

九条道家　「天子摂関御影」より。宮内庁三の丸尚蔵館蔵

内諾を与えたのであろう。しかるに、自分の死後を心配し、京都と鎌倉とが分裂すると言い出したとすれば、それはどのような意味なのか、何とも腑に落ちない。後鳥羽がここで態度を急変させた理由は疑問のままに残さざるをえない。

これが後鳥羽の躓《つまず》きの元となった。

摂家将軍の実現と暗雲

宮将軍計画の挫折によって、幕府は苦境に立たされた。後鳥羽に代案があるわけでもなかった。しばらく混迷が続いた後、九条道家の三男（頼経。二歳）を将軍後継者にしてはどうか、という案が急浮上する。道家の妻は西園寺公経の娘であり、道家夫妻はともに母親が一条能保と頼朝の姉との間にできた娘であった（親幕府貴族の系図〈一〇六頁〉参照）。頼朝の血縁ということ、しかも摂関家ということが選ばれた理由である。

一二一九年六月、後鳥羽の承認を得て、この子は鎌倉に下った。摂関家出身なので、摂家《せっけ》将軍という。幕府は窮状を打開し、ともかくも幕府としての形を整えることができた。

ところが、事態は安定化せず、またまた急転した。翌一二二〇年に入ると、後鳥羽がこの摂家将軍に不満を強めるようになったのである。この事実を伝えているのは、同年成立の

『愚管抄』および西園寺公経宛慈円書状である。慈円は、後鳥羽が摂家将軍の廃止を企てていると強調し、後鳥羽の動向はきわめて危険であると警鐘を鳴らした。

慈円の歴史論と摂家将軍論

慈円は九条兼実の同母弟として九条家の長老であり、四度も天台座主になった仏教界の重鎮で、和歌を通して後鳥羽とも親しかった。公経宛書状では、摂家将軍を案出したのは自分である、と慈円は述べている。

九条家と慈円にとって、摂家将軍の実現はまさに我が世の春の到来であった。その前年には道家の妹（順徳中宮）に生まれた子が皇太子に立ち、道家は次代の天皇の外戚となることが約束されていた。その上さらに、道家の子が将軍になり、道家が幕府を率いるかのような形になったのである。『愚管抄』は道家が朝廷・幕府を両方とも束ねる摂関になることを期待して、

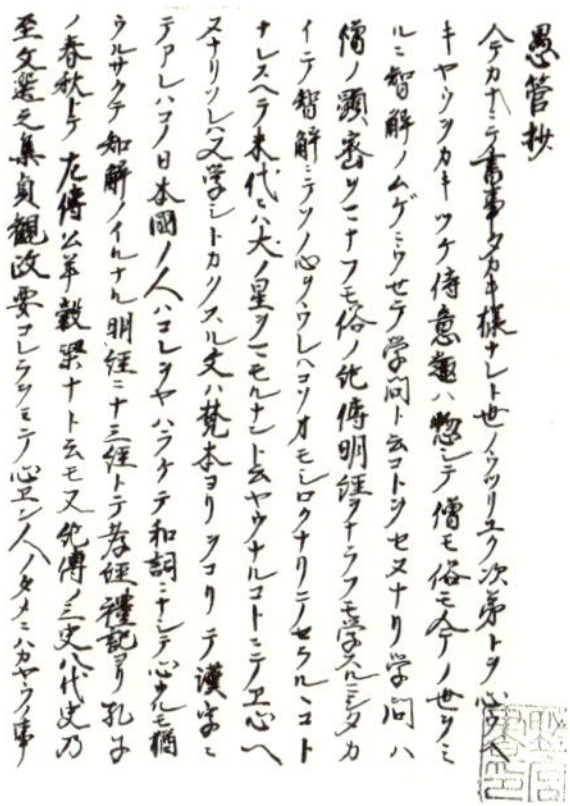

『愚管抄』　七巻。東京大学史料編纂所蔵

摂籙《せつろく》家（摂関家）と武士家（幕府）とをひとつになして、文武兼行して、世をまもり、君をうしろみ（後見）まいらすべき

と述べている。

慈円にとって、保元の乱以降の時代（不安定期④）は「武者の世」＝「乱世」である。「乱世」はついに幕府を生み出してしまう。はたしてこの世はどうなるのか、その答えが摂家将軍の登場である、と慈円は諒解した。即ち、摂関家が幕府を支配し、摂関が朝廷・幕府の両方を束ねる新しい体制が生まれた、これによって「武者の世」＝「乱世」は克服されたのである、平安時代的朝廷への復帰が果たされた、これぞ神々の意思であり、歴史の帰結である、と慈円は確信し、『愚管抄』にその歴史論を書き著した。

つまり、慈円にいわせれば、摂家将軍は神々の意思によって出現したのである。後鳥羽はこの神意に従わねばならない。しかるに、後鳥羽は神意に背く、危険な企てに走ろうとしている。神意に逆らう天皇は滅びることになる、と慈円は警告した。

承久の乱の原因

慈円が警鐘を鳴らした通り、間もなく、一二二一年（承久三）五月に後鳥羽は北条義時追討の命令を発し、承久の乱が勃発した。後鳥羽はなぜこの追討命令を発することになったのか、その理由は、慈円が強く危惧していた問題、即ち、摂家将軍問題にあるとみなすのが妥当であろう。後鳥羽は摂家将軍の廃止を幕府に要求したが、幕府首脳部はこれを拒絶し、交渉が決裂したのではなかろうか。そこで、後鳥羽は天皇の権威にかけて幕府首脳部を圧服させる行動に踏み切ったのではないか。

推測で述べるしかないのは、二〇年から二一年五月までの、この肝心の時期の史料がほぼすべて失われているからである。信頼できる史料がないため、具体的には何もわからない。しかし、慈円の強調した摂家将軍問題こそが、二一年五月まで、後鳥羽と幕府の間で深刻に争われたと想像することは十分に許されるであろう。この問題を無視しては、乱の原因論は成り立たないと思われる。

承久の乱の原因論として、そのほかによくみるのは、後鳥羽はもとから幕府の打倒を意図していたとする説や、二つの荘園の地頭罷免要求を幕府が拒否したためとする説がある。これらは軍記物の『承久記《じょうきゅうき》』にあり、『吾妻鏡《あずまかがみ》』に継承されたため、流布しているが、前者はそもそも全くの誤解であり、後者はおよそ乱の起因となるような問題ではない。軍記物の筋立ては十分に吟味することが必要である。

親幕府貴族の分裂

なぜ、後鳥羽は摂家将軍を廃止しようとするのであろうか。これも直接語る史料はないので、推測をめぐらすほかない。乱の情況から、その理由を割り出してみよう。

承久の乱という事件は、朝廷が総力をあげて起こしたような事件ではない。大半の公卿は傍観者の立場にいた。関わりをもったのは少数の後鳥羽側近貴族である。しかも、その後鳥羽側近貴族の中の親幕府貴族グループが挙兵推進派と挙兵反対派の二つに分裂したのであ

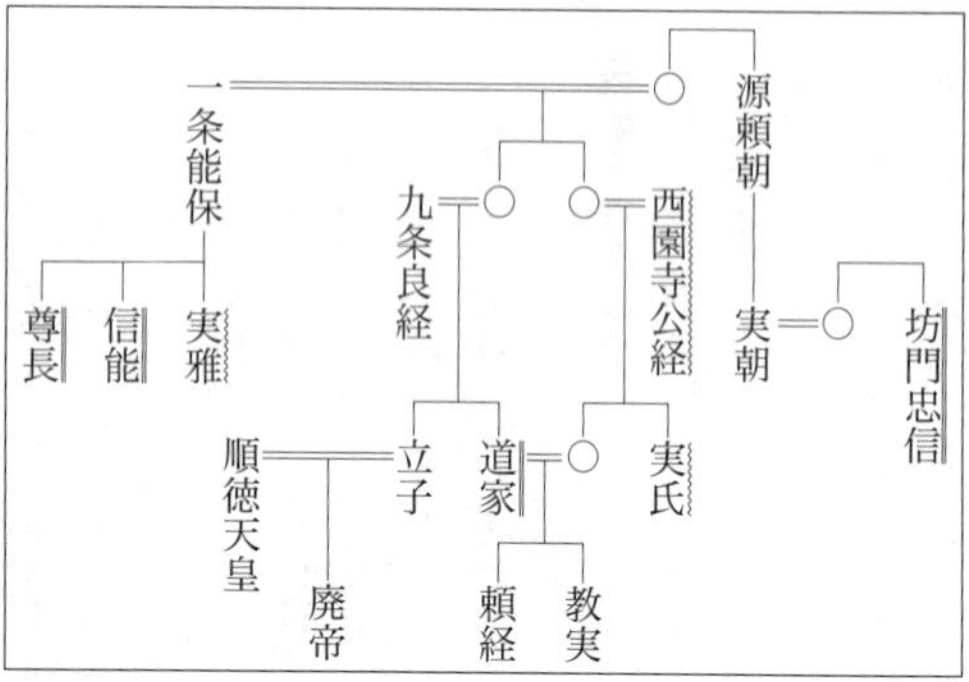

親幕府貴族の系図　人名の右側の＝は承久の乱で後鳥羽派、〰は承久の乱で反後鳥羽派を示す

る。親幕府貴族の坊門忠信や一条信能などが挙兵派として特に積極的に事件に加担する一方、これも親幕府貴族である西園寺公経は後鳥羽の挙兵に反対し、謀反人として捕縛された。これらの親幕府貴族の動向に注目しなければならない。

　その意味は摂家将軍との関係でみるとわかりやすい。まず、反後鳥羽方の公経は、摂家将軍頼経の外祖父である。頼経は公経に養育され、公経の屋敷から鎌倉に出発するという深い関係にあった。公経が摂家将軍廃止に反対するのは当然である。

　それに対して、忠信や信能は摂家将軍との縁をもたない。彼らは源家将軍との縁によって、親幕府貴族であることができた。つまり、摂家将軍に替わった途端に、彼らは将軍との縁を失い、もはや親幕府貴族とはいえない立場に身を置くことになった。彼らが摂家将軍に反感を懐いたとしても不思議はなかろう。

　このように、摂家将軍の登場によって、親幕府貴族は、なお親幕府貴族として続く者と、

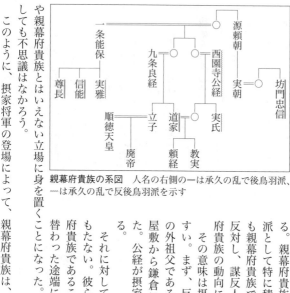

親幕府貴族の資格を失う者との、二つに分裂した。ここに後鳥羽の側近グループに対立が生まれる。後鳥羽が最も頼りにしたいところに亀裂が入り、院政の基盤が揺らいだとなれば、後鳥羽はこれに敏感に反応せざるをえない。彼は摂家将軍を認めたことが誤りであったと気づき、その廃止を決意した――ということではなかろうか。

それでは、摂家将軍を廃止して、その後はどのようにしようというのか。実は、この肝心の問題もまた史料を欠くため、何もわからない。宮将軍案を復活させるのか、他の案があるのか、後鳥羽の考えは不明である。

九条道家の懐柔

一二二一年四月二十日、順徳天皇は皇太子に譲位し、九条道家が摂政に就任した。これは後鳥羽にとっては、いよいよ摂家将軍の廃止を実行する時が到来したことを意味する。

後鳥羽が摂家将軍の廃止を実現しようとするとき、何が最大の障害になるかといえば、それは道家の存在である。摂家将軍の父である道家が後鳥羽の企てに反対するのは当然のことであり、道家が強硬な態度をとれば、貴族全体に動揺が拡がりかねない。後鳥羽としては反対派を極力抑えこみ、紛糾することなく朝廷をまとめあげて、摂家将軍更迭の要求を幕府にぶつけたいところであろう。道家が反対派であっては、それは難しい。道家を懐柔することができるかどうか、それが成否の鍵となった。

結果において、道家は後鳥羽に懐柔された。それを示すのがこの摂政就任である。道家は後鳥羽との取り引きに応じ、念願の摂政就任を果たす代わりに、摂家将軍の廃止を黙認することにしたのである。順徳の譲位は道家を摂政にするための手続きである。道家は新天皇の外戚であった。

後鳥羽上皇の幕府再建運動

ここに至って、後鳥羽は事の成就を確信したと思われる。反対派の公卿はわずかに西園寺父子のみになった。道家が後鳥羽の命に従うとなれば、幕府首脳部の腰が砕けるであろう、と。しかしながら、幕府首脳部の態度は変わらなかった。摂家将軍更迭の要求は拒否される。このままでは天皇の面子がつぶれよう。五月十五日、ついに後鳥羽は北条義時追討宣旨を発し、幕府首脳部を討てと命じた。

後鳥羽の意識としては、この追討命令は幕府の御家人に向けて発したものである。後鳥羽は御家人等が自分の命令に従うのを当然のことと考えたであろう。現に、このとき京都に在住していた御家人は、一人を除いて、すべて後鳥羽の命に従い、その一人だけ反逆した伊賀《いが》光季《みつすえ》は、これらの御家人に討たれた。東国でも、義時等の首脳部は孤立し、後鳥羽の命を奉じる御家人によって討たれるものと、後鳥羽は確信していたはずである。それは非現実的な考えではなく、むしろ、この事件が勃発した時点までの時代においては、それがごく当たり前の判断であるといえよう。

後鳥羽が基盤とした武力は御家人である。御家人は、当然ながら、天皇の命に従うべき者であった。幕府は後鳥羽派（反首脳部派・京都派）と反後鳥羽派（首脳部派・鎌倉派）に分裂し、この事件は御家人同士で戦われることになった。

普通、承久の乱については、後鳥羽は幕府の打倒を目指した、と解されている。しかし、それは正しい理解ではない。後鳥羽は幕府の首脳部を打倒しようとしたのであり、それを幕府の打倒と言い換えるのは誤りである。そもそもの争点は摂家将軍問題であり、これは幕府の存続を前提にした対立であった。

後鳥羽が目指したのは、幕府の将軍と首脳部の一新、即ち、幕府の改造、改革であったとみるべきであろう。幕府を院政の支え役としてふさわしいものにつくり直そうとした。いうなれば、これは後鳥羽による幕府再建運動であった。

3　幕府の勝利

『吾妻鏡』の史料批判

五月十四日の西園寺公経・実氏父子の逮捕と、十五日の北条義時追討宣旨の発令、伊賀光季の討伐等、これらの京都の情報は、十九日に鎌倉に届いた。これ以降は、鎌倉を中心とする動向を比較的詳しく知ることができる。それはこの十九日から、『吾妻鏡』の記事が格段に詳細になるからである。

ここで、『吾妻鏡』の承久の乱関係記事について、一言、説明しておきたい。『吾妻鏡』はその編纂に『承久記』『六代勝事記《ろくだいしょうじき》』その他、現在は伝存していない文献を含めて、多くの材料を利用している。それらの記事は相互に矛盾もみられ、史料としての信憑性も一概には決められない。『吾妻鏡』はこの点に注意を払う必要がある。

まず、『吾妻鏡』には『承久記』をもとに作文したとみられる記事がかなり存在する一方、現在は伝存していない文献に基づくとみられる記事も相当の分量に及ぶ。この二つを分別してみると、面白いことに、前者と後者とはそれぞれ様相の異なる別々の承久の乱を語っていることがわかる。しかも、後者の語る承久の乱の方が、前者＝『承久記』の語るそれよりも、はるかに事件の実態に近いのではないか、と実感させるものがある。そこで、以下、本章は主としてこの後者の記事群に依拠し、叙述することにしたい。

事件勃発時の鎌倉の情況

五月十九日、京都から事件勃発の報せが鎌倉に到来すると、首脳部も御家人らも一斉に動き始めた。注目すべきことに、誰もがごく当たり前のように、追討宣旨の発令を事実とみなしており、その真偽を確かめようとする動きなどは何もみられない。この様子から推測すると、追討宣旨が必ず発令されるとの情報が既に伝わっていて、誰もがこの事態を十分に予測していたらしい。御家人らはそれまでの交渉経過を知っていたのであろう。

このとき追討宣旨そのものが鎌倉に届いたわけではない。宣旨の実物が東国にもたらされるには時間がかかる。ちなみに、北陸道の場合は、鎌倉から北陸道を進軍した幕府の軍勢が六月八日、越中国般若野荘《はんにゃののしょう》で追討宣旨の実物に出会っており、彼らはこのときはじめてその宣旨を実見した。

つまり、追討宣旨の発令は、幕府にとって突然の事態ではなかった。幕府首脳部にはそれなりの準備があったとみなされよう。首脳部の対策は敏速であった。

京攻め作戦の採用

追討宣旨が出されれば、後鳥羽上皇と戦うしかない、という方針は既に決まっていた。十九日のその日、首脳部はまず、そのとき鎌倉に在住していた御家人を召集し、後鳥羽と戦う決意を北条政子の言葉として伝え、御家人らの決起を促した。しかし、これで鎌倉側の態勢が整い、御家人の団結が固まったわけではない。問題は具体的な作戦にあった。

御家人集会の後、今度は首脳部だけの会議が開かれた。首脳部のメンバーは、北条義時、北条時房《ときふさ》（義時の弟）、北条泰時《やすとき》（義時の長男）、大江広元《おおえのひろもと》、三善康信《みよしのやすのぶ》、三浦義村、安達景盛《あだちかげもり》の七人であるが、康信は高齢で病床にあり、会議を欠席した。

会議は紛糾した。戦い方をめぐって、二つの意見に分かれたのである。多数意見は、足柄山・箱根山を防衛線にして、そこで官軍を迎え撃つ、という作戦を唱えた。それに対し、大江広元は、この足柄・箱根防衛策は御家人の分裂を生み、敗北を招くと批判し、積極的に京都に向かって進軍し、京攻めを決行しなければならない、と主張した。議論の結果、広元の意見が通り、京都攻撃作戦が採用され、時房と泰時が東海道方面軍の大将に、北条朝時《ともとき》（義時の次男）が北陸道方面軍の大将に決まった。この方針は東国一五ヵ国（遠江・信濃両国以東の一三ヵ国と陸奥・出羽両国）の御家人に伝えられ、彼らに出陣の命が下った。

このように、京攻めの決行を主張したのは広元一人であった。他のメンバーは消極的な守りの姿勢であり、坂東に立て籠もろうと言う。もしもこの多数意見が通っていたならば、戦いは典型的な官軍対賊軍の形になり、広元が批判するように、鎌倉方は内部分裂を起こして崩壊し、必ずや敗北したであろう。鎌倉方にとっては、まずはこの守りの姿勢を克服し、京攻め作戦を決定したことが、勝利への道の第一歩であった。

ここで、広元対他のメンバーという分かれ方に注意したい。これは貴族出身者と武士出身者として区別できる。広元はもともと朝廷の下流貴族であったが、頼朝に招かれて鎌倉に来住し、長らく幕府の運営に当たってきた。対するに、他のメンバーは皆もとより武士である。そこで面白いのは、貴族出身の広元が強硬な攻勢論を主張し、武士がそろって弱腰の守勢論を唱えた点である。普通の感覚では逆に思えるが、これははたしてどのようなことなのか、この問題を引き続き注視したい。

ただし、京攻め作戦を決めたとはいっても、出陣の期日は決まらず、安保《あぼ》実光《さねみつ》らの武蔵国の御家人が参集するのを待って出陣する、という方針となった。なぜここに実光の名があがったのかといえば、彼の娘（あるいは孫）が北条泰時の妻であることによるのかもしれないが、それよりも、実光が三八年前の京攻め（一一八三年の対義仲戦）に参加したことがその理由であろう。京攻め体験者を頼りにしたいのであろう。

しかしながら、かかる老兵を頼みにしようとするところに、いざ京攻めとは決めたものの、戸惑いを隠しきれない様子が見て取れそうである。しかも、実光がどこまで役に立つか、疑問であろう。同じ京攻めとはいっても、明白な違いがあった。三八年前の京攻めは後白河を救出するための戦いであったが、今回は天皇（後鳥羽）を敵にして戦うのである。御家人はまだ天皇と真正面から戦ったことはない。はたして武士は天皇と戦うことができるのか、ここに今回の戦いの本質があった。武士にとって、この戦いはきわめて難しいのである。彼らが戸惑い、たじろぎ、弱腰になるのは仕方のないことであった。

即時出陣作戦の採用

二日後の二十一日、二度目の首脳部会議が開かれた。この二日間に情況が悪化し、きわめて危険な徴候が見え始めたからである。それは、京攻め作戦に反対する意見（坂東立て籠もり論）が蒸し返されたこと、そして、御家人が鎌倉になかなか集まって来ないことであった。

会議を主導したのは広元であった。彼は次のように主張した。「京攻めを実行せず、無駄に日数を費やし、御家人に思案する暇を与えるから、彼らも情況を判断し、京攻めを嫌がる者や、後鳥羽方につこうとする者も出てくることになるのだ。武蔵国の御家人が来たら出陣しようなどという誤った方針を捨て、今晩、泰時がただ一人だけでも出陣すべきだ。そうすれば、御家人たちは皆、一斉に駆けつけて来るであろう」と。

政子と義時は病床にあった三善康信に意見を求めた。すると、康信もまた次のように、広元と全く同じ主張を述べた。「我々はいま勝つか負けるかの瀬戸際にいる。議論などしている時ではない。京攻めを決行する以外にないのだ。大将一人で直ちに出陣せよ」と。

義時は、二人の意見が一致したことに、神意を感じたという。ここに首脳部は方針を転換し、即時出陣の作戦を決めた。翌二十二日早朝、泰時は鎌倉を出発し、京都に向かって進軍を開始した。このとき泰時に従った軍勢は、わずかに一八騎にしかすぎなかったという。

御家人たちはこの難しい戦いに臨み、模様眺めに入ろうとしていた。もしもこれをそのまま許していたならば、たちまち首脳部は孤立化し、鎌倉方の敗北が決まったであろう。首脳部が断固たる戦いの姿勢を見せ、御家人たちに即時決断を迫ることが何よりも必要であった。広元と康信の判断は実に正しかった。二人に引っ張られて、鎌倉方は勝利への道を迷わずに歩むことができたのである。

ところで、この三善康信もまた広元と同じく、朝廷の下流貴族出身者であった。康信は頼朝と乳母《めのと》関係の縁があり、頼朝に招かれて鎌倉に来住し、幕府の運営を担ってきた。この二人の貴族出身者がそろって強硬に京攻めを主張したというのは興味深い。貴族出身者ということの意味が問われよう。

京攻めの成功

泰時は鎌倉出陣の後、まっしぐらに京都に向かって進んだのではない。彼が箱根を越えて駿河《するが》国に入ったのは二十五日夕方であり、それまで四日間も相模国に留まっていた。その間、彼は御家人たちが駆けつけて来るのを待っていたのであろう。武士が集まりだしたことを確かめてから、箱根を越えたのである。その後は駿河国と遠江《とおとうみ》国をともに二日で通過し、順調に進軍する。即時出陣作戦は成功し、軍勢は雪崩を打つような勢いで膨れあがっていった。

鎌倉では、二十五日、京都攻撃軍を東海道・東山道・北陸道の三方面軍に分けることに決定した。東海道軍のもう一人の大将である時房は、二十五日か二十六日に鎌倉を出陣したようである（時房勢は遠江国を泰時勢よりも二日遅れで通過しており、相模国二日分を足せば、泰時勢より四日遅れの出陣となる）。東山道軍・北陸道軍も時房勢とほぼ同時に出陣したとみてよい。

京都では、二十六日、京攻めの軍勢が鎌倉を出陣したとの情報が届き、後鳥羽は驚愕した。その後も大軍となって襲来するという情報が続き、六月三日、後鳥羽方の軍勢が木曾川流域の防衛に出陣したが、しかし、それは遅きに失した。早くも美濃《みの》国に到着した鎌倉方の東山道軍が、五日、木曾川を突破し、後鳥羽方は総崩れとなった。泰時勢と時房勢の合流した東海道軍も、同日、尾張《おわり》国一宮《いちのみや》に到着し、六日、後鳥羽方を破り、木曾川を渡った。

さらに十四日、鎌倉方軍勢は瀬田川・宇治川を突破し、十五日、京都に入った。事件勃発から丁度一ヵ月目に鎌倉方の勝利が決まった。

なお、後鳥羽方は無為無策のまま敗北してしまったが、これは特に不思議なことではない。鎌倉方による即時京攻めの決行こそ、当時の常識では考えられないことであり、後鳥羽方にはおよそ予想しえないことであった。官軍とは、追討宣旨発令後の情況により、頃合いをみて、その編成がなされるものである。後鳥羽方も、まずは坂東の成り行きを見守ろうという構えであったと思われる。この世は賊軍が負けるようにできている、というこの常識に安住したのが、後鳥羽の敗因といえよう。

天皇の廃立と流罪

京都制圧の勝報は、六月二十二日深夜、鎌倉に届いた。幕府首脳部は翌日、まず公卿の処罰を決定する。それを伝える使者は二十四日早朝に鎌倉を発ち、二十九日深夜に京都に到着し、翌七月一日から早速、公卿の処罰が開始された。

問題は後鳥羽の処分と天皇の処置、および摂政人事であるが、これについては幕府は六、七日かけて結論を出したようで、その決定を伝える使者は七月一日前後に鎌倉を発ったらしく、七日に京都に到着し、その夜、近衛基通に面会して決定を伝えた。

その決定は、(1)守貞親王(行助入道親王)の「治世《じせい》」とする、(2)守貞の子(後堀河《ごほりかわ》天皇)を即位させる、(3)後鳥羽を流罪にする、(4)在位中の天皇は廃位にする、(5)摂政道家を更迭し、近衛家実(基通の子)を摂政にする、という内容である。これらは八日・九日に実施に移され、後鳥羽も八日に出家し、十三日に流刑地の隠岐に向かって出発した。続いて、後鳥羽の子も流罪とされ、二十一日に順徳が佐渡に、二十四日に六条宮(雅成）が但馬《たじま》国に、二十五日に冷泉宮（頼仁）が備前《びぜん》国に向かって京都を発った。

なお、幕府は土御門については流罪にしない方針であったが、後に流罪に変更し、土御門は閏十月十日に土佐国に向かって出発した。

このように、後鳥羽系皇統は廃絶された。代わって後鳥羽の兄の守貞親王がここで登場し、彼の皇統が成立する。守貞自身は既に出家の身で、即位できないため、三男の後堀河（一〇歳）が即位することとなった。守貞は八月十六日に太上天皇の尊号を受けた。諡号《しごう》（おくり名）は後高倉院である。彼の「治世」は院政の形をとった。

後鳥羽上皇行在所跡　島根県隠岐。海士町提供

幕府はこれらの方針を独自に決定し、朝廷にそのまま実行させたとみることができる。幕府は釈放された西園寺公経と協議してこれらの方針を決めたとする見方もあるが、時間的経過からみてそれは不可能である。幕府首脳部から公経に意見を求めようとか、公経の了承を得ようとした様子はなく、幕府にそのような意図はなかったとみてよかろう。むしろ、幕府が交渉相手としたのは近衛基通であるという点に注目したい。

4　幕府の朝廷再建運動

義時の不安と広元の確信

鎌倉方を勝利に導いたのは、大江広元・三善康信の主張であった。とりわけ広元の活躍が重要である。広元がこの後鳥羽との戦いにおいて、いかに固く勝利を確信していたか、それを語る次のような逸話が『吾妻鏡』にある。

六月八日といえば、木曾川流域の戦いに鎌倉方が勝利して二日後、その勝報がまだ鎌倉に到着していない時であった。北条義時の屋敷に雷が落ち、一人死人が出たことに、義時はすっかり怯えてしまった。彼は広元を呼び、これは神意だと訴える。天皇に反逆した我々は敗北するのだ、と。

それに対し、広元は泰然として答えた。「君（天皇）が勝つか、臣（幕府）が勝つか、それは神々が決めることである。この戦いをよく見極めれば、神が我々の勝利を決めているのは明らかだ。少しも恐れる必要はない」と。そして、広元は頼朝が奥州藤原氏を攻めたときの故事を引き、合戦に雷が落ちるのは吉例であると説いた。話はここで終わるが、この後すぐに木曾川流域合戦の勝報が届いて鎌倉中が沸き立ち、広元の言の正しさが証され、義時は自信を取り戻したはずである。

義時は首脳部を率い、広元の主張をよく理解し、勝利を誰よりも確信していなければならない立場にあった。その義時でさえ、このように内心はなお不安で一杯であった。それに対し、広元は見事なまでに勝利を確信している。この違いはどこからくるのかといえば、やはり、武士と貴族出身者との違い、という視点に至るであろう。地方武士育ちの義時にとって天皇と戦うことがいかに不安なものであったか、それはこの逸話に十二分に語られている。首脳部会議において、広元が孤軍奮闘しなければならなかったわけである。

あらためて広元と康信の二人が貴族出身者であることに注目しなければならない。貴族出身者はなぜ勝利を確信できたのか。

広元は「天道」（神の意思）ということをしきりに強調した。義時もそれを「冥助《みょうじょ》」という言葉で受け止めている。幕府は神の意思に従って戦うのだ、という主張である。それは神国思想との繋がりを感じさせるが、はたして具体的にどのような内容なのであろうか。そこに問題の核心があると思われる。

ただ、広元の発言自体はここまでしかない。彼の言わんとする意味を、他の人物の言説から補充して考えることにしたい。そこで再び、慈円の論説を参考にしよう。

慈円の朝廷再建運動理論

先に紹介したように、慈円は『愚管抄』や西園寺公経宛書状において、後鳥羽は摂家将軍の廃止を企てているとして、後鳥羽を厳しく批判した。それは単なる批判に終わることなく、彼はさらに後鳥羽のたどるべき運命にも言及した。即ち、もし、後鳥羽があくまでもその企てを遂げようとするのであれば、後鳥羽は「悪王」となって滅びるであろう、と。さながら承久の乱とその結果を予言したようにも読める。

なぜ、後鳥羽は滅びることになるのか。それは摂家将軍は神意によって生まれたからであり、その神意に逆らおうとする後鳥羽は、神意によって天皇ではいられなくなるのだ、という。そこで慈円は、かかる「悪王」の例として、摂政藤原基経《もとつね》と貴族等によって退位させられた陽成《ようぜい》天皇を挙げ、陽成のようになってはならない、と後鳥羽に警告した。

この陽成退位事件について、慈円は、神が陽成を退位させることに決め、基経は、その神意に代わって、それを実行したのであると説く。基経は摂関家の始祖であり、摂関の最も模範的人物とみなされていた。この陽成の例は、摂関が天皇を退位させた点に重要な意味があった。摂関のそのような行為は「世のため、君のため」「世を治める」ためであり、神意は自ずから摂関の行為となって現れるのだ、と彼は言う。

このような慈円の論は、まさに朝廷再建運動の理論であるとみなすことができよう。この陽成退位事件は第一章で取り上げたように（一一八〜一二〇頁）、安定期①から不安定期②に移る転換点であり、安定期②の到来は少し先になるが、結果的に光孝《こうこう》天皇は「正統《しょうとう》」として認められることになった。基経の行動は広く見れば、朝廷再建運動に含まれるといってよい。

平安時代における本来の朝廷再建運動は、摂関が貴族を結集して「正統」に推す天皇を担ぎ、混乱の元凶とみなす天皇と対決してこれを退ける、という摂関主導の政治運動であった。慈円の論は、この摂関主導の朝廷再建運動の正当性を神国思想によって説明したものである。

貴族の思想が武士を導く

慈円は、摂家将軍の擁護に同調しそうな者に自分の理論を説き、反後鳥羽の行動に起ち上がらせようとした。西園寺公経宛書状はその証拠である。『愚管抄』も九条道家や公経に読ませたに違いない。さらに、摂家将軍を擁する幕府の要人に対しても、とりわけ大江広元に彼の主張を強く訴えかけた可能性は大いにありえよう。慈円の言説は後鳥羽と闘う理論として、広元等に重大な影響を与えたと推定して間違いないように思われる。

広元が「天道」を強調し、神国思想を唱えていることに、慈円の論との繋がりをみるべきであろう。慈円の論は決して彼個人の独創ではない。基本の部分は貴族社会の伝統的な理念であり、貴族一般に広く共有されていた思想である。広元ももとよりその思想を身につけていたであろう。

一方、地方武士育ちの者にとっては、そうそう簡単に理解できることではなかった。そもそも地方武士社会には、天皇と闘う思想などはなかったからである。それでも後鳥羽との交渉を重ねてゆくなかで、彼らもその思想を次第に理解し、後鳥羽との対決を決意するに至ったのであろう。ただし、いざ追討宣旨が出されたとなると、やはり彼らは戦いに怯えてしまったが、しかし、それも広元の強い説得により、ごく短期間で彼らは立ち直り、京攻めに向かったのであった。

武士を後鳥羽との戦いに導いたのは、広元や康信・慈円らの貴族出身者であった。貴族の思想に導かれて、武士は天皇との戦いに起つことができたのである。

慈円構想の限界

しかしながら、幕府（鎌倉方）は慈円の論のすべてを受け容れたのではない。慈円の論のままでは、幕府の戦いは不可能であった。それは次のような事情による。

慈円の構想する反後鳥羽運動（朝廷再建運動）とは、まず、その運動の主導役は摂関であるから、それは九条道家しかいない。次に、担ぐべき天皇は順徳天皇になる。慈円にとって、「正統」は順徳中宮の所生《しょせい》である皇太子以外にはありえないのであり、それがすべての大前提であった。つまり、順徳が九条家と結び、皇太子と摂家将軍を護って、父の後鳥羽と対決する、という構図が慈円の提唱する朝廷再建運動の形であったと考えられる。

しかるに、後鳥羽はこの慈円流の運動を成立不可能なものにしてしまった。一つに、道家を懐柔して味方につけた。これで主導役はいなくなる。そして、もう一つに、順徳を支配下におき、自由な行動を許さなかった。追討宣旨を発令した五月十五日、後鳥羽は順徳・土御門・六条宮・冷泉宮の四人を自分の御所に集めたが、これはこの四人を監視下におくことを意味する。子の誰かが反対派と結びつけば、反後鳥羽運動が起きないとも限らないからである。後鳥羽は順徳等の反逆を未然に防ぎ、反対派に付け入る隙を与えなかった（なお、後鳥羽は敗北が濃厚になった段階でも、再び四人を集めて監視下においている）。

このように、後鳥羽の対策は万全であった。彼は、もはや反対派の運動が起きるはずはないと確信したであろう。ところが、予想もしない形で、幕府の反後鳥羽運動が起きた。

守貞親王の擁立

幕府が担いだのは、守貞親王である。既に出家して行助と名乗っていた。守貞と後鳥羽の因縁については、本章の冒頭に述べた通りである。守貞は後鳥羽の同母の兄であり、平家都落ちの折、もし平家に連れ去られていなければ、安徳天皇に代わって天皇に即位したはずの人物である。それから三八年を経て、守貞と後鳥羽の運命は逆転することになった。

幕府が後鳥羽と戦うには、誰かを天皇に担ぐことが絶対に必要である。それも、既に「正統」の地位を確立している後鳥羽に対抗できる人物が必要である。守貞はまさにその資格を具えていた。守貞がいたからこそ、幕府は後鳥羽と対決することができたのである。

幕府の立場でいえば、一一八三年に後鳥羽は仮の天皇として即位したのであり、守貞が京都に帰還したとき、後鳥羽は速やかに退位して、守貞に替わるべきであったことになる。頼朝が守貞の即位を図ろうとしたのも正しかったことになろう。かくして幕府は後鳥羽の「正統」の権威を否定することができた。真の「正統」は守貞である、後鳥羽を退け、真の「正統」を実現することがこの戦いの目的である、この皇位継承の過ちを正すことは神意である、と。

かかる守貞擁立構想は、既に追討宣旨の発令以前に幕府の中で議論され、合意にもなっていたとみなければならない。そうでなければ、五月十九日以降の幕府の迅速な戦いぶりは説明できないであろう。

となれば、この守貞擁立構想は、幕府の中で独自に案出されていたことになる。慈円・公経グループとは全く別の発想で、幕府の立場から、かかる構想を提起した人物は誰か。それは大江広元を措いてほかにいない。守貞は当時、世間から忘れられていた。しかし、広元にとって、守貞は忘れることのできない人物であった。広元はかつて後鳥羽に与し、守貞を排斥する謀略に加担したことがあったからである（本書九五頁）。広元は守貞を想い出したとき、後鳥羽に対する勝利を確信し、後鳥羽との戦いの決意を固めたに違いない。

ここに幕府は、独自の形で、朝廷再建運動を成立させた。

朝廷・幕府体制の新段階

幕府が、より具体的にいえば、幕府の首脳部が、朝廷再建運動の担い手となった。朝廷・幕府体制は新たな段階に入る。

朝廷再建運動の担い手は、十二世紀後半から摂関を離れ、身分を下降させてきた。それは朝廷再建運動に生まれたねじれ現象である。このねじれは次々と進み、平治の乱の藤原公教《きんのり》から治承三年政変の平清盛へ、さらに源頼朝を経て承久の乱に至り、ついに、幕府首脳部がその担い手になるところにまで行き着いた。これまでの担い手は、身分を下降させたとはいえ、頼朝も含めて、皆、上流貴族の身分に昇進している。それに対し、今、朝廷再建運動の担い手になった幕府首脳部は、これ以後も上流貴族の身分になることはなかった。身を朝廷の外に置く下流の身分のままで朝廷再建運動を担う、という新しい形になる。ねじれ切った姿といえよう。

本来の朝廷再建運動は朝廷の支配の自己運動として、朝廷の支配を復元、再生する役割を果たすものであった。それに対して、このねじれた朝廷再建運動は、幕府を生み、朝廷・幕府体制の自己運動に質を変え、朝廷・幕府体制を維持、展開させる役割を果たすようになった。それでもなお、朝廷が日本国を支配し、幕府の役割はその朝廷の支配を支えることにある、という基本の理念は変わることなく続くのである。

承久の乱の結果、幕府首脳部は朝廷・幕府体制の全体に責任をもつ立場になる。これから以後、朝廷の安定と「正統」の確立をいかに実現してゆくか、それが幕府首脳部にとって最も重要な課題となった。

第四章　鎌倉時代中・後期の朝廷・幕府体制

1　承久の乱後の朝廷

近衛家実中心の体制

承久《じょうきゅう》の乱後、幕府では一二二四年、北条義時《よしとき》が死去し、翌二五年には大江広元《おおえのひろもと》・北条政子《まさこ》が死去する。義時の死去後、政子・広元等の首脳部は北条泰時《やすとき》（義時長男）と北条時房《ときふさ》（義時の弟）の二人を執権《しっけん》に任命し、新首脳部が発足した。ただし、泰時が上で時房が下という序列になったことに、当初、時房は反発して職務に就かなかったようであるが、じきに納得したらしく、二五年十月頃から二人そろって幕府の運営に当たるようになった（この下位の執権は連署《れんしょ》と呼ばれる）。こうして、これから二〇年近く続く泰時の時代が始まった。

朝廷では二三年五月、守貞《もりさだ》が死去し、後高倉《ごたかくら》院政は二年間で終わった。この間、院政の形はとりながらも、実質的には摂政近衛家実《このえいえざね》が朝廷の運営の中心を担っていたとみられる。この守貞の死去の後、幕府はあらためて家実に政務遂行の責任を託し（「万機、執柄の最」）、朝廷は形も家実中心の運営体制となった（同年、家実は関白に転じる）。

乱後の朝廷については、反後鳥羽の立場を貫いた西園寺公経《さいおんじきんつね》が幕府の支持を得て権勢を振るった、とする見方が通説になっている。しかし、実のところ、そのような事実は見当たらない。公経は二一年閏十月に内大臣に昇ったが、これは以前に右近衛大将になったときから既に予定されていたポストであり、承久の乱の功労というわけではない。その後、彼は左右大臣に昇ることなく、二二年八月、内大臣から直接に太政大臣《だいじょうだいじん》に昇り、翌年、これを辞任した。この官歴は、家格としては現状維持に終わっており、他の清華家《せいがけ》と比べても、優遇とはいえない。彼の子の実氏《さねうじ》も特別待遇は受けていない。

通説は、承久の乱を幕府対朝廷という不正確な図式に還元し、そこに勝者による敗者の支配という通念を当てはめたもののようである。しかし、承久の乱のみならず、乱後政治の実態もまた、事実に即して捉え直されることが必要である。

大まかにいえば、乱後、幕府は朝廷に対し、基本的に不干渉の立場をとった。公卿《くぎょう》集団の自律的運営に委ねたといってよい。幕府がこのような態度をとる理由は二つあると考えられる。

一つは、守貞系皇統がまことに脆弱であったという問題である。守貞系皇統は公卿の支持者を全く持たず、朝廷内に支持基盤はなかった。幕府はこの守貞系皇統を朝廷にいかに定着させるか、という課題を抱えていた。従って、幕府は否応なしに低姿勢にならざるをえない。摂政家実を表に立て、彼を中心とする融和一致の体制を進めることによって、守貞系皇統が受け入れられる基盤をつくろうとしたのであろう。

もう一つは、幕府は朝廷再建運動の枠組みの中に存在するということである。朝廷再建運動において、幕府は基本的に朝廷の支え役という位置にある。つまり、再建された朝廷の運営は、朝廷自身に任されるべきものであった。

また、かかる情況からわかるように、貴族社会は健在であり、自律的組織としての役割を十分に果たすことができた。承久の乱が貴族社会に与えた打撃は、意外なほどに小さかったからである。

後堀河天皇をめぐる動向

守貞の死後、後堀河《ごほりかわ》天皇の時代は一一年間続いた。

後堀河は一二二二年正月、一一歳で元服を加えた。その十二月に三条公房（前太政大臣）の娘（有子。一六歳）が女御《にょうご》となり、さらに翌二三年二月、中宮に立てられた。この時、九条道家《くじょうみちいえ》の娘（竴子。二二年に一四歳）が中宮に選ばれなかったのは、道家が摂政を罷免された立場にあったからであろう。

ところが、二六年三月、有子は宮中より退出させられ、代わって、その六月に近衛家実の娘（長子。九歳）が入内し、翌月、中宮に立てられた。すると、おそらくはこれが原因であろうと思われるが、二八年十二月、家実が関白を更迭され、代わって道家が関白に就任するという事件が起きた。

続いて、二九年十一月、道家の娘（竴子。二一歳）が入内し、翌年二月、中宮に立てられる。三一年二月、竴子は待望の皇子を出産し、十月、生後八ヵ月目の皇子は皇太子に立てられた。なお、この間、道家は七月に関白を辞し、長男の教実《のりざね》が関白に就任している。

翌三二年十月、後堀河は早速この皇太子（四条《しじょう》天皇）に譲位した。摂政は教実である。以後、後堀河の院政となるが、それは二年にも満たず、三四年八月、後堀河は二三歳で死去した。

守貞系皇統の脆弱性

以上の後堀河時代の情況を捉えるために、まず、一二二六年の中宮の交代と二八年の関白更迭事件を少し詳しく見ることにしよう。

後堀河と関白家実の関係は良好であった。後堀河自身には家実を更迭する気持ちが全くなかったことに注目したい。後堀河は、中宮が有子から長子に代わったことに満足していたのであろう。ということは、そもそもそれは後堀河の希望であった可能性が高い。後堀河と家実の合意によって、長子の立后が実現したとみられる。

おそらく、後堀河は「正統《しょうとう》」を確立するために、皇位継承者の生母の家格にこだわったのではなかろうか。三条家の家格では不十分とし、摂関家を望んだものと思われる。この問題の根底には、先にも述べたように、守貞系皇統の脆弱さがある。後堀河は自分が権威なき天皇であることを痛切に自覚していたに違いない。そのような天皇が、摂関家の女性を母とする皇位継承者を得たいと望むのはごく自然なことであろう。

しかし、後堀河の母である北白河院（陳子）は、この長子立后に強く反発した。おそらく、彼女は皇統の危うさに懸念を強めたのではないか。守貞系皇統の脆弱さとは、権威に欠けるという弱さだけではない。もう一つの問題点があった。それは皇統として存続できるのかどうか、まことに危うい状態にあることであった。後堀河の兄は二人とも出家しており、皇位継承資格をもつ者は後堀河以外に誰もいない。もしも後堀河に万一のことがあれば、この皇統は断絶することになる。従って、後堀河にできるだけ早く男子が誕生することを、北白河院も、幕府も、待ち望んでいたはずである。二六年には有子は二〇歳、後堀河も一五歳になり、ようやくそれが現実的に期待できる年齢となっていた。

しかるに、ここで有子が退けられ、長子が立后したことは、北白河院や幕府の期待を、一転して失望に変えてしまった。長子はまだ九歳である。確実に数年間は男子誕生の望みがないとなると、皇統の将来はどうなるのか、北白河院は不安を募らせたであろう。そこで彼女は、かかる事態をもたらした家実の排斥を図ると同時に、西園寺父子を介して、もう一つの摂関家である九条道家と結びつくようになった。道家にはこのとき一八歳の娘がいたからである。

幕府も同様に家実のやり方に疑念を懐き、道家と提携する方向に舵を切り始めたらしい。その徴候は、二七年八月に西園寺公経が出家しようとしたのを幕府が慰留したこと、二八年九月に同じく公経が牛車をゆるされたことなどに窺われよう。道家と岳父の公経との間柄はきわめて親密であった。

二八年十二月、北白河院は鎌倉に使者を送り、関白家実の更迭を幕府に働きかけた。幕府は更迭に賛同し、道家を関白に推した（将軍頼経の「挙状」）。後堀河はしぶしぶ道家を関白に任命する。これ以後、摂関の任免は幕府の同意を得て行われるようになった。

後堀河天皇と九条道家の関係

道家は承久の乱以来、七年ぶりに摂関の地位に返り咲いた。しかし、その関白就任の経緯からみても、後堀河との関係は必ずしも良好ではなかったであろう。また、承久の乱の責任もあるので、大威張りできる立場ではなかった。道家は就任から二年経つ頃に辞職の意向を明らかにし、さらに半年後には実際に辞職している。しかし、長男の教実が関白を継ぎ、道家自身も後堀河から内覧《ないらん》を命じられ、「大殿《おおとの》」として出仕を続けた。そのようなやり方で、道家は彼と九条家の地位を確保していた。ここでの内覧は、「重事《ちょうじ》」の決定に関わり、後堀河や教実の相談に乗る役目である。

これに平行して、中宮竴子が皇子を産み、守貞系皇統の存続が実現した。九条家はこの四条天皇の外戚であるが、道家には、承久の乱時の廃帝（仲恭《ちゅうきょう》）の摂政であったという悪しき前歴がある。彼の関白辞職は、自分が再び幼帝の摂政になることを避けようとする意味もあったのかもしれない。

後堀河は、四条が誕生したその日から譲位を待ち望んでいたという。一刻も早く譲位して、皇統の確立を現実のものにしたいという気持ちであろう。道家と公経は後堀河の意を受け、四条がまだ二歳であるにもかかわらず、幕府に譲位の承諾を求めた。幕府としては、譲位そのものに異論はあるはずもないが、二歳という年齢を懸念して、難色を示した。前例として、二歳の即位は六条天皇しかいない。これは父の二条天皇の死去によるものであり、しかも、六条は「正統」になれなかった。幕府がこれを不吉とし、譲位の延期を求めたのは当然であろう。

しかるに、道家と公経は、譲位は後堀河自身が既に決めたことであると幕府に通告し、幕府の明確な同意を得ないままに、譲位の儀式を強行した。後堀河もこれにはさすがに躊躇の気配をみせたという。一見、なにやら道家はきわめて強引に事を進めたようにみえるが、おそらくは、ここで譲位を強行しても幕府の怒りを買うことはない、という読みが道家にはあったのであろう。

道家は、いかに自分が後堀河の忠臣であるか、それを後堀河に見せようとしたのではないかと思われる。後堀河の本望を叶えるためには幕府に対しても強い態度に出る、というところを後堀河に見せて、後堀河の信頼を獲得しようとしたのではなかろうか。その狙いは成功したようである。幕府がこの件に関して異議を唱えた様子はない。かくして、道家は次第に自分の地位を固めていった。

後堀河天皇死後の朝廷

一二三四年、後堀河は男子を一人だけ残し、二三歳の若さで死去した。守貞系皇統は、四歳の四条天皇が無事に成長するかどうかに、そのすべてがかけられることになる。

しかるに、後堀河に続き、翌三五年三月、摂政教実も二五歳で死去した。教実の長男（忠家）はまだ七歳であったため、道家が摂政に就任する。ここから道家は方針を大きく転換させた。それは近衛家との和解である。三七年正月、近衛兼経《かねつね》と道家の次女（仁子）との結婚が成った。これは近衛家と九条家が、長年の排斥しあう関係から互いに認めあう関係に転換した大きな節目である。さらに、この結婚の直後、道家は摂政を兼経に譲り、両家の共存共栄をはかる方向が明らかになった。

三八年、将軍頼経《よりつね》（二一歳）が鎌倉下向以来はじめて上洛し、一〇ヵ月間在京した。朝廷・幕府関係は安定しており、道家と頼経との父子の繋がりも強化される。この頼経在京中に道家は出家を遂げた。

四〇年二月、道家の娘（佺子）が尚侍《ないしのかみ》になり、翌月入内した。四一年正月、四条天皇は元服を加える（一一歳）。同年十二月、教実の娘（彦子）が入内して女御となり、翌新年には彦子の立后が予定されていた。

このように、後堀河の死後、朝廷は道家を中心とする融和一致の体制がつくられ、幕府との関係も良好であった。九条家には将来も天皇の外戚となりうる展望があった。

2　幕府の対朝廷政策

天皇制存続政策と土御門上皇

承久の乱後、幕府は朝廷の安定と「正統《しょうとう》」の確立に責任を負う立場になった。まず何よりも天皇制を確実に存続させることが、幕府の使命になる。しかるに、現実には、守貞《もりさだ》系皇統はまことに危うく、いつ断絶してもおかしくない情況にあった。幕府はこの皇統断絶の不安に備えて、どのような対策を施したであろうか。

幕府のこの問題に対する取り組みはきわめて早い。それは承久の乱の直後、守貞系皇統を立て、後堀河を即位させた時から始まっていた。その取り組みとは、後鳥羽上皇等を流罪にする一方で、土御門《つちみかど》上皇だけは流罪にしない方針を採ろうとしたことである。

幕府はなぜ土御門だけを特別扱いにし、流罪を免じようとしたのか、その理由としてよく言われるのが、土御門は後鳥羽の挙兵に非協力的であったから、とする説である。しかし、この非協力ということには根拠がない。というよりも、土御門も含めて、後鳥羽の子供四人は後鳥羽の御所に集められ、挙兵に協力させられたのであり、土御門と他の三人との間に区別はなかった。もし協力的か、非協力的か、を問題にするのであれば、幕府は後鳥羽の挙兵時における彼らの行動や言動を調査しなければならないはずであるが、幕府はそのような調査を全く行っていない。幕府には別の理由があったとみなければならない。

そこで思い当たるのは、守貞系皇統がまことに危ういという問題である。もしも後堀河が死ねば、たちまちこの皇統は断絶する。ということは、かかる事態に備えて、予め皇位継承の可能な者を用意しておく必要があるということになろう。幕府は、後鳥羽等の流罪を決定するに当たり、この問題に直面した。

即ち、流罪の天皇の子孫はすべて皇位継承資格を失うのかどうか、という問題であるが、幕府はこのとき、皇位継承資格は失われると考えたのであろう。その場合、後鳥羽の子供の四人全員を流罪にすれば、後鳥羽の子孫の中に皇位継承の可能な者を用意することが不可能になる。そこで、土御門だけを流罪から外すことによって、土御門の子孫を皇位継承有資格者として確保しようとしたのではなかろうか。後鳥羽の皇統を断絶させるのが基本方針であるとしても、その一部に皇位継承資格を留保させるのは賢明な策といえよう。

なぜ土御門かといえば、後鳥羽が「正統」に決めたのは順徳《じゅんとく》であり、土御門は後鳥羽によって「正統」から外されていたからである。つまり、もし土御門の子孫が即位して、土御門が「正統」になることがあるとしても、それは後鳥羽の意思に反するとみなすことができる。順徳が「正統」となることだけは、何としても避けなければならない。

これは幕府にとって、承久の乱の正当性に関わっている。もしも順徳が「正統」となる日が来るならば、それは神が、後鳥羽と戦った幕府の行為を誤りと判断し、皇統を承久の乱以前に戻したということになる。幕府の戦いの意義が否定されるこの最悪の事態は、万策が尽きた後の最後の最後でなければならなかった。

しかしながら、結局、幕府はこの土御門免罪策を撤回し、土御門を流罪に処し、その男子を順次、出家させた。それでも、土御門は流刑地が土佐《とさ》国から京都に近い阿波《あわ》国に替わるなどの優遇を受け、また、たびたび帰京の噂が流れた。

皇位継承有資格者の確保

土御門策を諦めた幕府が、次に皇位継承有資格者として用意したのは、惟明《これあきら》親王（高倉天皇三男）の子の交野宮《かたののみや》である。一二二五年、幕府がこの人物の出家を止めたという情報が流れた。

交野宮は元服も出家も、幕府によって止められていた。このような状態におかれた者を皇位継承有資格者と呼ぶことにしたい。出家させないのは皇位継承の資格を奪わないという意味であり、元服させないのは皇位継承候補者とは認めていないという意味である。有資格者ではあっても候補者ではないという形にしなければならないのは、幕府の建前として、守貞系皇統に属さない者が皇位継承に絡むことは許されないからである。皇位継承有資格者は守貞系皇統との関係においてきわめて微妙な立場にあり、おおっぴらにすることのできない、世間には内密の存在であった。しかし、勿論、貴族は知っており、強い関心を寄せていた。

ところが、この交野宮は二九年、世間を騒がす事件を起こし、皇位継承有資格者から外されることになった。おそらくその立場に耐え切れなくなったのであろうか、突然、鎌倉に下り、鶴岡八幡宮に座り込んだという。幕府は驚き、京都に送り返して、出家させた。

交野宮策が潰れたとなると、あとは後鳥羽の子孫を皇位継承有資格者に充てるしかない。二九年以降、幕府は複数の人物を皇位継承有資格者に用意したとみられる。

一人目は廃帝（仲恭）であり、三四年に一七歳で死去するまで出家しなかった。復位の可能性が考慮されたのではなかろうか。

二人目は六条宮（雅成）の長男で、三九年に二一歳で出家したが、それまで元服を加えた様子はない。

三人目は土御門の二〇年生まれの子で、出家も元服もしていない。

四人目は順徳の二二年生まれの子で、岩蔵宮《いわくらのみや》（忠成《ただなり》）という。出家も元服もしていない。

かくして、四二年正月を迎えたとき、皇位継承有資格者には三人目と四人目の二人が残っていた。この四二年正月に四条天皇が突如、死去し、守貞系皇統はついに断絶することになる。しかし、幕府には以上のごとく、事前の備えがあり、この大事件に少しも慌てなかった。この事件については後述したい。

三上皇の帰京問題

承久の乱後の最も重要な懸案は、後鳥羽・土御門・順徳三上皇の帰京問題であったと考えられる。乱後数年が経ち、その激動が鎮まって冷静さが戻るにつれ、三上皇の帰京を待ち望む声が出始めるようになり、その声は次第に大きくなった。

まず、乱から四年後の一二二五年より二六年にかけて、土御門の帰京の噂が流れた。これは幕府が土御門に好意的であるということが背景にあり、最初に帰京できるのは土御門ではないかとの期待があったからであろう。しかし、実現をみなかった。

そして、乱から一〇年後の三一年、土御門（三七歳）が阿波国で死去した。貴族にとっては大きな衝撃であったと推測できる。天皇が辺鄙《へんぴ》な流刑地で死んでゆくのは、貴族として心痛むことである。せめて残る二人の天皇、後鳥羽と順徳だけでも、京都に戻って死んでもらいたい、というのが貴族に共通の心情であろう。

このような心情は、幕府首脳部にも十分に理解できたはずである。そもそも幕府首脳部としても、三上皇の帰京を実現させることができれば、それは最も望ましいことであったに違いない。遠所で死なすのを宜《よ》しとしたわけではなかろう。とはいえ、幕府にとって、それは簡単なことではなかった。

これについてよく見るのは、幕府は承久の乱の再発を懸念して、後鳥羽等の帰京を許さなかった、という説明である。しかしながら、これは現実からかけ離れた見方であろう。かりに後鳥羽等が帰ったところで、何か一波乱起こせそうな情況などは、もはや朝廷のどこにもない。世は守貞系皇統の時代なのである。後鳥羽等にしても、今更、政治的野心を発揮しようなどとは思わないであろう。中世人の願いは浄土往生を叶えることであった。後鳥羽等も、もし帰京できれば、心おきなく法華経を読誦し、念仏を唱える日々を送ったことであろう。

それならば、幕府は三上皇の帰京を認めてもよさそうにみえるが、なぜ幕府は認めようとしないのであろうか。幕府の考え方を推測すれば、それは二つの側面があるように思われる。いずれも、世は守貞系皇統の時代である、ということが関わっている。

一つに、この問題は幕府が決めることではない。誰が決めるのかといえば、それは守貞であり、後堀河である。守貞と後鳥羽の関係、二つの皇統の関係から見て[illegible]や後堀河が後鳥羽等の帰京を快く思うはずはないとなれば、貴族や幕府から帰京の提案は[illegible]しにくいのである。守貞ないし後堀河の口から後鳥羽等の帰京を許す話が出るのを待つ[illegible]のであろう。従って、実際には、帰京運動は守貞や後堀河が死去した後に起きた。前[illegible]の帰京運動は守貞が死去して二年後であったし、後述する三五年の帰京運動は後堀河[illegible]した翌年である。これは彼らの存在が消えたために、貴族と幕府だけで帰京を決めるこ[illegible]できる、という情況が生まれたからである。

もう一つに、幕府にとっては、守貞系皇統の脆弱性との関係が強く懸念されたであろう。もしも皇統の断絶が起きたとき、後鳥羽や順徳が京都にいる場合といない場合とを比べれば、彼らがいない方が幕府にとって望ましいのは明らかである。彼らが在京している中で次の皇位継承者を選ぶとなると、彼ら自身は何もしなくとも、彼らの存在自体が大きな影響力を及ぼすからである。幕府としては、守貞系皇統が磐石のものとなり、断絶の心配の遠のく日が来れば、安心して後鳥羽や順徳を京都に迎えることができるのである。

帰京運動の挫折

一二三四年八月に後堀河が死去した後、貴族の中で、後鳥羽と順徳の帰京を求める運動が始まった。その口火を切ったのは菅原為長という老実務官人（三五年正月、七八歳で参議に昇進）で、彼は、帰京運動を起こすべきであると盛んに道家《みちいえ》を説得した。道家は九度目の説得でやっとその気になり、一〇度目の説得でついに行動を開始したという。

折しも、三五年正月半ば、幕府首脳部（評定衆《ひょうじょうしゅう》）の一員である中原師員《なかはらもろかず》が上京した。道家は後鳥羽・順徳の帰京について、師員を説得する。師員は二度の説得にも承諾しなかったが、三度目の説得で、道家の帰京提案を幕府首脳部に伝達することを承諾し、三月半ば、京都を発って鎌倉に向かった。京都では帰京実現の期待が大いに高まった。

しかるに、その後、師員は一向に京都に戻らないばかりか、彼の妻子も鎌倉に戻ったので、京都では不安が広がった。そして、五月半ば、執権北条泰時《やすとき》の返答（おそらくは道宛）が京都に届き、幕府は帰京を否認したことが明らかになる。こうして帰京運動は終わった。

泰時の返答には、御家人一同の意見として帰京は認められない、と書かれていして泰時これは道家の要望を拒否する回答であったので、首脳部の決定であることをより、この頃、が返答する形がとられたのであろう。道家と将軍頼経《よりつね》とが父子であるこ幕府は、道家の要望に添う場合は頼経が返答し、道家の要望に添えない場合は泰時が返答する（頼経の返答では子が父の意に逆らうことになる）、という形をとっていたようである。

なぜ幕府は後鳥羽・順徳の帰京を拒否したのか、その理由は、幼い四条天皇がただ一人残された、という皇統の危うさであろう。後堀河の死は、貴族にとっては帰京への道を開くことになるが、幕府にとっては、逆に帰京への道を閉ざすものであった。幕府が帰京を認めるのは、四条が成人し、複数の男子が誕生した時、ということになるのであろう。

道家は帰京運動に挫折し、しかも、この運動の最中《さなか》に長男の教実を亡くした。朝廷を大きくまとめ直すことが必要になる。そこで、彼は近衛家との和解を実現させ、朝廷の安定化をはかるとともに、頼経の上洛によって、幕府との親密な関係を築いた。道家は朝廷の中心にいて、四条が無事に成長してゆくのを見守っていた。

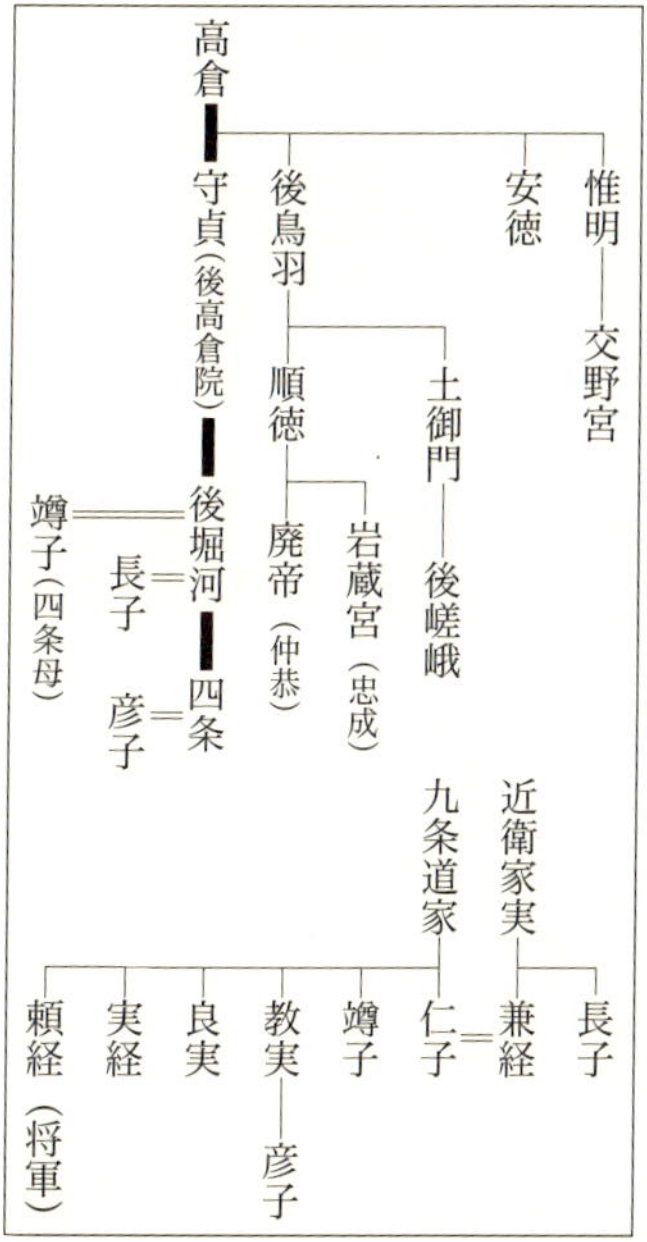

天皇・摂関系図　承久の乱後

しかしながら、一二三九年、後鳥羽が隠岐で死去する（六〇歳）。帰京運動は間に合わなかった。三上皇の中で、残るは佐渡の順徳だけとなった。

3　後嵯峨天皇の時代

後嵯峨天皇の擁立

一二四二年正月九日、四条《しじょう》天皇が突然、死去した（一二歳）。三日前に転倒し、頭を打ったのが原因らしい。守貞《もりさだ》系皇統はついに断絶した。

新しい天皇を早急に選び、即位させせなければならない。朝廷では、九条道家《くじょうみちいえ》がこのことを鎌倉に急報し、幕府の返答を待つことにした。道家の使者は九日深夜に京都を発った。

貴族は皆、幕府が二人の皇位継承有資格者を用意していることを知っており、その二人が候補者になるのを当然のことと考えた。即ち、故土御門上皇の二〇年生まれの子と、順徳上皇の二二年生まれの子（岩蔵宮）の二人である。しかも、土御門の縁者を除く大多数の貴族は、一致して、岩蔵宮こそが本命の候補者であるとみなしていた。道家や西園寺公経《さいおんじきんつね》が先頭に立ち、朝廷全体で新天皇の践祚《せんそ》式の準備を始めたが、それはすべて岩蔵宮を新天皇に想定して行われた。おそらくは、道家の幕府宛書状には、新天皇の候補として岩蔵宮の名が明記されていた可能性が高い。貴族たちは、幕府も岩蔵宮に同意することを強く期待して（一部に不安も懐きつつ）、幕府の返答を待った。

道家の使者は十三日に鎌倉に到着したとみられる。幕府はただちに新天皇を決定し、その使者は翌十四日に鎌倉を発った。この点について『五代帝王物語』は、北条泰時《ほうじょうやすとき》が三日三晩思い悩み、鶴岡八幡宮で籤を引いたというような話にしているが、それはただのフィクションである。幕府には何の迷いもなかったとみるべきであろう。

幕府の使者は十九日夜、京都に着き、道家、次いで公経に面会して、幕府の決定を伝えた。幕府が選んだのは、土御門の子であった。道家も公経もあからさまに不満の意を表したという。しかし、彼らも幕府の決定は受け入れざるをえず、土御門の子の擁立が決まった。後嵯峨《ごさが》天皇である。翌二十日、後嵯峨（二三歳）の元服と践祚《せんそ》の儀が行われた。

貴族と幕府の食い違い

この問題について、貴族と幕府とは、見事なまでに食い違った。貴族は岩蔵宮の擁立をごく当然のこととし、幕府は岩蔵宮などまるで眼中にないかのごとくである。この食い違いの理由は何であろうか。

まず、幕府がなぜ土御門の子を推すのか、その理由については、前節で述べたことがそのまま当てはまるであろう。守貞系皇統の断絶によって、幕府は承久の乱の戦いの正当性を問われることになった。ここで土御門の皇統を立てれば、幕府のその正当性はまだ成り立つが、順徳の皇統を立てるのでは、その正当性を自ら否定することになる。となれば、幕府が岩蔵宮を排除するのは当然であろう。

それでは貴族はどうか。これはまさに順徳の帰京運動とみるべきであろう。貴族の大多数がこぞって岩蔵宮を推すのは、岩蔵宮が天皇になれば、即、父の順徳の帰京が実現するからである。後鳥羽も死去した今、せめて最後に残った順徳だけでも京都に帰ってもらいたい、というのは貴族の自然な心情であろう。これは一二三五年に挫折した帰京運動を引き継ぐ、最後の帰京運動であった。

しかし、今回も帰京運動は実らなかった。幕府の決定に対して、貴族は激しく憤り、激烈な非難を日記に書き綴ったが、それを実際に何かの行動に移したわけではない。順徳はこの年の九月、佐渡で死去した（四六歳）。

泰時もこの年の六月に死去した（六〇歳）。貴族は、泰時は「極重の悪人」の死に様であったと日記に書き記している。泰時は平清盛と同じように地獄の炎熱に焼かれて死んだ、死に際に後鳥羽の怨霊が現れた、などの話が飛び交っていた。貴族からみれば、三上皇をそろって配所に死なせようとする泰時は、地獄に堕《お》ちるべき「悪人」なのである。

なお、付言すれば、かく散々の悪評を受けた泰時も、百年後の『神皇正統記《じんのうしょうとうき》』では、一転、きわめて立派な政治家として高く評価されている。これは後嵯峨天皇の子孫が皇位を継承し、結果的に後嵯峨が「正統《しょうとう》」になったためである。北畠親房《きたばたけちかふさ》の擁する後醍醐《ごだいご》天皇・後村上《ごむらかみ》天皇も後嵯峨の子孫であった。後嵯峨の即位は神意であったとみなされるようになり、泰時はその神意に則《のっと》って後嵯峨を擁立した、という評価に変わったのである。

北条泰時の主導的役割とその死

後嵯峨践祚の後、朝廷の運営の中心を担ったのは道家と公経である。この二人は後嵯峨の擁立に反対した上、道家は四条在位期とは異なり、天皇の外戚でもない。しかし、それでもなお、泰時は道家・公経を尊重した。それは後嵯峨があまりに天皇としての権威に欠けているからである。後嵯峨は貴族の反発を受け、朝廷の中で孤立していた。承久の乱後の守貞の境遇に似ているが、むしろ、後嵯峨は守貞よりも一層厳しい立場にあった。かかる情況のなかで、泰時は、道家・公経と協調、連携し、朝廷の安定化に努め、それを通して、後嵯峨に対する貴族の支持を獲得、拡大してゆこうとしたのであろう。後嵯峨の縁者の貴族もいたが、泰時はそれにとくに頼ろうとはしなかった。

後嵯峨天皇　「天子摂関御影」より。宮内庁三の丸尚蔵館蔵

さらに泰時にとって、道家は将軍頼経の父であるから、朝廷・幕府体制を維持、運営してゆく上で、道家との連携は望ましいことでもあった。ただし、これは泰時なればこそ、有効に活用できる方法である。泰時は、実質的に道家の上にいて、道家の活動範囲を制御できる立場にいたからである。泰時は朝廷・幕府体制全体の重石《おもし》であった。

後嵯峨の中宮には西園寺実氏の娘（姞子）が選ばれた。九条家に適する娘がいなかったためである。四三年六月、姞子に男子（後深草《ごふかくさ》天皇）が誕生し、皇位継承の展望は早々に開かれた。

関白は、四二年三月、近衛兼経から二条良実《にじょうよしざね》（道家次男）に交代した。道家は、九条家嫡流（忠家）が摂関に就任するまでの間、九条家一族と近衛家一族の中で摂関をたらい回しにすることを計画しており、これはその一環である。

このように、泰時の主導下に、朝廷は道家中心の体制が継続した。ところが、四二年六月、後嵯峨践祚後半年足らずで、その泰時が死去したのである。彼の死は、朝廷・幕府体制全体にとって大きな意味をもたざるをえない。泰時という重石が取れると、その重石に抑えられていた者が浮上することになろう。それは道家と頼経の父子である。

九条道家主導の朝廷

泰時の死後、道家は朝廷における主導的地位を固めた。一二四四年十月、幕府は道家に「天下の御計らひ」（執政）を認めたといわれる。その具体的内容は明らかでないが、道家と関白良実の父子関係が悪化したことに関わるかもしれない。

後嵯峨と道家の関係をみると、注目されるのは、「重事《ちょうじ》」（皇位継承関係と摂関任免）については、後嵯峨が直接に幕府と交渉するのではなく、道家が幕府と交渉するやり方になっていたことである。これは四条在位期のやり方がそのまま後嵯峨の即位後も踏襲されたのであろう。実際にも、後嵯峨の譲位という「重事」が、道家と幕府との交渉で進められた。

中宮姞子に男子が誕生すると、後嵯峨は譲位を望んだ。自分の皇統を実現するためである。後嵯峨は幕府との折衝を道家に任せ、幕府もまた道家に一任した。四六年正月、譲位が行われ、後深草天皇が践祚した。

譲位とともに、後嵯峨上皇の院政が始まることになる。後嵯峨は皇統をつくり、「正統」への途に前進したのであるから、もはや「重事」は後嵯峨自身で采配すべき段階にきたはずであった。それこそ院政にふさわしい。しかしながら、それは実現されなかった。道家が幕府から、今後も「秘事・重事」は道家が幕府に伝えるやり方でよいとの確認を取ったのである。この幕府の回答は頼経の返書の形で道家に送られ、道家はこれを後嵯峨に提出し、後嵯峨の同意を得た。

道家は主導的地位を固めることに成功した。後嵯峨はまだ天皇としての権威を確立したとはいえない。その意味で、院政は中途半端な状態に置かれた。

幕府における泰時路線の継承

幕府で泰時の後継者となったのは、泰時の孫の北条経時《つねとき》である（経時の父は若死にした）。泰時の死去と同時に、経時は得宗家《とくそう》（北条氏の嫡流家）を相続し、執権《しっけん》の職を受け継いだ。経時はこの時まだ一九歳の若さであり、それに対し、将軍頼経は二五歳になっていたので、頼経は一挙に重みを増すことになった。

一二四四年四月、頼経は征夷大将軍の職を子の頼嗣《よりつぐ》に譲り、世襲を実現した（頼経は「大殿」と呼ばれる）。さらに、翌四五年七月、頼嗣と檜皮姫《ひわだひめ》（経時の同母妹）との婚儀が行われた。もし檜皮姫に男子が誕生するならば、将来も摂家将軍の世襲が続き、経時はその将軍の外戚になって、将軍と得宗とは特別の関係をつくることになろう。まさに頼朝と北条政子の結婚の再現を意図したものである。政子を檜皮姫に、北条義時を経時に置き換えてみれば、この結婚の意味は解りやすい。

この摂家将軍の世襲と婚儀は、泰時の死後に実施されたが、その方針は泰時によって既に決められていたとみなすのが妥当である。経時は泰時の立てた既定方針に沿って、幕府の運営を始めたと理解することができよう。そのような泰時路線の継承はほかの施策にもみられる。

たとえば、経時は連署《れんしょ》を置かなかった。この連署不設置＝執権一人制を始めたのは泰時である。それは、長く連署を務めた時房が四〇年に死去した時、時房の子の時盛（当時、六波羅探題）が連署就任を期待して鎌倉に下向したものの、泰時はこれを認めず、時盛を六波羅に帰らせたことに始まる。以後、泰時は連署を任命しなかった。

そもそも泰時・時房の執権二人制（執権・連署制）は、二四年、北条義時が死去した後に当時の首脳部（北条政子・大江広元等）が泰時と時房を執権に任命したことに始まる。泰時は、この押し付けられた執権二人制に不満を持ち続けていたのであろう。時房の死去を機に、ようやく連署は廃止された。

経時もまたこの泰時の方針を踏襲した。泰時が死去した時も、重時（泰時の異母弟。六波

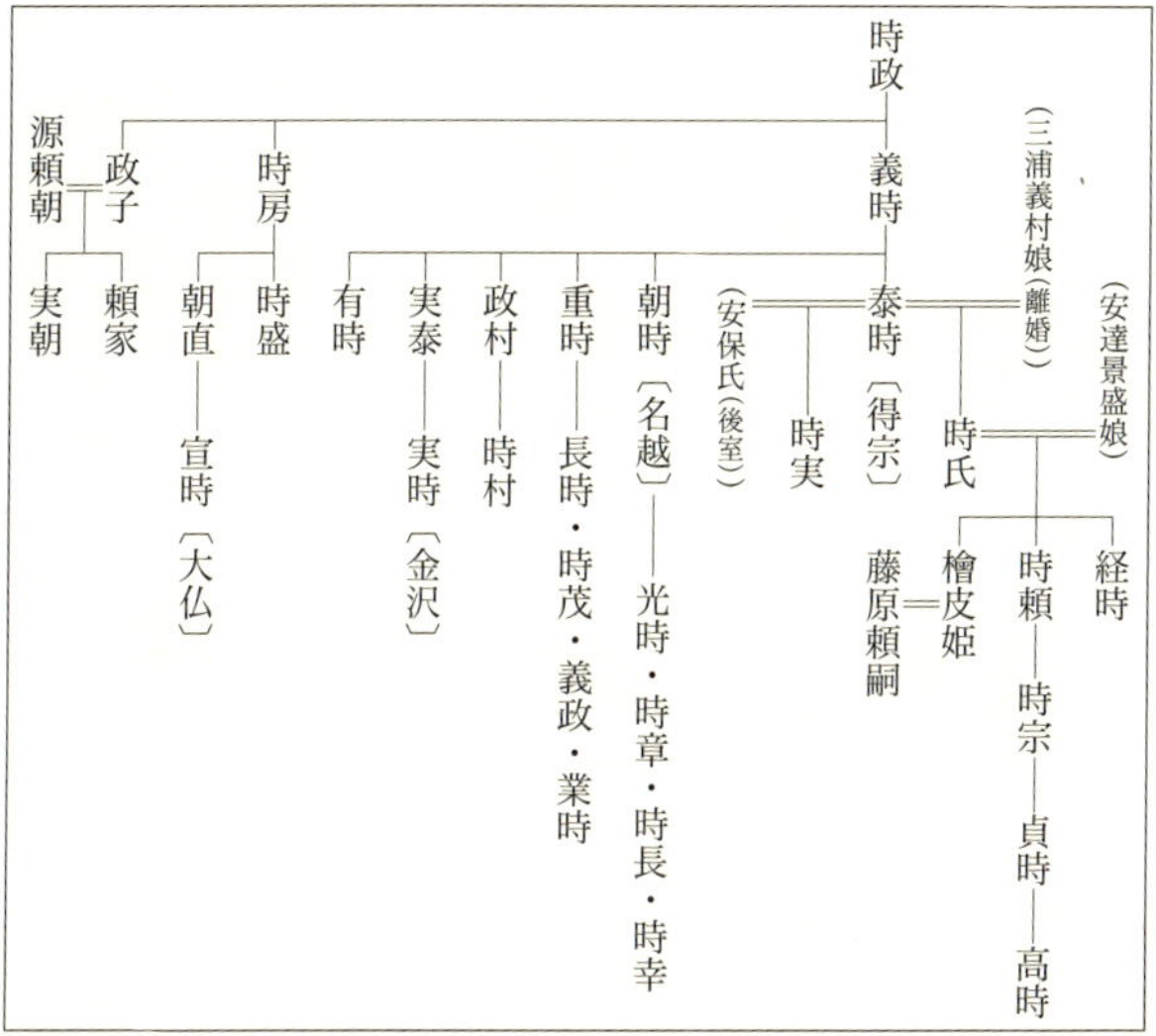

北条氏系図

羅探題）がおそらくは連署就任を期待して鎌倉に下向したが、連署の任命はなく、重時は六波羅に帰還している。

この連署不設置方針の意味は、北条氏一門の中の誰か一人が特別に得宗の補佐役になるのではなく、一門諸家が同等の格で集団として得宗を補佐する体制にすることにあろう。それによって、得宗家のみが特別の存在であることを際立たせることができる。それが泰時の狙いであろう。

これと共通するのが、北条氏一門諸家と並べて、他の武士諸家を首脳部（評定衆）に登用するという方針である。泰時は旧来からの三浦氏や安達氏に加えて、狩野氏や土屋氏を評定衆に任じ、さらに三浦氏については、父義村の生存中に子の泰村《やすむら》を二人目の評定衆に任じた。同様に、経時も宇都宮氏や伊賀氏、千葉氏を評定衆に加え、さらに三浦氏からは泰村の弟の光村を二人目の評定衆に任じて、三浦氏を引き続き優遇した。

また、得宗の妻には武士諸家の女性が選ばれており、泰時の妻は三浦氏、その離別後は安保氏、時氏（経時の父）の妻は安達氏、経時の妻は宇都宮氏という具合である（なお、経時の同母弟時頼の妻は毛利氏である）。

かかる泰時・経時のやり方は、一見、有力武士連合政権を志向したかのような、また、合議政治に特色があるかのような印象を与えるが、しかし、その根底には、得宗家と他の諸家とを差別化する、という方針が貫かれていることに留意しなければならない。その目標は、幕府首脳部の中で得宗のみが一人突出した地位にすわり、その得宗を北条氏一門諸家と他の武士諸家とが協同して補佐する、という体制を作ることにあった。

以上を泰時路線と呼べば、その特徴は、（1）摂家将軍の擁護、（2）得宗家の確立、（3）諸家協同の補佐体制、の三点にまとめられる。なかでも、その核にあるのは、将軍と得宗家の縁戚化という方針である。このような泰時路線の原点は承久の乱であろう。泰時と彼の世代の者たちは、摂家将軍を護るために承久の乱を戦ったのであり、乱後は頼経を立派な将軍に育てようと努めた。泰時路線は乱後体制から生まれ、それを支えてきた。

経時はこの泰時路線を継承した。しかし、そこに二つの問題点がある。一つは泰時という重石がない。泰時なき泰時路線はどのようなことになるのか。もう一つは後嵯峨系皇統の成立である。もはや乱後ではない、というべき情況の変化が生まれていた。

北条時頼の執権就任

一二四六年（寛元四）三月二十三日、幕府首脳部の会議が開かれ、経時は重病により執権を辞し、同母弟の時頼《ときより》（二〇歳）を執権に起用することが決まった。問題はこの時、得宗家がどのようになったかにある。普通は漠然と、時頼はこのとき得宗家を嗣いだとみられているようであるが、経時はまだ死ぬと決まったわけでもなく、執権の交代と得宗家の相続は別の問題である。また、時頼は既に泰時から遺産を分与され、彼独自の家（北条一門諸家の一つ）を興していた。経時がここで時頼に得宗家を譲る理由は見当たらない。

北条時頼像　神奈川県立歴史博物館蔵

しかも、経時には幼少の二人の男子があり、長男は六歳になっていた。当然、経時はこの男子に得宗家を相続させたいと望んだであろう。経時は得宗家と執権の職とを分け、時頼には執権の職のみを譲り、得宗家は譲らなかった、とみるのが妥当である。

そこで興味深い話がある。このとき、執権の候補者は時頼だけではなく、実は有力な候補者がもう一人いたらしい。それは三浦泰村である。その根拠となる翌四七年の宝治《ほうじ》合戦時の史料（『吾妻鏡』宝治元年六月八日条）によれば、九条道家が泰村を執権に推したことがあり、実現の可能性は十分にあったが、泰村がこれを辞退したために実現をみなかった、というのである。この話はいつのこととは明記されていないが、三浦泰村執権案が登場しそうな場面は、この経時辞任の時を措いて他にはありえないであろう。つまり、この話はまさしくこの四六年三月二十三日の会議に関わるとしか考えられない。

泰村が候補者から降り、時頼が執権に決まったということであれば、この時、時頼が得宗家を相続しなかったことは確実である。時頼の執権就任は、引退する得宗経時の代役であるとともに、経時の男子が得宗家を継承するまで、その後見役となる意味をもっていたとみられよう。それは三浦泰村にもふさわしい役どころであった。

以上の経過をみれば、これらはすべてまさに泰時路線そのものである。三浦泰村執権案も泰時路線の産物といえよう。そして、何よりも注目されるのは、道家が泰村を執権に据えようとしたことである。これは道家と頼経の、幕府を主導しようとする意欲を示している。道家＝頼経主導体制が築かれる可能性は高まっていた。

ところで、道家＝頼経主導体制といえば、かつてこれとよく似た議論があったことに思い当たるであろう。それは慈円の主張である。承久の乱の直前に、彼は道家が「摂籙《せつろく》家と武士家とをひとつになして、文武兼行」の摂関になることを願った（本書一〇三頁）。慈円のこの論はその時点では何とも非現実的にみえたが、四半世紀を経た今、それなりの現実性をもつたことになろう。

経時の死と道家・頼経の失脚

しかるに、道家＝頼経主導体制は成立しかけたその一歩手前で崩壊した。その切っ掛けは得宗経時の死去にある。

経時は、時頼に執権を譲って一ヵ月余り後、四六年閏四月一日に死去した（二三歳）。ここから情勢は大きく転換する。その一ヵ月半後の五月下旬、大殿頼経と時頼との対立が表面化して頼経は失脚し、北条氏一門の名越光時は流罪、評定衆四人は罷免された。頼経は七月に京都に送還され、これに連動して、大殿道家も失脚した（なお、この事件を「宮騒動」と呼ぶ史料もあるが、この名称は事件の内容と一致しないので用いず、「寛元四年事件」と呼ぶことにしたい）。

頼経と時頼は何が原因で対立したのか。それは得宗家の後継者問題であったと推測される。すなわち、経時の死去により、時頼は自ら得宗家を相続することを決意し、また、時頼の得宗家継承を支持する勢力が一挙に現出したのであろう。それに対し、大殿頼経等は経時の遺志を守り、経時の遺児が得宗家を継承する方針を固守しようとしたのではないか。

頼経と時頼の対立は、頼経が執権問題で三浦泰村を支持したことに端を発し、この得宗家問題で一気に激突する。時頼派は北条政村《まさむら》（泰時の異母弟）や重時、金沢実時、安達義景等であり、対して、頼経派は光時や四人の評定衆等であった。三浦氏は中間派的な立場にいたが、結局、時頼を支持する。時頼は機先を制してこの政変に勝利し、得宗家を継承することに成功した。

時頼派は道家＝頼経主導体制ができつつあることに反発したとみられる。彼らが理想とするのは泰時であり、泰時タイプの実力ある得宗が朝廷・幕府体制を主導する姿を再構築しようとしたのであろう。一方、頼経派においても理想は泰時であり、その政策を、すなわち、泰時路線を受け継ごうとした。この紛争は泰時なき泰時路線が生んだ矛盾の噴出といえるであろう。

その後、三浦氏は頼経の鎌倉帰還を望み、重時の連署就任に反対するなど、泰時路線をなお遵守する姿勢を保っていたが、翌四七年六月、突如、時頼は三浦泰村とその一党を襲い、これを討滅した（宝治合戦）。時頼がこの事件を引き起こしたのは、檜皮姫が死去した直後、すなわち、時頼が将軍の外戚になる可能性が消滅した時点である。時頼にとっては、いわば泰時路線の清算を意味する事件であった。

三浦一党は不意をつかれ、鎌倉から脱出する路も塞がれて、一党は全員、右大将家法華堂（頼朝の墓所）で自害し果てた。泰村は最期の時にも、時頼との信頼関係を語ったという。

時頼路線の確立と宮将軍

得宗時頼のもとで、幕府の路線は大きく転換する。これを時頼路線と呼ぼう。時頼路線の特徴は、（１）後嵯峨＝時頼主導体制、（２）宮将軍の実現、（３）北条氏一門による補佐体制、の三点にあり、その達成まで五年ほどかかった。

まず、幕府では、宝治合戦の直後、重時の連署就任が実現する。以後、北条氏一門諸家による得宗補佐体制が強化され、他の武士諸家の比重は低下した。時頼は重時の娘を正室に迎え、時宗《ときむね》が生まれる。

次に、朝廷に対しては、後嵯峨院政の確立を求め、後嵯峨と時頼とが直接に結びつく関係をつくった。道家の失脚後、「秘事・重事」（皇位継承関係と摂関任免）を後嵯峨と時頼とが直接に交渉するようになる。なお、西園寺実氏は関東申次《かんとうもうしつぎ》（朝廷・幕府間の連絡役）になるが、この関東申次は「秘事・重事」に関与する立場になかった（ただし、のちの皇統分裂期に変化する）。かくして、後嵯峨＝時頼主導体制が成立した。

この新体制の象徴となるのが宮将軍の登場である。宮将軍は身分的には摂家将軍より上であり、実朝時代末期に計画されたこともあったが、泰時時代には宮将軍は問題にならなかった。それは守貞系皇統において、将軍になりうる皇子は一人も生まれず、宮将軍は全く現実性を欠いていたからである。泰時は摂家将軍でゆくしかなかった。

宮将軍案が実現可能になったのは、後嵯峨の即位以後である。具体的には、一二四三年六月、後嵯峨に三男（後深草天皇）が生まれた時である。皇位継承者がこの三男に確定すると同時に、長男（円助法親王《えんじょほっしんのう》）と次男（宗尊親王《むねたか》）は皇位継承から外され、宮将軍候補になりうる立場となった。この情況の変化が、その三年後に寛元四年事件（頼経失脚事件）が起きる背景となる。つまり、時頼にとっては、摂家将軍とは別の、宮将軍という新しい選択肢が生まれていた。彼は摂家将軍の廃止を視野に入れることによって、頼経を恐れることなく、失脚に追い込むことができたのである。

さらに四九年、それまで歩行不能かと心配された後深草が歩行できるようになり、また、後深草の同母弟（亀山天皇《かめやま》）が誕生し、「正統《しょうとう》」の確立に安心感が生まれたことによって、後嵯峨は宗尊を皇位継承の要員に残す必要がなくなった。ここに、五二年、後嵯峨と幕府の交渉で宗尊（一一歳）の征夷大将軍就任が決まる。宗尊は鎌倉で大歓迎を受けた。

その八年後、宗尊は近衛兼経の娘（宰子）を妻に迎えたが、宰子は時頼の猶子とされた。摂関家の娘が一般貴族の猶子になることはなく、ましてや時頼は公卿でもない。この破格のやり方に、官位などの基準では推し量れない得宗の権威の高さを思うべきであろう。

以上のごとく、時頼路線が確立され、朝廷・幕府体制は治世の天皇（院政・親政）と得宗の連携によって主導される時代となった。以後、このあり方がしばらくは継続されたが、鎌倉時代も後期になると次第に崩れていくことになる。それは皇統分裂問題が生じたためである。

将軍宗尊の更迭

時頼は一二六三年に死去し（三七歳）、その子の時宗（一三歳）が得宗家を嗣いだ。時宗は北条政村《まさむら》や安達泰盛《あだちやすもり》等に補佐され、朝廷・幕府関係はきわめて安定していたが、そこに一つの不思議な事件が起きる。六六年、宗尊が将軍を更迭され、鎌倉から追われたのである。

事件の原因は、宗尊の妻宰子と僧良基との密通にあった。宗尊の処置に問題があったらしく、後嵯峨は宗尊に「諷詞《ふうし》」（訓戒状）を送ったが（六月五日に鎌倉到着）、結局、六月二十日、幕府は将軍解任を決定し、七月、宗尊は京都に送還された。

この事件については、幕府の使者が後嵯峨に「将軍御謀反」と伝えたとする史料があり、それによれば、原因は宗尊と幕府首脳部との対立であると捉えられよう。しかし、そもそもこの「謀反」の語には疑問がある。というのは、幕府の中にこの事件に関わって処罰を受けた者が一人もいないからである。将軍一人だけの「謀反」というのは不自然であり、この点、頼経の場合（寛元四年事件）とはきわめて様相が異なっている。また、幕府は宗尊を謀反人とする扱いをしていない。後嵯峨は宗尊を義絶《ぎぜつ》したが、幕府はそれを赦すようにとりなしており、さらに、宗尊に所領を進呈した。宗尊は公的な行事にも参加することができた。「謀反」の語は何かの誤伝であるように思われる。宗尊の罪としては、父後嵯峨の「諷詞」に従わなかったというあたりが妥当であろう。

実際に宗尊の態度には全く理解し難い点がある。良基は宗尊の祈禱僧であったが、将軍解任が決まった六月二十日のその日まで宗尊の御所に留まっており、そこから逃亡した。妻の密通相手をなぜ匿《かくま》うのか、宗尊のこの種の不可解な行動に後嵯峨も幕府首脳部も困惑したというのが実情ではなかろうか（因みに宰子と良基は後年も関係を続けた）。

宗尊はこのスキャンダルを放置して世間に恥をさらし、将軍の権威を著しく失墜させた。それが幕府が解任に踏み切った理由であろうと思われる。将軍は宗尊の子の惟康《これやす》（母は宰子）が嗣いだ。惟康は源朝臣《みなもとのあそん》の姓を受け、宮将軍（親王将軍）はしばらく中断する。

4　皇統分裂問題と幕府の倒壊

後嵯峨《ごさが》上皇の死とその遺志

後嵯峨上皇は一二七二年二月に死去した（五三歳）。この時までに、後嵯峨は皇位継承を次のように進めていた。すなわち、五八年、後深草《ごふかくさ》天皇の同母弟（亀山《かめやま》天皇）を皇太弟に立て、翌五九年、後深草（一七歳）から亀山（一一歳）に譲位させた。さらに、六八年、亀山の子（後宇多天皇。二歳）を皇太子に立てた。つまり、後嵯峨が死去した時の上皇は後深草、在位の天皇は亀山、皇太子は後宇多である。

この経過をみると、後嵯峨はあたかも亀山を「正統《しょうとう》」に決めたかのごとくである。後三条《ごさんじょう》や鳥羽《とば》・後鳥羽《ごとば》の院政にもみられる通り（本書二五頁・三〇頁・九六頁）、兄の在位中に弟を皇太弟に立てるのは、弟を「正統」の後継者にするためによく用いるやり方であるし、ましてや、さらにその弟の子の立太子まで行っているのであるから、後嵯峨が弟＝亀山を「正統」の後継者にしようと考えているのは確実である、とみなされるであろう。

しかるに、後嵯峨の遺志は違っていた。彼は死去の直前に、幕府に自分の遺志を伝えていた。その内容は、「自分の死後、後深草と亀山のどちらを『治天《じてん》』（治世《じせい》）にするか、その決定を幕府に一任する（自分はそれを決めない）」というものである。

この「治天」（治世）は執政の天皇の意味であり、「正統」とは内容を異にするが、もしも

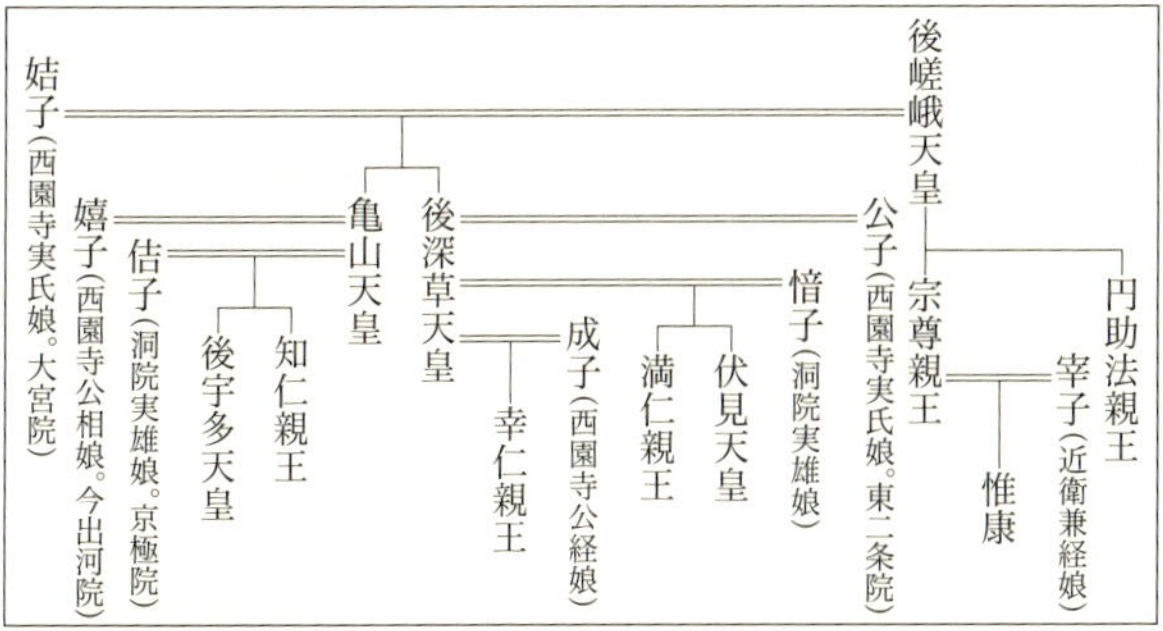

後嵯峨天皇関係系図

後嵯峨が「正統」をどちらかに決めていたのであれば、後嵯峨は当然、その「正統」の者を「治天」に決めたであろう。例えば、亀山が「正統」であるならば、亀山が「治天」になるのが当然であり、むしろ、そうしなければ無用の混乱を生むだけである。後嵯峨はここまで自分の意思で譲位も立太子も進めてきた。「治天」を決めるかどうかも、彼の意思次第である。

したがって、後嵯峨が「治天」を決めないと言ったことの真意は、「正統」を決めていないことを明らかにすることにあった、と理解しなければならない。後嵯峨には「正統」を決める意思はないということである。ここで後嵯峨自身が「治天」を決めるならば、それは即、「正統」の指名と受け取られるであろう。後嵯峨はそれを避けようとしたわけである。

つまり、後嵯峨は、今の段階で「正統」を決めたくはない、まだ「正統」を決めるべき時期には来ていない、と考えたのであろう。しかし、既に自分の死期が迫ったとなれば、「正統」の決定は生き残る人々に託すしかない。後嵯峨はそれを幕府に託した。

『五代帝王物語』は、後嵯峨は幕府に対し、「北条泰時《ほうじょうやすとき》が自分を天皇に擁立したごとく、亀山と後深草のどちらかに決めてほしい」と伝えたとしているが、後嵯峨の真意はこのようなことであろう。後嵯峨の立場になってみれば、自分が天皇になれたのは泰時のお蔭であり、さらに権威ある天皇になれたのは時頼《ときより》のお蔭であった。彼は幕府を最も信頼している故に、「正統」の決定という「重事《ちょうじ》」を幕府に託したのである。

天皇が自分で「正統」を決めないというのは珍しいが、歴史上にその例はある。それは四六〇年余り遡るが、平安時代初めの桓武《かんむ》天皇である。桓武は三人の子（平城《へいぜい》・嵯峨《さが》・淳和《じゅんな》）を天皇にし、その中の誰が「正統」であるかを決めないまま死んでいった（本書一八・一九頁）。将来の成り行きに任せたのである。後嵯峨も同様の例として理解できよう。

「正統」を決めない事情

なぜ後嵯峨は「正統」を決めないのであろうか。なぜ後嵯峨は「正統」を決めずに、譲位や立太子を進めたのか。この問題を考えるために、桓武の例を参照すると、注目されるのは桓武と後嵯峨の即位事情がよく似ていることである。二人とも即位の時点では、天皇としての権威を全く欠いていた。天皇になるはずのない者が天皇になったとき、その天皇はどのようなやり方で皇位継承を進めるか、という問題である。

その基本の視点となるのは、「正統」の資格であろう。はじめから「正統」と認められている天皇は、自分の意思で「正統」の後継者を決めればよいが、桓武や後嵯峨のような天皇の場合は、子孫の中から自由に選べるというわけではない。子孫自身に「正統」の資格が具わることが必要である。誰もが「正統」にふさわしいと認めるだけの十分な資格を具えた子孫を得て、それを「正統」に据えるのが最も望ましいのである。

「正統」の資格は生母の家格・血統に関わっている。この点、「後嵯峨天皇関係系図」（一五九頁）にみるごとく、後嵯峨系皇統の場合は、西園寺家（実氏・公相）との結合が重視されるであろう。後深草と亀山の生母は西園寺家の娘（大宮院《おおみやいん》）であり、さらに後深草中宮の東《ひがし》二条院《にじょういん》（大宮院の同母妹）と亀山中宮の今出河院《いまでがわいん》も西園寺家の娘である。このどちらかが男子を産めば、それはまさしく「正統」にふさわしい。たとえば、東二条院は一二六五年と七〇年に出産したが、いずれも生まれたのは女子であった。これがもしも男子であったならば、その皇子が皇位継承者になり、後深草が「正統」に決まる可能性はきわめて高かったと

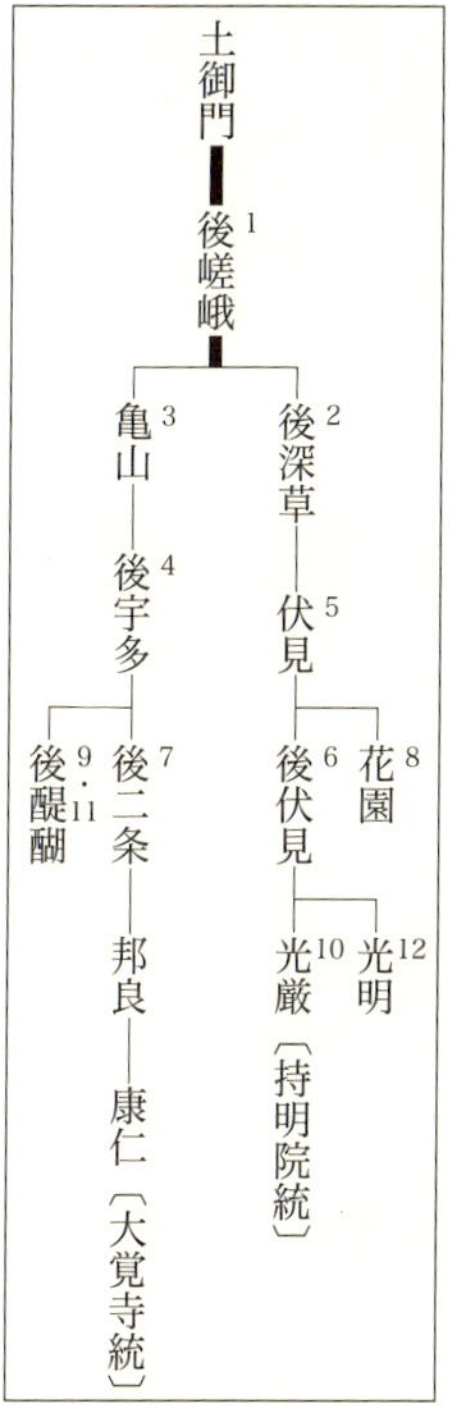

後嵯峨系皇統系図

いえよう。

後嵯峨は東二条院と今出河院のどちらかに男子が生まれることを望み、その期待を自分の死後に繋ごうとしたのであろう。それが彼が「正統」を決めない理由なのではなかろうか（ただし、結局、この二人には男子は生まれなかった）。

なお、亀山の皇后で後宇多を産んだ京極院《きょうごくいん》（佶子）と、後深草の女房で伏見《ふしみ》天皇等を産んだ玄輝門院《げんきもんいん》（愔子）は、ともに洞院実雄《とういんさねかつ》の娘である。実雄は西園寺実氏の異母弟であり、家格は西園寺家より劣るのが後嵯峨にとっては不満であろう。また、六九年（後宇多立太子の翌年）に後深草に男子（母は西園寺公経の娘成子）が生まれると、七一年、後嵯峨はこの皇子を親王（幸仁）にし、皇位継承候補者に加えた。さらに、愔子所生の一人（伏見の弟）も親王（満仁）にした。後深草の子孫に皇位継承の可能性を認めたということは、後宇多は必ずしも「正統」に確定したわけではないという意味にも取れる。

ところで、後嵯峨の死後、「治天」は亀山に決まった（亀山親政）。幕府は自分では決めずに、これを大宮院に問い返し、その意見に従って決めるという手順を踏んだ。幕府もまた後嵯峨と同じく、「治天」の決定が「正統」の指名として受け取られる危険を感じたのであろう。「正統」の決定は将来に先送りしたいところであり、そのために、自分の手を縛られないようにしたわけである。

大宮院は、亀山を「治天」にするのが故後嵯峨の遺志である、と幕府に返答した。大宮院としては、亀山を「正統」にしたいと望んだようであり、後嵯峨から譲られた財産（亀山

後深草天皇（左）と亀山天皇（右）　「天子摂関御影」より。宮内庁三の丸尚蔵館蔵

殿・浄金剛院など）を、後年、後宇多に譲っている。

亀山上皇「正統」への道

幕府は「正統」の決定を託されたといっても、実のところ、この問題はさほど難しくはなかった。要するに、後深草中宮の東二条院に男子が生まれるかどうか、それが焦点になる。生まれれば後深草が有力になり、生まれない限りは亀山が有力である。後宇多が皇太子である上に、生母の大宮院の支援があるので、現状のままであれば、亀山が「正統」になるのが妥当な方向であった。幕府もこの方向に同調したとみてよかろう。

亀山は自信をもったらしく、後嵯峨の死から二年後の一二七四年正月、後宇多に譲位し、皇統を成立させた（亀山院政）。幕府の態度は確かめられないが、おそらくは異議なく認めたと思われる。さらに亀山は、七五年二月、故関白近衛基平の娘（位子。新陽明門《しんようめいもん》院《いん》）を女御にした。この摂関家の女性に男子が生まれれば、「正統」の地位は磐石のものになろう。しかし、この亀山の狙いは成功しなかった。新陽明門院は二人の男子を続けて産んだが、いずれも夭逝したからである。亀山もまた、多くの天皇と同じように、自分の意思で「正統」の後継者を決めようと試みていた。

なお、この新陽明門院は、本来ならば、後宇多《ごうだ》の后妃にこそふさわしいはずであるが、亀山が自分の女御にしたということは、後宇多を「正統」の後継者に決めてはいないという意味を示すであろう。後宇多はしばらくの間は正式の后妃を与えられず、やっと八五年になって（後宇多一九歳）、皇后に後深草の皇女姈子内親王を迎えた。

このように亀山は「正統」の地位を固めつつあったが、これに後深草は反発し、不満を露《あらわ》にした。彼は我が子の立太子は父後嵯峨の約束であったと主張して幕府に談じ込み、太上天《だいじょう》皇の地位を降りて出家するとの構えをみせる。そこで、幕府も後深草を宥《なだ》める方向に動き、七五年十一月、幕府の決定によって、後深草の男子（伏見天皇）が立太子した。ただし、伏見は亀山の猶子《ゆうし》とされ、形の上では亀山系皇統に組み入れられた。すなわち、亀山系皇統は将来も続くという見通しを与えて、幕府は亀山を納得させたのであろう。おそらくこのとき幕府は、伏見を一代限りとし、伏見の次は亀山の子孫を立太子させるつもりであったのではないかと推測される。「正統」は亀山とする基本方針を維持しつつ、後深草との摩擦をできる限り緩和させることに配慮した策であろう。

後深草はひそかに自分の皇統の永続化を実現しようと目論んでいたし、一方、亀山も自分の皇統は永続するものと信じていた。この兄弟はしばらく表面上は友好的に過ごし、八五年八月、姈子内親王の立后も実現した。

なお、この間、国際関係では、モンゴル帝国が日本に臣従を要求するという大問題が起きていた。長年、日本は他国に臣従せず、平和裏に独立を通してきたが、それは中華諸王朝が日本に臣従を強要することがなかったからである。しかし、モンゴルは、世界の果てまで武力侵略を行っても臣従を強要するという点において、それまでの中華諸王朝とは大きく異なっていた。朝廷と幕府にとって、臣従を受け容れるのは自らの存立を否定するに等しいことである。朝廷と幕府は戦争を覚悟してモンゴルの要求を拒否した。

モンゴル（元）は一二七四年（文永十一・文永の役）と八一年（弘安四・弘安の役）の二回にわたって北九州に侵攻し、その後も何度も征服計画を立てたが、日本を服属させることに失敗した。日本は幕府が組織的に武士を動員して戦い、モンゴル軍による占領を許さなかった。既に朝廷・幕府体制の時代になっていたということの意味は大きい。

幕府の変質と「正統」の混迷化

皇位継承問題のその後をみると、一二八四、八五年頃を転機に、朝廷・幕府関係の様相は一変し始める。幕府に体質的な変化が生じたとみなさざるをえない現象が続くようになった。ここに鎌倉時代は中期から後期へと転換する。

ここまで幕府は、朝廷との関係において、朝廷側の動向に一定の距離をおき、さまざまの工作活動を受けながらも、独自の路線や見識を堅持して対処してきたといえよう。それによって、朝廷を護り支える担い手としての役割を全うしてきた。しかし、そうした時代は終わりに向かい始める。幕府は諸方面からの工作活動に振り回され、方針が二転、三転する事態を招くようになった。いわば、腰の据わった骨太の体質から、浮遊するひ弱な体質に衰弱してゆくようにみえる。

この変化を引き起こす原因となったものの一つは、得宗《とくそう》北条時宗《ときむね》の死去と霜月《しもつき》騒動であろう。一二八四年四月、時宗は三四歳で死去し、彼の子の貞時《さだとき》が一四歳で得宗家を嗣ぎ、執権に就任した。さらに翌八五年十一月、安達泰盛《あだちやすもり》一党が討滅され（霜月騒動）、長年にわたり幕府の運営に当たってきた泰盛などの重要な幹部が失われた。かわって御内人《みうちびと》と呼ばれる得宗家の従者が権勢をふるうようになる。個々の人材の資質・能力のほどは確かめようもないが、このような指導者の世代交代や勢力交代が組織を弱化させ、路線の継承を困難にし、方針に混乱をもたらすのはよくみられることである。時宗の死はあまりに早すぎた。

変化は八七年に始まる。その十月、幕府は関東申次西園寺実兼《さいおんじさねかね》を通して、後宇多天皇から伏見への譲位と、亀山上皇から後深草上皇への「治世」の交代の二件を申し入れ、実現させた（後深草院政）。これは後深草の子孫を次の皇太子に立てるという予告であり、後深草は「正統」となる道が開かれた。亀山側にとっては突然の政変であった。

続いて八八年三月、伏見天皇の長男（後伏見《ごふしみ》天皇）が誕生し、同年八月、実兼の娘（鏱子。永福門院《えいふくもんいん》）が伏見の中宮に立つと、後伏見は中宮の猶子《ゆうし》となり、八九年四月、幕府は後伏見を立太子させた。さらに九月、将軍惟康《これやす》親王（八七年十月親王宣下《せんげ》）は京都に送還され、十月、後深草の皇子、久明《ひさあきら》親王が将軍に就任して鎌倉に下った。後深草と幕府との蜜月を象徴している。九〇年二月、後深草は出家を遂げ、「治世」は伏見天皇に替わった（伏見親政）。

なお、その翌三月には、浅原為頼《あさはらためより》なる武士が天皇殺害を企てて内裏に侵入し、自殺するという前代未聞の事件が起きたが、この事件の詳細は明らかでない。

かくして、後深草系が「正統」への道を進むものと思いきや、おそらくは、伏見の中宮永福門院に男子が生まれないことも影響したのであろうか、一転して、亀山系にも再び皇位継承の機会がめぐってきた。亀山側の運動が功を奏し、幕府は後宇多上皇の長男（後二条《ごにじょう》天皇）の立太子を決める。九八年七月、伏見天皇は後伏見に譲位し、翌八月、後二条が皇太子に立った。

後宇多天皇　「天子摂関御影」より。宮内庁三の丸尚蔵館蔵

しかも、亀山側のさらなる運動の結果、後伏見天皇の譲位が意外に早く実現される。一三〇一年正月、幕府は西園寺実兼を通して譲位を申し入れ、後二条天皇が践祚《せんそ》し、「治世」は後宇多上皇に代わった（後宇多院政）。しかし、これは元の方針に戻って、亀山系を「正統」にするということではなかった。次に、幕府は後深草側の要求を容れ、後伏見上皇の異母弟（花園《はなぞの》天皇）の立太子を決めたのである。同年（〇一年）八

月、花園は皇太子に立てられた（花園は後伏見の猶子とされる）。

皇統は後深草系（持明院《じみょういん》統）と亀山系（大覚寺《だいかくじ》統）の二つに分裂してしまった。幕府は、両派から責め立てられると右往左往するばかりで、「両方の皇統ともに断絶させることはできない」などと発言し、解決の見通しを示すことができない。「正統」の問題に関して、幕府は事実上、無方針の状態になる。朝廷・幕府体制は「正統」の不確定が続くという危機的様相を深めた。

この危機の真の問題は、幕府に危機の認識が欠如していることにある。幕府は、この事態を放置すれば自分自身が崩壊する、という危機感を持たねばならないはずであるが、幕府にそのような緊張感はみられない。それは幕府が自らの責任を自覚できなくなったことを意味するであろう。体質はそこまで変化した。

なお、得宗北条貞時は一三一一年に死去し、彼の子の高時《たかとき》（九歳）が得宗家を嗣いだ。

大覚寺統による天皇・皇太子の独占

一三〇四年、後深草上皇（六二歳）が死去したのに続き、〇五年、亀山上皇（五七歳）も死去し、持明院統と大覚寺統はそれぞれ伏見上皇と後宇多上皇によって統率されることになった。

幕府がもはや解決能力を失ったとなれば、天皇が自ら打開策を模索し、幕府をその方向に引き寄せ、幕府を動かして目標の達成を図るしかない。後宇多は、大覚寺統が「正統」の地位を獲得するための根本的な戦略を練った。

一三〇八年八月、後二条天皇が二四歳で死去した。花園天皇が践祚し、伏見の「治世」となる（伏見院政）。後宇多は後二条の死に打撃を受けたが、次の皇太子には自分の子孫を立てることに成功した。後宇多が大覚寺統の後継者に選んだのは、後二条の長男邦良《くによし》（九歳）である。しかるに、この邦良を立太子させたのではない。この年九月、皇太子に立てたのは後宇多の次男（後醍醐《ごだいご》天皇。二一歳）であった。これには後宇多の深謀遠慮があった。

ここで後宇多がなぜ邦良ではなく、後醍醐を立太子させたのか、その意味は一〇年後に明らかになる。一三一七年九月、伏見上皇（五三歳）が死去し、持明院統がその主柱を失うと、後宇多は猛然と後伏見上皇に花園天皇の譲位を強要した。しかも、幕府の支持を得て、邦良の立太子の実現に邁進したのである。一八年二月、後醍醐天皇が践祚し（後宇多院政）、翌三月、邦良親王が皇太子に立てられた（「文保の和談」）。すなわち、大覚寺統は天皇と皇太子の両方を独占した。後宇多の狙いはここにあったとみることができる。

つまり、その狙いとは、持明院統から皇太子を立てさせないことである。すでに一三年に後伏見の長男（光厳《こうごん》天皇）が誕生しており、持明院統の後継者になっていたが、後宇多はこの光厳の立太子を阻止することができた。それはここで大覚寺統の本命である邦良を用意していたからである。もし、〇八年に邦良を皇太子にしていたならば、この一八年に光厳の立太子を阻止することはできなかったであろう。まさに後宇多の深謀遠慮である。

なお、後宇多は後伏見の反対を押し切った際に、将来には光厳の立太子を認めるかのような発言もしたらしい。持明院統側はそれを「御契約」と呼んでいるが、大覚寺統側は、当然ながら、そのような約束をしたとは認めなかった。

後宇多上皇の皇位継承戦略

後宇多にとって問題は、この持明院統との闘い方であった。いかにして持明院統を廃絶に追い込むか、その絶対条件は持明院統から永遠に皇太子を出させないことである。持明院統は今後も皇位継承のたびごとに、光厳の立太子を激しく要求するであろう。それをすべて阻止し切らなければ、持明院統を廃絶させることはできない。そのためには、大覚寺統はこれから末永く皇太子を出し続け、皇位継承を独占してゆかねばならない。この長期戦略が肝心なのである。

ここに後醍醐を即位させた意味がある。後宇多は、後醍醐を単なる一時しのぎに使ったのではなく、彼とその子孫に長期的な役割を与えようとした。それは持明院統との闘いに不可欠の役割であった。

一三〇八年、後醍醐の立太子に先立ち、後宇多は処分状を作成した。その文書で後宇多は、全財産を後醍醐に譲る（ただし、彼一代の間だけ）ことを約束し、さらに、それを後醍醐から邦良に譲渡すべきことを命じて、後醍醐に邦良の後見人としての役割を果たすよう求めている。これに加えて、後宇多は皇位継承に関わる使命を後醍醐の子孫に託した。

後宇多はこの処分状にきわめて特異なことを記した。すなわち、後醍醐の子孫は将来、天皇に即位した邦良に臣下として仕えなければならないが、場合によっては、後醍醐の子孫自身が天皇に即位することもありうるであろう、と。ここには邦良の子孫が絶えた場合というような限定条件はない。これはまことに注目すべき発言である。

「正統」の理念でいえば、皇統は一つでなければならない。後宇多は後二条・邦良を「正統」の後継者と決めたのであるから、それ以外の者が皇統を作ることを許してはならないはずである。後醍醐は天皇になっても、一代限りの中継ぎ役で終わらねばならない。それをなぜ、後醍醐の子孫の皇位継承を許すようなことを言うのであろうか。

これこそまさに持明院統を廃絶させる戦略の中味であろう。大覚寺統だけで天皇と皇太子を永く独占し続けるためには、邦良とその子孫だけで十分とはいえない。立太子候補者を欠く事態が起きないように備える必要がある。そのために後醍醐の子孫にもあらかじめ皇位継承の可能性を認めておかなければならない、と後宇多は考えたのではないか。

よって、後醍醐の子孫はあくまでも皇位継承の補助要員である。邦良とその子孫が勝利を収め、「正統」の地位を確保したときには、後醍醐の子孫は皇位継承の資格を完全に失うことになる。たとえ後醍醐の子が即位することがあるとしても、その二代限りで終わるべきものである、というのが後宇多の真意であろう。

しかし、後醍醐の受け止め方は別であった。彼にとっては、父が自分の子孫の皇位継承を認めてくれたということが、きわめて重い意味をもつことになる。

後宇多上皇の死と対立の激化

一三二一年十二月、後宇多上皇は、幕府の同意を得て、院政を停止し、「政務」を後醍醐天皇に委譲した（後醍醐親政）。当時、持明院統が後醍醐の譲位（光厳の立太子）を要求して、活発に幕府に運動しており、これはそれに対抗した策である。後醍醐を「治天下」（治世）にすれば、幕府もしばらくは後醍醐の譲位を言い出しにくくなるであろう。後宇多は後醍醐の在位をできる限り長引かせて、天皇・皇太子独占体制を維持し続けようとした。後醍醐が譲位をするのは、大覚寺統に次の立太子候補者が用意され、それが光厳を退けて皇太子に決まる時でなければならない。

さらに、後醍醐を「治天下」にするのは、後宇多の後醍醐に対する信頼の証しでもある。後宇多は、それによって後醍醐が後宇多戦略の忠実な遵奉者となることを期待したのであろう。しかし、後醍醐にとっては、自分が父の信頼を得たということ自体が重要な意味をもつのであり、それは己れの行動の正当性を信じる根拠となった。

一三二四年（正中元）六月、後宇多は死去した（五八歳）。後醍醐は危篤になった後宇多の傍に七日間付き添い、また、臨終にも駆けつけ、父子が親密な関係にあることを周りにみせた。後醍醐は後宇多の遺志を受け継ぐ形をつくった。しかしながら、彼の実際の行動は、もはや後宇多の制約を受けない。それは邦良もまた同じである。この時点から邦良は後醍醐に譲位を要求し、後醍醐は拒否して譲らず、後醍醐と邦良とは公然たる対立関係になった。後宇多の戦略は後宇多の死とともに瓦解した。

後宇多の死から三ヵ月後の二四年九月、突然、後醍醐が謀反の罪に問われる事件が起きた。いわゆる「正中《しょうちゅう》の変」である。事件は謀反人なる武士が討たれて、後醍醐側近の貴族が取り調べを受け、いきなり後醍醐天皇謀反の報せが六波羅から発信されたので、全国に大きな衝撃を与えた。しかるに、その後の経過をみると、幕府が捜査した結果、後醍醐が事件を企てたとする証拠を見出せなかったようであり、後醍醐に対する容疑は事実上撤回され、彼はそのまま在位を続けることになった。幕府は後醍醐を無実と判定したわけである。

となれば、これは後醍醐を退位に追い込もうとする謀略であった可能性が高く、事件は邦良派か持明院統派によって仕組まれたものではないかという疑いも生じる。もし幕府がそこまで追及すれば、朝廷全体が混乱に陥りかねない。その危険を回避するためであろう、結局、幕府は後醍醐側近の日野《ひの》資朝《すけとも》に罪を着せ、佐渡に流罪にして（二五年八月）、事件の幕を引いた。

後醍醐天皇　「天子摂関御影」より。宮内庁三の丸尚蔵館蔵

現在、「正中の変」は後醍醐の始めた幕府打倒の企てが発覚した事件である、とする説が定着している。それは『太平記《たいへいき》』の叙述に依拠したものであるが、『花園天皇日記』などの確かな史料に基づけば、この説は否定されなければならない。この時期には、後醍醐にはまだ幕府を打倒しようとする理由も衝動もなかった。彼が幕府との対決を覚悟するようになるのは、

五、六年ほど後のことである。

後宇多戦略の瓦解によって、皇位継承問題はますます混迷化した。邦良と光厳に加えて、後醍醐も「正統」の名乗りをあげたのである。

後醍醐天皇の倒幕運動

正中元年九月事件が収まった後、後伏見（光厳）、邦良、後醍醐の三者はそれぞれ幕府に対して猛運動を始めた。光厳と邦良の両派はともに後醍醐の譲位を要求し、後醍醐は劣勢となる。ところが、二六年三月、皇太子の邦良（二七歳）が死去した。これによって、後醍醐の立場は大きく変化することになった。

それまでは誰が見ても、後醍醐は大覚寺統の傍流でしかなかった。しかし、邦良が死去したとなれば、後醍醐は大覚寺統の嫡流候補者に認められてもよいことになる。たとえば北畠《きたばたけ》親房《ちかふさ》『神皇正統記《じんのうしょうとうき》』は、邦良の死去によって後醍醐は「正統」に決まった、という論を述べている。親房の論には、大覚寺統の嫡流を「正統」に同一視する点や、邦良の長男康仁《やすひと》が大覚寺統の嫡流を後醍醐と争っていた事実を無視する点などに問題はあるが、邦良の死去が後醍醐の命運を変えたという見方は妥当であり、それは親房などこの時代の人々の実感であろう。後醍醐自身、邦良に替わって自分こそが父の後継者となるべき運命にある、と確信したとみて間違いない。

一三二六年七月、幕府は新しい皇太子に持明院統の光厳を立てた。そこで焦点はその次の皇太子争いに移る。後二条系と後醍醐系のどちらが大覚寺統の嫡流の地位を獲得するか、という争いになった。本来の嫡流＝後二条系の康仁に対抗するには、後醍醐の男子はいずれも生母の家格が低い。後醍醐は中宮禧子（西園寺実兼娘）に男子が生まれることを期待し、御産御祈を行ったが、男子誕生はなかった。この御産御祈が三年ほども長く続いたため、「関東調伏《ちょうぶく》」（幕府打倒）の祈禱ではないかという疑いもかけられている。

結局、幕府は康仁を次の皇太子候補に決定し、後醍醐に譲位を迫った。それは三〇年か、三一年に入った頃である。後醍醐はあくまでも自分の男子の立太子を実現しようとして、譲位を拒んだ。後醍醐が幕府の打倒を決意したのはまさにこの時点である。幕府を打倒しなければ、彼は「正統」になりえない。「正統」の確立のために、それを妨害する幕府を倒すのである。彼はこの彼流の朝廷再建運動を「国家草創」と表現した。

三一年四月、側近の吉田定房《よしださだふさ》が幕府に、後醍醐は「世を乱」すと密告したため、いよいよ後醍醐は窮地に立たされた。その八月、幕府が退位を強制しようとした矢先、後醍醐は内裏を脱出し、奈良から笠置寺《かさぎでら》に逃れ、幕府の軍勢に抵抗したが、しかし、一ヵ月後に捕らえられ、天皇の地位を追われた。天皇には光厳が、皇太子には康仁が立てられる。翌三二年三月、後醍醐は隠岐に流罪にされ、後醍醐側近の貴族等も処刑された。元弘の変である。

ところが、ここから情勢の大転換が起きた。護良《もりよし》親王（後醍醐皇子）や楠木正成《くすのきまさしげ》等の挙兵に幕府が手を焼く間に、反幕府勢力が拡大し、しかも、三三年閏二月、後醍醐は隠岐を脱出し、伯耆《ほうき》国船上山に立て籠って、全国の武士に幕府打倒の挙兵を呼びかけた。情況は一挙に急展開する。その五月、六波羅が足利尊氏《あしかがたかうじ》等の攻撃に敗北し、続いて、鎌倉も新田義貞《にったよしさだ》等の攻撃に敗れて陥落し、得宗高時《たかとき》（三一歳）は自殺して、鎌倉幕府は滅亡した。六月、後醍醐は京都に帰還し、天皇に復帰した。

後醍醐天皇と朝廷・幕府体制

後醍醐が幕府を打倒したのは、子孫の皇位継承を実現するためである。もしも幕府が後醍醐の子を立太子させ、大覚寺統の嫡流と認めていたならば、後醍醐の倒幕運動は起きなかったであろうが、しかし、それで皇統分裂問題が解決するわけではない。いずれにしても、この問題が幕府の命取りになることは変わらない。

後醍醐は父後宇多の戦略によって皇位継承に登場した。後醍醐にとって、自分の子孫に皇位を継承させることは、父から自分に与えられた使命である。その信念が彼の執念を生み出した。自分が父の遺志を継ぎ、実現するのだ、という自負の念を支えにして、後醍醐は倒幕という途方もない行動に突き進んだと考えられる。

たとえば「後醍醐」の名の由来であるが、彼は「後醍醐」の諡号《しごう》（おくり名）を自分自身で決め、生前から使っていたらしい。この諡号には彼の考え方がよく表れている。つまり、父が「後宇多」であるから、子は「後醍醐」なのである。当時、宇多天皇と醍醐天皇は理想の天皇とみなされ、理想の父子関係に目されていた。この宇多・醍醐の父子に、父と自分の関係を擬《なぞら》えたわけである。「後醍醐」の名は、彼と父との一体性を主張しているとともに、

「延喜《えんぎ》の治」と称された「聖代《せいだい》」への憧憬を表している。

この「聖代」は、即ち、「正統」の確立した時代である。朝廷・幕府体制は、朝廷に「正統」が確立され、それを幕府が支え護ることを理想とした。たとえば足利尊氏の諮問に答えた『建武式目《けんむしきもく》』は、「延喜・天暦《てんりゃく》両聖」と「義時《よしとき》・泰時《やすとき》父子」とを並べ、政治の模範として称えているが、そこに朝廷・幕府体制の理念がよく表現されている。

後醍醐は幕府を打倒したけれども、朝廷・幕府体制の打倒が本来の目的であったわけではない。したがって、京都に帰還した後醍醐にとって、課題は朝廷・幕府体制の再建であったと考えられる。建武政府は過渡的なものでしかなく、すぐに幕府の再建が計らわれねばならなかったはずである。しかし、後醍醐はそのような見通しをもつことができなかった。後醍醐が「正統」の地位を獲得しながら、わずかの間にその地位を失い、吉野に逃れて客死することになったのは、かかる課題に応えることができなかったためであろう。

後醍醐天皇行宮跡の吉水神社　1336年、後醍醐天皇が行在所とした。奈良県吉野町吉野山

幕府が「正統」を支え護ることができなくなったとき、武士にとって、そのような幕府は存在するに値しなくなる。幕府が「正統」を決めることができないのであれば、武士は自分で「正統」を選ぶことになる。そこで武士は後

醍醐を「正統」に担ぎ上げた。幕府は一瞬の間に崩壊した。だが、その後醍醐は、幕府の再建を求める武士の期待に応えることができなかった。次の課題となる朝廷・幕府体制の再建は、足利尊氏によって担われることになる。

第二部　「古典」としての天皇

新田一郎

第一章　朝廷の再建と南北朝の争い

1　朝廷の再建と「室町幕府」の成立

建武式目

建武三年（一三三六）十一月、戦乱の余燼燻《よじんくすぶ》る京都に在って事態の収拾に腐心していた足《あし》利尊氏《かがたかうじ》・直義《ただよし》兄弟のもとに、後世『建武式目《けんむしきもく》』と呼ばれることになる一通の答申が提出された。明法家《みょうぼうか》中原氏出身の是円《ぜえん》・真恵《しんえ》兄弟を中心に、公家・武家の実務官人らによって作成されたこの答申は、まず冒頭、武家の所在地をどこに定めるべきかについて、前代の武都・鎌倉を吉士としつつも、「衆人之情」に従い京都への移転を肯定する見解を示し、ついで政道の肝要について、武家が京都において当面する問題に沿って十七箇条の指針を示す。そして末尾においてあらためて政道の総論が提示され、そこでは醍醐《だいご》村上《むらかみ》両帝の治世を理想化して観念した「延喜《えんぎ》天暦《てんりゃく》」が、鎌倉幕府の盛時として回顧される「義時泰時《よしときやすとき》」と並び、跡を追うべき政道の規範として挙げられている。

ここに示されているのは、鎌倉に心を残しつつも、公家と連携して京都の政治世界に直接に関与せざるをえなくなった武家足利氏の立場である。加えて、起草者の顔触れと経歴を反映してのことであろう、公家と武家とを一貫した歴史の中に置き、相互に通底する政道のモデルを示しており、このことは足利氏の武家政権にとって、重要な初期条件として作用することになる。

『建武式目』は、鎌倉時代の『貞永式目《じょうえいしきもく》（御成敗式目《ごせいばいしきもく》）』とは内容体裁とも大きく隔たったものでありながら、やや後の十五世紀には「貞建之式条」などと並称され、さらにくだって近代の通俗書には、「鎌倉幕府の基本法典たる貞永式目」と「室町幕府の基本法典たる建武式目」として並列する扱いを見ることになる。そこに見られるであろう、足利氏によって担われた役割を前代の鎌倉の武家のそれと並列する発想は、鎌倉・室町二つの武家政権に同じ「幕府」という呼称を充て、同種のものと性格づけることへと結びつく。

実際のところ、武家政権を指して「幕府」という呼称は後世になって充てられたものであるし、二つの「式目」それぞれにおいて想定されている武家の役割は同じではなく、例えば鎌倉時代を一貫して同じであり続けたわけでもない。にもかかわらず、ここで足利氏（の周辺）によって公家の世界と連続した武家のモデルとして顧みられたことが、「鎌倉」を武家の古典的モデルとして固着させる契機となった。鎌倉時代の公武関係は、首尾一貫した原理原則の上に構想されたものではなく、複雑な政治史の経緯の中で次々に成り立っていった、動的なバランスをめぐる遣り取りの、その都度の帰結であったわけだが、そうした動的なシステムがいったん瓦解したからこそ、鎌倉末期の公武関係がいったん凍結され、再建の過程でモデルとして想起され、ここをひとつの基点として、公家と武家との関係があらためて正則化されることになった。公家と武家とがそれぞれの役割を担って並び立つ「朝廷・幕府体制」は、ここであらためてモデル化され、状況はこのモデルを軸としつつ、前代に仮託された伝統へと回帰することになるわけである。そのためには、武家だけでなく、公家の存立が重要になる。

朝廷の再建

前年末に足利氏と後醍醐《ごだいご》天皇の関係が決裂し建武政権は分裂、暫くは京都をめぐる攻防戦が繰り返された後、この年五月に後醍醐が比叡山に逃れ、京都には天皇不在の状況が生じた。そこで、かつて後醍醐の隠岐配流の際に皇位に就きながら後醍醐の復位によって廃されていた光厳院《こうごんいん》が、あらためて上皇として舞台に呼び出される。光厳院は六月中旬には尊氏に伴われて入京、弟の豊仁《とよひと》親王とともに東寺に御所を構えた。

この時点で、天皇の位に在ったのは山門に拠った後醍醐であり、光厳院は上皇として、在位中の天皇をさしおいて政務を執る、従ってこの局面を日本史学通常の用語を用いて強いて表現するならば、「光厳院政・後醍醐天皇」という組み合わせになる。上皇と天皇との対立、天皇の事実上の不在、という変則の事態ではあれ、いずれにせよ先例がないわけではなく、こうした事態は、公家社会の人々にとって、日常からの延長線上でひとまずは理解可能なものであった。後醍醐天皇の在位をことさらに否定するまでもなく、光厳上皇が事実として政務を執り、京都の公家社会がそれを前提として作動し始めれば、基本的な必要はひとまずは充足される。事実、このころから、光厳上皇の院宣《いんぜん》を以て寺社領安堵《あんど》や僧職補任などの政務が執られており、光厳院政が開始されたと見ることができる。

光厳院政の開始は、足利尊氏の奏請によったものとされる。遡《さかのぼ》って鎌倉後期、皇位継承

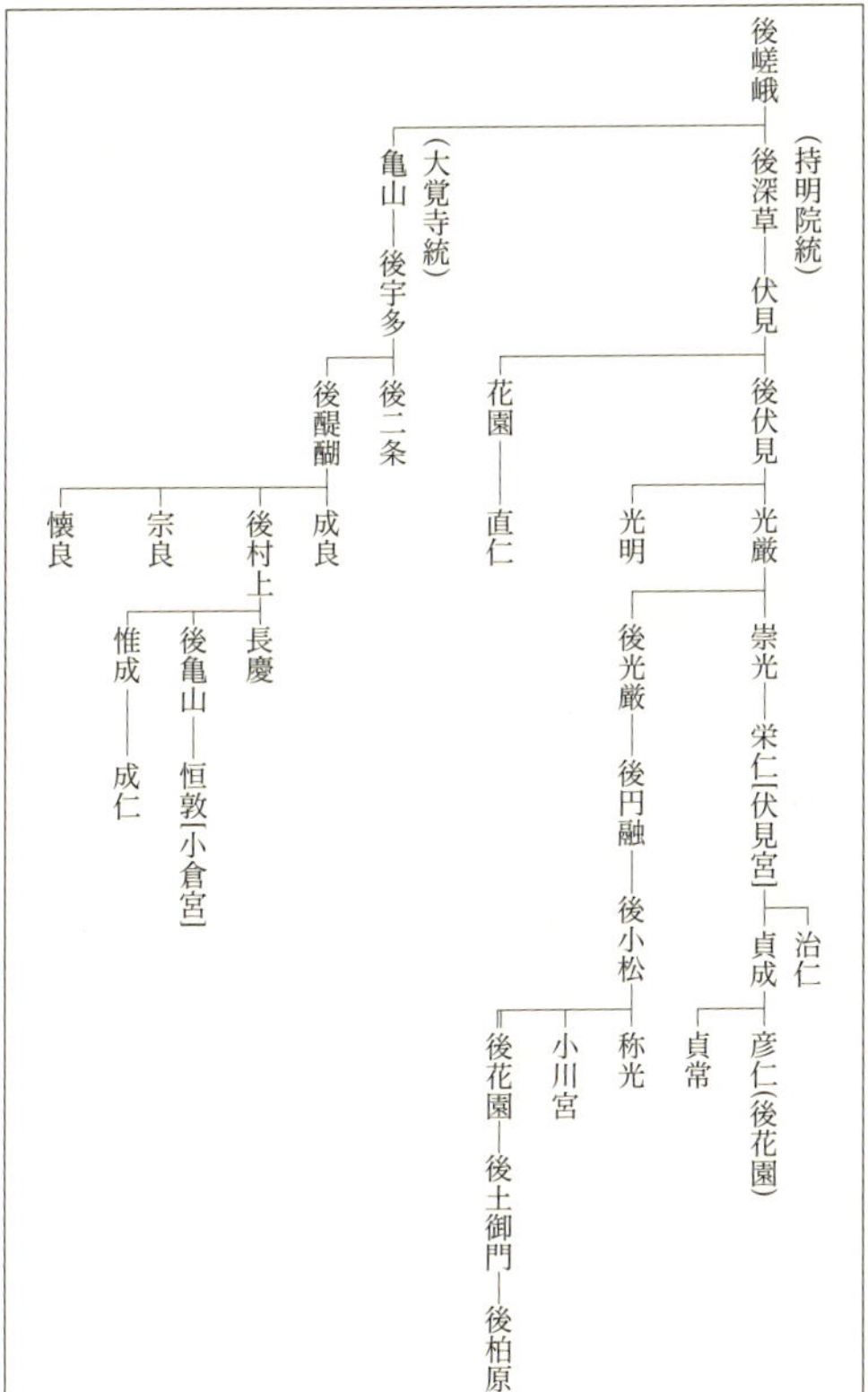

皇室略系図　後嵯峨天皇〜正親町天皇

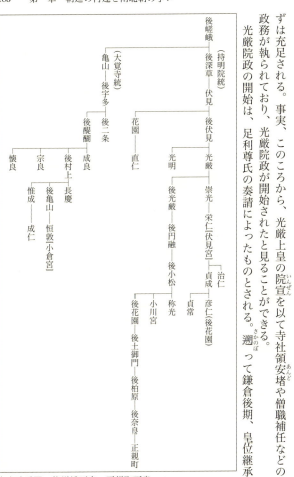

や政務の所在の決定をめぐって、武家の役割が呼び出されることがあった。こうした問題の処理について、当時の公家社会自身は明確な法式を持たず、皇統間に対立が生じた場合などには容易に膠着《こうちゃく》状態に陥る。そこで、状況の外部から媒介変数を導入することによって解を導くことが試みられた。すなわち鎌倉の武家の意向を伺い、これを「東風」などと呼んで、決定を導く条件として用いたのである。足利氏の奏請による光厳院推戴は、そうした「東風」の作用を継承したものとして理解することができる。大覚寺《だいかくじ》統《とう》後醍醐天皇と持明院《じみょういん》統《とう》光厳上皇との間に政務の主導権をめぐる争いがあり、これについて公家社会内部で解決を導くべき決定打を欠く、加えて一方の後醍醐天皇が京都を出奔した状況に、武家の意向が媒介変数として導入され、作動したわけである。

ただし、この時の状況が前代と異なるのは、武家足利氏が、遠隔の鎌倉ではなく現に京都に在り、京都の政治状況の外部者ではなく主要な能動的アクターとして行動している点である。そのため、武家《ぶけ》執奏《しっそう》という形で公家の仕組みの外部から示されるとはいえ、この作用は京都の政治社会の内部に非対称的な関係を発生させる。その後も暫く京都をめぐる攻防が続く中で、足利氏はいよいよ深く京都の政治状況に関与せざるをえなくなり、武家の役割が京都の政治社会に内部化され日常化すると、やがて公家との間の非対称的な関係はひとつの「制度」として固着し、武家にとって重要な政治資源ともなる。

さて、光厳院政が開始されたとはいえ、朝廷の日常の朝儀は天皇不在では滞るから、後醍醐の不在が一時的なものであればまだしも、それが長期にわたる可能性が高まれば、別の天皇が必要とされることになる。院政開始からおよそ二ヵ月後の八月十五日、上皇の命によって豊仁《とよひと》親王の元服の儀と、引き続き「伝国の宣命」を以て践祚《せんそ》の儀が行われた（光明《こうみょう》天皇）。「旧主」不在のまま行われたこの儀、通常の践祚に随伴すべき「剣璽《けんじ》渡御《とぎょ》」の儀礼が履まれず、「寿永《じゅえい》（後鳥羽）・元弘《げんこう》（光厳）の例」に準拠して行われた。神器授受を欠いた践祚を欠格とする批判が流布するのはもう少し後のことだが、光明天皇の践祚が、ことさらに先例を求めねばならぬ変則の事態であったことは確かである。

そのためもあろうか、異例を敢えてした光明践祚の後もなお、足利尊氏は後醍醐の京都復帰による事態の収拾を図る。帰洛を促すたびたびの使者に、後醍醐も遂に応えて下山、十月十日に京都に帰還し、三種の神器を光明天皇に引き渡した。後醍醐には太上天皇《だいじょうてんのう》の尊号が贈られる一方、皇太子には後醍醐皇子成良《なりよし》親王が立てられ、後醍醐から光明への皇位継承が完了するとともに、「両統迭立《てつりつ》」の形が整えられた。後醍醐の存在を正則化し、この間の状況の瑕疵《かし》を治癒することが図られたのである。

『建武式目』が草されたのもこの間のことであり、要は、過去から連続した歴史の中にあらためて見出だされた正則な伝統への回帰を、志向するものであった。光明践祚に際し、建武政権下で停止されていた関白の職に近衛《このえ》経忠《つねただ》が復したのも、伝統回帰の一景である。しかしこうした形での伝統回帰は後醍醐の意図と相容れるものではなく、さらに二ヵ月後の十二月二十一日に後醍醐はまたも京都を出奔、河内を経て吉野に赴き、自らの復位を宣言、足利方の討伐を諸国に呼びかけた。京都では皇太子成良が廃され、翌々暦応《りゃくおう》元年に光厳皇子益仁《ますひと》

（のち興仁《おきひと》）親王が皇太子に立てられた。これにより、京都の光明（北朝）と吉野の後醍醐（南朝）という二人の天皇が互いに正統を主張して対立する、いわゆる「南北朝」の時代が、あらためて幕をあける。

「武家」を迎える京都社会

こうして、武家が、前代をモデル化しつつも前代以上に京都社会の存立に直接また深くコミットするようになり、鎌倉時代の六波羅探題《ろくはらたんだい》・在京人とはまた違った距離感をもって、武士たちが京都市中を闊歩《かっぽ》する時代が始まった。

新参者に向けられた京 童《きょうわらべ》の視線には、なかなかに厳しいものがあった。やや遡って建武元年（一三三四）八月、後醍醐の皇居にほど近い二条河原《にじょうがわら》に掲げられたという一篇の落書、世にいう「二条河原落書《らくしょ》」は、そうした視線を代表し、新来の武士たちが京都の文明世界に覚束なげに参加しようとするさまを揶揄《やゆ》する、辛辣《しんらつ》な描写に満ちている。

朝廷の周辺を徘徊する武士たちの不慣れな姿は「キツケヌ冠、上ノキヌ／持モナラハヌ笏《しゃく》持テ／内裏《だいり》マジハリ珍シヤ」などと批評され、物真似技芸に対しても「尾羽ヲレユガムエセ小鷹」「弓モ引エヌ犬追物《いぬおうもの》」「一座ソロハヌエセ連歌《れんが》」と手厳しい。「誰ヲ師匠トナ」く「事新キ風情」で展開してみせる技芸は、作法にたがう好き勝手な振る舞い、「自由狼藉《ろうぜき》ノ世界」として指弾される。彼らとて、既成の秩序の破壊を意図して参入してくるわけではないのだが、「朝ニ牛馬ヲ飼ナガラ／夕ニ賞アル功臣ハ／左右ニヲヨハヌ事ゾカシ／サセル忠功ナケレトモ／過分ノ昇進スルモアリ」などと破格を非難され、作法の規律が揺らぐことが、「下衆上臈《じょうろう》ノキハモナク」「非職ノ兵杖ハヤリツヽ／路次ノ礼儀モ今ハナシ」などと嘆かれている。

こうした痛烈な批判は、単に京童たちの底意地の悪さを示すだけのものではなく、文明世界の構造の根底に関わる。この文明世界において、人と人との通交関係は定形化された「礼」によることを規範とした。人と人との関係は「自由」勝手なものではなく、一律同様のものでもない。それぞれの立場や相互関係によって、きちんとした区別を立て、しかるべき形式を履むことが期待された。「下衆上臈ノキハ」を適切に分別し、街中で行き逢った際などにはその別にふさわしい「路次ノ礼儀」を履むことが、互いに相手を文明人と認識し安心して付き合うために必要な儀礼・手続きとして、作動していた。京都社会は文明の中心として、長い歴史の中でそうした文明の作法を育んできたが、周辺の世界は必ずしも文明化されていない。外からやってきた者が文明の作法に疎いのは当然のことである。

そんな中で生じたのが、光厳院の行幸の行列に行き逢って下馬を求められた土岐《とき》頼遠《よりとお》が「何、院ト云フカ、犬ト云フカ。犬ナラバ射テ落トサン」と放言して弓を射かけたという一件である。康永《こうえい》元年（一三四二）の出来事で、頼遠はこれにより直義の怒りを買って誅殺されたのだが、『太平記』はこれに続けて、この話を伝え聞いたとある武士が、貧乏貴族の車に行き逢った際、「これが噂の院とやらであろうか。頼遠でさえこの恐ろしい者と出くわして命を落としたというではないか。ましてや自分如きはひとたまりもあるまい」と慌てて下馬し平伏した、一方の貴族のほうも、「これはもしや土岐の一族か」と恐れて跪き挨拶を返した、という逸話を載せる。笑い話仕立ての話ではあるが、この一連の逸話が示しているのは、『太平記』が「人皆、院・国主ト云事ヲモ知ラザリケルニヤ」としているように、かつては日常的には交差することのなかった貴族と武士の動線が、同じ場を行き合い絡まり合うようになった、にもかかわらず、相互の振る舞いを規律する作法がいまだ実践の場で存立していないという、不安定な状況なのである。

だからこそそこには、新しい環境と関係における武士の振る舞いをどう規律してゆくかという、重要な問題が浮上する。『建武式目』には、「礼節ヲ専ラニスベキ事」を求めた箇条があり、「君ニ君礼アルベク、臣ニ臣礼アルベシ。凡《およ》ソ上下各々分際ヲ守リ、言行必ズ礼儀ヲ専ラニスベシ」と述べて、「国ヲ理ム」ために武士たちを礼節の世界に参加させることの必要性を説いている。かつて高かりし天皇・院の権威が乱世に到り失墜した、のではない。天皇・院やその周辺に構成された文明社会に対して、武士たちがいっときの闖入者《ちんにゅうしゃ》としてではなく恒常的に参加する事態、そのために生じる違和感と混沌の中で、貴族も武士も互いの通交の帰結を予期しがたいために、右の「笑い話」に表現されたような「羹《あつもの》に懲りて膾《なます》を吹く」姿が見られたのであった。

武家の再定義と、鎌倉の古典化

前代において、武家という仕組みは、京都の文明世界とその外部の武士たちとを繋ぐ翻訳装置として作動していた。翻訳装置の両側にはそれぞれ違った世界が広がり、武家に対する認識や期待は、時にそれぞれの側で違った様相を呈することがあった。武家は必ずしも「武

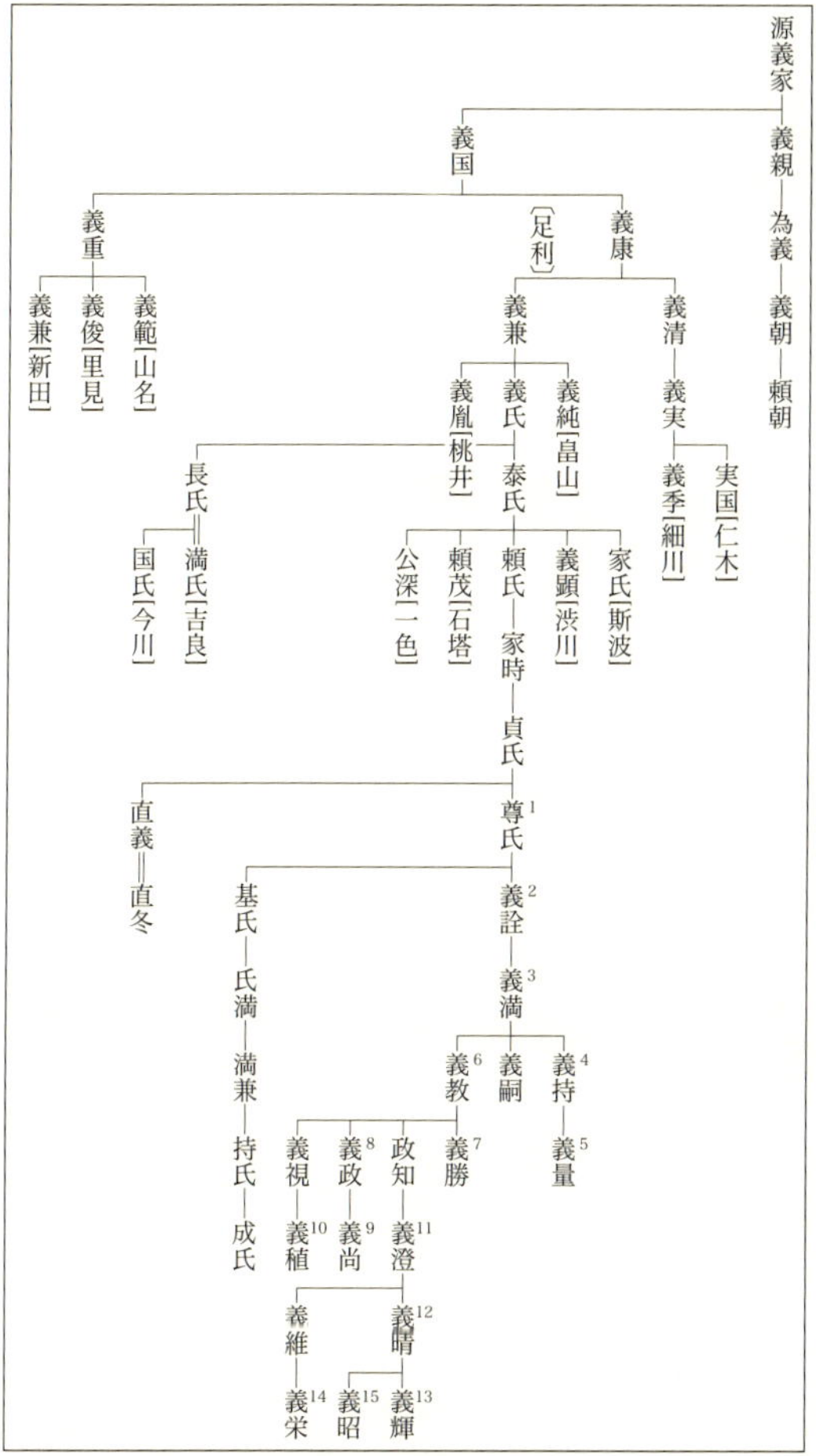

足利氏略系図　数字は室町幕府将軍の代数

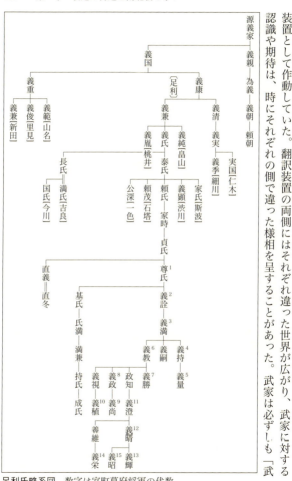

士の利益代表」ではなく、文明外の存在が無秩序に京都に入りこむことを防ぐ役割をも負っており、内外を結ぶ回路を扼《やく》することが、武家にとっての政治的資源の重要な一部をなしていた。

ここでも基本的にはそのことが再確認されるわけだが、一方では、武士たちの文明化をより直截に求めようという動きも出てくる。例えば、常陸《ひたち》国の武士佐竹師義《さたけもろよし》が足利尊氏に従って諸国を転戦した長年の体験を綴ったとされる『源威集』は、源家の嫡流としての足利氏の正統性を説く一方で、尊氏を、弓馬などの武技や歌道・管弦などの文化的技芸についても卓越した指導的な存在として描いている（加地宏江『中世歴史叙述の展開』）。武家足利尊氏は、京都の文化世界での振る舞い方を身につけ、武士を文明社会へと導く先達として、仰がれている。

実はこれより先、建武三年の早い時期から、尊氏を「将軍」とする自称他称の例が散見される。その事実を指摘した家永遵嗣氏は、これによって「鎌倉幕府滅亡で停止した幕府法体系の再起動」がなされたものとし、ここに室町幕府の事実上の成立時期を見出だしている（家永「室町幕府の成立」）。武家が武士たちを率いる、武士たちが武家に従う、という仕組みは、個人的な主従関係ではなく、「将軍として武士を従える武家」という役割の構図を介して作動している。それは、「将軍」という、それ自体は律令制に由来する名辞を借りて表現され、まずは武士の世界において、鎌倉将軍家を先蹤《せんしょう》として振り返りつつ、独自に再起動したのである。

　そうして再起動を遂げた武家を、公家社会との関係においてしかるべき根拠をもった正則な仕組みとして捉え、これまた再起動しつつある朝廷と組み合わせて整合的に説明しようとする試みが、『建武式目』に露頭したわけである。政道の系譜は内容的に一貫した連続性を持つものではないが、それを並列して語ることそのものが、古典に連なる世界像の表現としての意味を持つ。弟の真恵とともに『建武式目』起草の中心的役割を果たした是円は、鎌倉末期に『是円抄』と通称される『御成敗式目』注釈書を著しており、そのスタイルは中世後期の式目注釈においてモデルとしてしばしば参照されている。注釈書自体は現存しないが、諸書に引用された逸文からは、「本文・本説に注釈を加える」という公家の伝統的な学問スタイルに則り、律令を参照しつつ式目の文言に注釈を加え、公家社会の伝統的な知の対象として取り込もうとする姿勢が観察される。それは明法家《みょうぼうか》出身という是円の経歴と知的背景に根ざした営為であり、『建武式目』もまた、そうした知の伝統を引きついで成ったものであった。

　『建武式目』が守護を「上古《じょうこ》の吏務《りむ》」として国司に准《なぞら》えているのは、そうしたことを象徴している。鎌倉時代の守護の職務が軍事警察的な事柄に関わるいわゆる「大犯三箇条《だいぼんさんかじょう》」に限定されていたのに対し、武家足利氏のもとでの守護は、所領の給付手続きや段銭《たんせん》徴収にも関わる幅広い職務を与えられている。ここにおいて国衙《こくが》の権能は実質的に守護に継承され、守護は「国中の治否」の鍵を握る役割を振りあてられることになる。そして守護を統轄する武家は、京都社会から外部へと向けた影響力行使を担う執行機関としての重要な役割を帯びることになる。

『建武式目』答申の二年後、暦応元年（一三三八）八月に、足利尊氏は征夷大将軍に任ぜられた。この際に源頼朝の先例が意識されたことは想像に難くない。このことは、武士との関係において先行していた「将軍」の自称他称に、公家の仕組みにおける正則な位置づけを与えるとともに、頼朝以来の伝統の継承を公認したものであった。尊氏は鎌倉将軍家の後継者として、やや後に権大納言《ごんだいなごん》に任官してからは「鎌倉大納言」と呼ばれるようになり、この称は嗣子義詮《よしあきら》に引き継がれる。

こうして、「朝廷・幕府体制」は一部に再定義を伴いつつ再起動され、武家はあらためて措定された伝統的な構図の上での役割を再確認され、武家に従う武士たちの存在も正則化される。一方でこの間、京都において定常的に遂行されるべき諸行事の多くは、停滞を余儀なくされており、それをいかにして復興するか、それを支える仕組みをどのように整備するか、という問題へと、京都社会の関心は移ってゆく。

2　古典の再発見

伝統の古典化

京都の公家社会は、光厳院政・光明天皇のもとで、平常の姿を取り戻すべく努力を開始した。践祚から明けて建武四年正月の公事《くじ》こそ、白馬《あおうま》・踏歌節会《とうかのせちえ》・叙位など定例の儀式のいくつかが兵乱のために停滞したものの、京都における公家社会の作動の連続性は、いわば自明のことであったに相違ない。いわゆる大覚寺統に連なる人々も、後醍醐の皇子以外は、例えば常盤井宮《ときわいのみや》・五辻宮《いつつじのみや》、あるいは後二条源氏のように、京都に在ってその家系を存続させている。後醍醐の南朝が離脱したことによって、京都の朝廷は伝統回帰へと向けてむしろ純化され、「朝廷・幕府体制」の再正則化へと帰着したのである。

勿論、南北朝の対立は、革新か伝統か、という単純な対立ではない。一方の後醍醐こそは、さらに強い伝統回帰の意図をもっていた。鎌倉末期以来、皇統の分裂に沿って現象した公家社会の分裂は、しばしば公事の停滞を招いたが、鎌倉末期からさらに来し方を振り返れば、かつて盛儀を誇りながら既に停滞に陥っていた公事は少なくない。停滞した公事は再興されなければならない。そのことを強く意識した後醍醐は、『建武年中行事』『日中行事』を撰述し、途絶した行事を復興すべき必要に対する自覚的な意識を示している。これらの撰述を通じて鑑《かがみ》を示し、「延喜天暦」という平安王朝の盛時を振り返る当時流行のキャッチコピーとともに、公事の復興を唱えたのであった。

復古・復正というスローガン自体は、古来しばしば唱えられてきたが、復すべき「古」「正」の所在は一義的には決まらず、同じスローガンのもとで相異なる思惑が、ときに同床異夢の様相を呈する。「延喜天暦」というキャッチコピーも、必ずしも醍醐村上両帝の治世の具体的なイメージを伴うものではなく、漠然と「古き良き時代」を指したものにすぎない。それが漠然としていたからこそ、現状との深刻な対決を迫られることなく、公家社会の人々は安心して末世の公事衰頽《すいたい》を嘆くことができた。しかし、そうした漠然としたキャッチコピーに、いざ具体的な内実を与えようとすると、そこにあらわれる認識の齟齬《そご》は、種々の不協和音を奏でることになる。

『建武年中行事』の撰述に際しては『江家次第《ごうけしだい》』が、『日中行事』については『侍中群要《じちゅうぐんよう》』や『禁秘抄《きんぴしょう》』が参照されたとみられ、そうした平安期のモデルによりつつ、後醍醐は「朝廷・幕府体制」以前への復古を志向していた。鎌倉後期の状況を所与の条件として知る貴族たちにとってそのことは、現状のラディカルな変更を伴うことになる。慣例として積み上げられてきた、貴族の家それぞれに付随した役割への期待を、「古」「正」といかに折り合いをつけるかは、建武政権が抱えた大きな問題であった。後醍醐と北畠親房との間にも、貴族の役割をめぐって認識の齟齬が存したことが知られる。

もっとも、公家社会の多くの人々にとって重要なのは、自分自身や自家の具体的な役割と位置づけであり、次々と推移してゆく（丸山真男流にいえば「なりゆく」）状況への適応を繰り返すことが、彼らの基本的な行動様式であった。後醍醐に仕えた側近たちが主君の構想を共有していたわけではなく、彼らが後醍醐に従ったのは、基本的には、京都の公家社会における自己自家の存立を図るために有利、との判断に基づく。その都度最も抵抗の小さな経路を選択し、京都において次々と「なりゆく」事態に対応することが重要なのである。後醍醐の出奔の際、追従して吉野へ赴いた公卿が比較的少数にとどまったのは、後醍醐に従うことが、京都社会における位置づけを維持するための手段であり、その逆ではないことの帰結である。追従した少数の公卿たちにしても、それを一時的な出奔と予想したからこそ従ったものの、長期にわたり京都を離れるつもりなどなかったのではないか、との推測も示されている（小川剛生『二条《にじょう》良基《よしもと》研究』）。

さて、後醍醐出奔後に、北朝持明院統方にあって公事再興の企図の主導的な役割を担ったのは二条良基である。いったん停滞した公事を復興し、公家社会に正常な姿を取り戻させようとする意欲を、良基はかつて近仕した後醍醐から受け継いだというが、重要な役回りを務めるのは、後醍醐が足利方と袂《たもと》を分かち、京都で持明院統朝廷が成立して以降のことになる。以来、再起動された「朝廷・幕府体制」を前提条件として、公事の再興を図った。二条家の興隆を願うささやかだが重要なバイアスを伴い、ときに偏執《へんしつ》の謗《そし》りをうけながら、「天子の師範」としての摂関家の位置づけの再定義再確立に努めたのであった。

摂関として北朝の政務の中枢に在りながら、一方で後醍醐天皇に深い思慕の念を抱き、他方で武家関係者とも積極的に親交を結び、後に見るように足利義満《よしみつ》を公家社会に誘導する役割を務めた二条良基の思想は、現代から回顧したときにやや分裂した印象を与えることもあるようだ。しかし彼の行動の根本にあるのは、朝廷の公事政務の定常性を回復しようとする意欲である。そのために、平安の文物を憧憬の念をもって振り返り、それを漠然とした観念ではなく形ある古典として認識の対象に据え、しかし種々の現実的な意図を介在させることによってこれを道具的に用い、いわば現在化された古典を公家社会の規範として定立することを、良基は意図したのであった（小川『二条良基研究』）。

良基の補佐のもと、光厳院政は、正平一統《しょうへいいっとう》による断絶まで続く。この間に、光明天皇は貞和《じょうわ》四年（一三四八）十月に興仁《おきひと》親王に譲位（崇光《すこう》天皇）、直仁《なおひと》親王が皇太子に立てられた。直仁親王は、系譜上は花園院皇子（光厳院の従弟、崇光天皇よりひとつ上の世代になるが一歳年少）にあたり、光厳院の養子として義兄崇光の皇太弟に立てられたものだが、実は光厳院の実子であったという。光明・崇光二代を通じて院政を執ることによって、光厳院は、その次の直仁親王に皇統を伝えるべく、その登極までをコントロールすることを意図したのであろう（飯倉晴武『地獄を二度も見た天皇　光厳院』）。その治世を通じて、光厳院は政務処理の仕組みの再整備に努めた。鎌倉後期の公武徳政の成果を引き継ぐ「雑訴《ざっそ》法」の完成型とされる「暦応雑訴法《りゃくおうざつそほう》」を生み出した光厳院政期は、公家政務体制の到達点として評価される（森茂暁『南北朝期公武関係史の研究』）。

正平一統の後の北朝再建

「朝廷をいかにして再建するか」という課題は、やや後の正平一統の際に、より深刻な形で顕在化する。尊氏の弟直義《ただよし》と執事高師直《こうのもろなお》との対立に端を発した足利氏の内訌《ないこう》の過程で、尊氏・義詮方は東国に拠る直義方に対処すべく、後方の備えのためとして南朝方に降り、北朝の営為の連続性が一時切断されることになったのである。

観応《かんのう》二年（正平《しょうへい》六、一三五一）十月、尊氏・義詮父子は南朝後村上《ごむらかみ》天皇に和睦を申し入れ、「聖断」を仰ぐ意向を伝えた。これに応えて後村上天皇は翌月、忠節を尽くすべき旨を尊氏らに命じ、「公家の事は一円南方御沙汰あるべき」ことと「武士については（足利氏が）管領すべき」ことを申し渡した。北朝方の上皇・天皇は局外におかれ、武家執奏によって治天《ちてん》の交代が導かれた形である。北朝年号「観応」は廃され、南朝の「正平」が用いられた。南北両朝の対立が一時的に解消されたかに見えるこの局面を「正平一統」と呼ぶ。

これをうけて、十一月下旬には中院具忠《なかのいんともただ》が勅使として入京、関白二条良基の職務を停止し、代わって洞院公賢《とういんきんかた》を左大臣に任じて執政を命じた他、神器の処理や祭事の執行、北朝方官位の問題など、接収に伴う種々の方針を示した。官位をすべて建武の状態に戻す、という方針が伝えられたことは、京都の公家社会にかなりの動揺を惹起したらしく、この前後、任官の沙汰をめぐってさまざまな噂が飛び交い、官位を求めて南山へ赴く者もあるなど、人々の右往左往ぶりが伝えられる。

後村上天皇　来迎寺蔵。守口市教育委員会提供

明けて正平七年、後村上天皇は賀名生《あのう》から河内東条・摂津住吉を経て閏二月十九日に八幡に入り、翌々二十一日には、皇位を廃されたばかりの崇光院と光厳・光明の都合三上皇と廃太子直仁親王を、八幡の御所に招致した。この間の二十日には北畠顕能《あきよし》が軍勢を率いて入京、足利義詮を近江へ逐っており、これに呼応して関東でも宗良《むねよし》親王を擁する新田《にった》義興《よしおき》・義宗《よしむね》が兵を挙げて鎌倉を落とし、南朝方はいったんの勝利を得

た。

ところがこの間の閏二月上旬には、尊氏・義詮と対立していた直義の死去の報がもたらされ、足利方としては強いて和睦にこだわる理由はなくなっていた。京都を逐われた義詮は、和議が破れたとして諸国武士を動員して反撃に移り、三月半ばには京都を奪回、関東でも尊氏が鎌倉を奪回する。南朝方は八幡に退いて暫く防戦に努めたが、二ヵ月ほどの攻防の末に八幡の陣も落ち、後村上天皇は逃れて賀名生に帰還した。

しかしこの間に、三上皇と直仁親王は河内東条を経て南朝の根拠地賀名生へ移されており、京都には天皇・上皇のいずれも不在、皇位継承予定者も失われた。関白二条良基もその職を停止されたままで、公事の遂行が不可能になったのみならず、再起動の手段も失われてしまった。このことは、公事遂行を括《くく》り糸とする京都の公家社会を運営してゆく上で最も大きな問題である。幸い足利方では、出家を予定されていた光厳院皇子弥仁《いやひと》王の奪還に成功しており、その出家をとどめて践祚を求めることとし、不在の治天に代わって諸手続きを進行させるために、光厳院の生母広義門《こうぎもん》院（西園寺寧子）に政務の総攬《そうらん》を求めた。当初は固辞した女院だが懇請に折れ、まず二条良基を関白に復職させて政務処理にあたらせ、ついで弥仁王の践祚儀礼の遂行を命じた（後光厳《ごこうごん》天皇）。

この間の女院の立場を治天に准える見方もあるようだが、後光厳践祚の際には、旧主不在は寿永・元弘・建武の例があるものの上皇も不在となるとこれらの例にも依り難い、とされ、おまけに神器も欠いた異例ずくめの践祚として、群臣に推戴されて皇位に就いたとされる継体《けいたい》天皇の例が引かれている。つまり院宣《いんぜん》を以て弥仁王を皇位に就ける役割を果たすべき治天の不在が認識されている。広義門院に求められたのは、公家の仕組みを再起動し、践祚へ向けた一連の手続きを発動させるための、緊急避難的なスイッチの役割にとどまる、と理解するのが適切だろう。践祚後は後光厳天皇の親政となる。

　とはいえ後光厳天皇はまだ少年、しかも出家の予定をくつがえして降ってわいた践祚であり、形式的には親政を敷きながら、後光厳が実質的に自ら政務を主宰するようになるまでには二年ほどを要し、その間の政務は良基に主導される。この前後、数次にわたり南朝方軍勢が京都を一時的に占拠し、その度に後光厳天皇は義詮らに伴われて近江や、一度は美濃小島まで逃れるなど、政務の連続性はしばしば途切れがちになるが、むしろそのことゆえにこそ、政務の中枢を担う良基は復興の必要性をいよいよ強く意識し、あらまほしき政務のさまを描写したいくつもの著作をものすることになる。

後光厳天皇　「天子摂関御影」より。宮内庁三の丸尚蔵館蔵。中央公論新社提供

　なお、南朝方に拉致された持明院統三上皇と廃太子直仁親王は、その後賀名生から河内金剛寺《こんごうじ》に遷された。身辺の世話のために女房を送ることが認められたが、帰京が許されるまでにはなお暫くの時を要した。三上皇のうち光明院は在京中の正平六年末に落飾出家、これに対し兄光厳院は持明院統再興の道

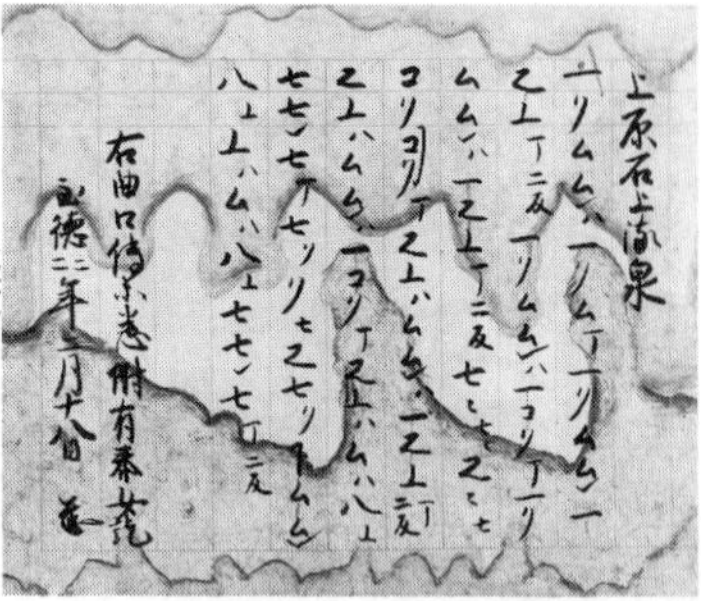

崇光天皇宸筆譜　琵琶の秘曲を示す。宮内庁書陵部蔵

を狭めるものとして批判的であったというが、その光厳院自身も翌年八月に出家している。持明院統の家督としての責任感から出家を思いとどまっていたのが、弥仁王践祚の報がもたらされたことにより、その理由を失ったためであろう（飯倉『地獄を二度も見た天皇光厳院』）。

南朝方としても、持明院統の皇位継承の可能性を絶つことを意図して三上皇らを移送幽閉したものの、取り逃がした後光厳天皇の践祚によってその意味は薄れた。上皇らを抱え置くことのコストも顧慮してか、光明院は文和四年に帰京を許され、残る二上皇と廃太子直仁親王も延文《えんぶん》二年には金剛寺から洛南伏見へと帰還した。

その後、光厳院は公家衆の参候を斥けて嵯峨《さが》に隠棲し、京都社会からは距離を置く。治天として政務の正則化を担ってきた自分を、不在となるや見捨てて代わりを据えた人々に対し、光厳院はやや含むところがあったのかもしれない。長講堂領などが光厳院から崇光院に伝領された他、持明院統正嫡に伝えられてきた琵琶秘曲や相伝の文書記録類も後光厳天皇ではなく崇光院に伝えられた。自らの意図に沿わぬ形で皇位に就いた後光厳を正嫡とは認めなかったのか、父子間の疎隔が噂されることもあったという。また、崇光院は、持明院統の正嫡をもって自ら任じ、自身の不在中に弟の後光厳に皇位が移ったことには不満を覚えていたようで、帰京後は皇子栄仁《よしひと》親王の立太子に執念を燃やすことになる。

天皇をめぐる儀礼の整備と二条家の位置づけ

こうしていったん連続性を切断された後に再起動された後光厳親政期の朝廷を、光厳院政期と区別して「新北朝」と呼ぶ研究者もいる（森『南北朝期公武関係史の研究』）。関白職に復した二条良基は、歳若い天皇を補佐して政務・公事の復興を目指したが、同時に、「新北朝」の仕組みの中で二条家の占めるべき位置を確保すべく、役割関係の再配置に努める。

この局面で注目されるのは、天皇が即位儀礼に際して印明を結び灌頂《かんじょう》を受ける所作である。この所作は、伏見《ふしみ》天皇の即位に際し二条師忠《もろただ》とその弟の天台座主道玄《どうげん》から伝授されたのを嚆矢《こうし》とし（上川通夫「中世の即位儀礼と仏教」）、ついで花園《はなぞの》天皇が（即位式に際してではないが）「即位灌頂印」を伝授され、さらに後二条には兼基が、後醍醐には道平が伝授している（小川『二条良基研究』）。光明天皇には二条良基が伝授し、以後も二条家当主が授けることが定例となった（ただし後円融《ごえんゆう》天皇は、良基との確執があったためか、尊道法親王から伝授されている）。中世の天皇即位儀礼に仏教的な要素が取り入れられたことは、夙《つと》に学界の注目を集めている。これを、仏教世界においてインドなどの「王」と並列される位置を天皇に与える仕掛けとして解釈することも、不可能でないように見える。

もっとも、こうした仏教儀礼を通過したからといって、天皇に特段の（通過しなかった場合には欠落しているような）資格が加わるわけではない。そうした装飾を欠いても天皇の欠格事由にはならないし、無資格者が装飾をまとっても意味がない。それでも、それが定例の儀礼として定着すれば、関係者を再帰的に条件づけ拘束する。即位灌頂の儀礼は、新たな天皇を聖別するという宗教的な意味以上に、儀礼に参加する周辺的アクターの位置関係を繰り返し確認する効果を持ち、朝廷の再生に一役買った。実際、即位儀礼における仏教的装飾を必要としたのはむしろ仏教界の側、あるいは二条家のように特定の役割を占めようとする者の側であった。二条家の立場からは、「印明を結ぶ」という儀礼そのものではなく、それが新天皇の即位に伴う定例の儀礼として行われること、その作法の伝授が摂関家の役割として措定されたことが重要なのである。これが「天児屋《あめのこや》根命《ねのみこと》の子孫が天孫を補佐する」という「二神約諾」の表現として、摂関家（とりわけ二条家）の特権的な位置を示す仕掛けとなる。定型化され繰り返される儀礼の中で、世界が同一の構造を連続して持つことが示され、人々の位置と相互関係が再確認されるのである。

かくして、定例に沿った皇位継承が当たり前に繰り返されている平時にはことさらに意識されることのない問題が、非正則な事態が続発することによって意識され、事態に対応する中で儀礼の形が整えられてゆく。その最大の危機的状況が、正平一統の前後に観察されたわけである。モデルとしての古典が自覚的に発見され意識されたところに「中世」がある、と喝破したのは平泉澄だが（平泉『中世に於ける精神生活』）、体制が動揺し再建の試みが繰り返される中にこそ、「中世」は顕現する。それは「朝廷・幕府体制」が古典として対象化されるプロセスでもあった。

　但しそれは光厳院政期以前への単純な回帰ではない。「公家政務体制の到達点」と評される光厳院政期の仕組みが正平一統でいったん壊れたわけだが、その再建過程で、他で代替できるものは代替し、代替のきかないものについて再建の努力が傾注される。例えば、光厳院政期を特徴づけたとされる雑訴《ざっそ》処理などは、（平安時代以来しばしば「徳政之最要」と称されたとはいえ）公事《くじ》政務の本筋ではなく、武家によって代替されても問題ない。しかし朝儀《ちょうぎ》の中核をなす公事儀礼における天皇の役割は他に代替がきかない。そうした弁別を経て、天皇の位置・役割があらためて析出され、伝統として措定されることになる。

　だから、良基にとっては、武家の位置・役割を内部化し正則化することが重要になる。実際、尊氏・義詮に天皇周辺の儀礼における役割を振りあて、彼らが名目的に与えられていた官位を実態化しようと試みた節がある。例えば貞治《じょうじ》六年（一三六七）に後光厳天皇の催した中殿歌会に義詮が参仕しており、小川剛生氏はそこに「将軍を宮廷に引き入れることを考えていた」良基の意図を読み取っている（小川『二条良基研究』）。しかし、尊氏にせよ義詮にせよ、公家の官位を帯びながら、自らを公家社会の周縁部に在る武家として捉えており、朝儀において実際に公卿《くぎょう》としての役割を担うことに対しては消極的、文化的にもやや腰を引いていた感がある。義詮の朝儀参仕も、その年末に死去したこともあり単発にとどまった。東国育ちの尊氏・義詮父子にかけられながら満たされなかった良基の期待は、やがて京都育ちの義満《よしみつ》へと向けられることになる。

なお、後光厳天皇の継嗣は、父光厳院の意向を憚《はばか》ってか、光厳院の在世中には決定されなかった。光厳院の没後の応安《おうあん》四年（一三七一）になって、天皇は皇子緒仁《おひと》親王への譲位を図るが、持明院統の正嫡を自任する崇光院は、皇子栄仁親王の立太子を望んで武家に働きかけた。これに対し、若年の将軍義満を補佐する管領細川頼之《ほそかわよりゆき》は「聖断たるべし」として天皇に判断を返上し、天皇は緒仁親王（後円融天皇）に譲位して院政を執り、その三年後に没した。栄仁親王は、伏見に在って皇位継承の望みを持ち続けたようだが、父崇光院が応永《おうえい》五年（一三九八）に没すると出家を余儀なくされ、皇位への望みを断たれる。とはいえ「天照大神以来一流の正統」を自任する崇光院流の存在は、皇位継承をめぐってなお紛れの余地を残すことになる。

3　幻の内裏空間

内裏の変遷

世界のありように、目に見える具体的な形を与えるのは、日ごと年ごとに定型を以て繰り返される儀礼である。二条良基が希求したのも、公事《くじ》が定例に則って整斉と遂行され、そのことを前提に日々・月々の予定を立てることができる世界であった。世界の循環に沿って儀礼が正しく遂行され、人々の振る舞いが予測可能な形で適切に条件づけられていることこそが、文明世界の特色であり、そのことによって、人為外の予測不能・制御不能な諸力に支配された外界から区別される。儀礼の正しい存立は、その周囲に定常的な営為を発生させ、予測可能な秩序ある世界を生み出し、そこに参加する人々の営為に意味を与える。そこには、儀礼においてさまざまな役割を担う官人たちはもとより、儀礼に直接には参加しない多くの見物人も加わり（例えば康永《こうえい》元年の白馬節会《あおうまのせちえ》について『光明院宸記』は「今日、見物ノ男女、堂上堂下ニ充満ス」「人ノ気、蒸スガ如シ」などと描写する）、文明世界の営為（の周縁）に連なっていることを再確認したのであった。

儀礼は正しく履まれてこそ、世界の正しいあり方に呼応する。中世の公家社会は、『延喜式《えんぎしき》』や『北山抄《ほくざんしょう》』『西宮記《さいきゅうき》』などの儀式書を基軸とし、家々の日記記録に書きつがれた膨大な先例群を選択的に参照しつつ、種々の儀礼を正しく遂行することに価値を見出だしていた。儀礼は形式を拠りどころとして遂行され意味づけられるが、儀礼の外形的・視覚的なありさまは、儀礼が遂行される空間の性質によって強く条件づけられる。例えば、清涼殿《せいりょうでん》・紫宸殿《ししんでん》を中心として繰り広げられるべき朝廷の儀礼は、それぞれの場となる建物の結構を前提として組み立てられており、公事再興の規模とすべく後醍醐《ごだいご》が撰せしめた『建武年中行事』や『日中行事』も、内裏《だいり》の構造を前提として構成されている。そこに後醍醐の「復正」の意図があらわれているのであって、後醍醐が大内裏の再建を計画したことは、公事再興と不可分の関係にあった。というのも、公事を真に正しく復興するためにはしかるべき舞台が必要とされたにもかかわらず、中世の京都にはそのための場が必ずしも十全な形で用意されてはいなかったからである。

平安京の内裏は幾度か火災に遭い、その都度天皇は京中の適当な邸宅を「里内裏《さとだいり》」と呼ぶ仮の皇居に定めて一時避難、内裏再建までの間をそこで過ごした。天皇が里内裏に住まっている間は、日常の儀礼や朝廷の公事なども、里内裏において、本来の内裏の構造に准え当てはめて遂行された。ところが時代がくだるにつれて、内裏の本格な再建は費用などの関係でしばしば滞りがちとなり、「皇居は里内裏」のほうが次第に常態となる。平安末期から鎌倉時代には、内裏が再建されてもなお、引き続き里内裏が居所として用いられる場合もあり、大内裏が安貞《あんてい》元年（一二二七）の火災以降再建を断念されたこともあって、天皇の居所にして儀式の場としての内裏は、もっぱら「内裏のつもり」の施設において代替されるようになった。鎌倉後期には花園《はなぞの》天皇の土御門《つちみかど》東洞院《ひがしのとういん》殿や後醍醐天皇の二条富小路《とみのこうじ》殿など天皇の代替わりごとに里内裏も移動したが、光厳天皇が父の皇居を継承して以降、北朝の内裏は土御門東洞院殿（現在の京都御所の位置）にほぼ固定されることになる。

　里内裏での公事儀礼が常態となった鎌倉後期以降も、そこで執り行われる儀礼は、里内裏の構造に合わせて細部をアレンジされながら、「内裏でやっているつもり」という建前をとり続けた。後醍醐天皇の大内裏再建構想は、「内裏」と「内裏のつもり」との間の距離を解消することによって、より完全な形での「復正」を実現しようという試みであったが、その構想とともに後醍醐の建武政権そのものが崩壊した後は、里内裏を舞台として、現実の空間構成そのままではなく、内裏の構造に見立てることによって、あたかもそこが内裏である「かのように」各種の公事儀礼を執り行うことが例となる。この「かのように」によって結ばれるモデルと現実との間の距離を測定しコントロールしようとする試みが、中世後期の古典学の展開の背景を形づくるのである。

里内裏の儀礼空間

現にそこに在る空間の構造が、儀礼が遂行されるべき本来の場とは異なっている。そのことは無論、そこで行われる儀礼の外形に関わるから、造作の差異はどうでもよいことではない。平安後期から鎌倉前期にかけて多くの天皇に里内裏として用いられた閑院殿は、数次の火災に遭った末に正元元年《しょうげん》（一二五九）には廃絶するが、里内裏の代表格として、後の里内裏造作のモデルとされ、文保年間《ぶんぽう》に富小路内裏が造営された際には、閑院殿との違いがあれこれと指摘され、細部の調整が施されている。もっとも、閑院殿の造作とても本来の内裏とは違うのだから、こだわりをどこへ向けたらよいのかは自明ではない。それでも「同じつもり」で儀礼を遂行するとなれば、結局はいかにして仮想的な空間における「かのように」の見立てを整えるか、ということになる。里内裏では、同じ建物の違う面をそれぞれ紫宸殿と清涼殿に見立てるといった方法がとられ、儀礼の場所が配当される。本来の構造を持った空間が、実際にはそこにはないからこそ、実践を繰り返すことによって仮想的な空間を人々の間に現前させるべく、儀礼そのものの定型性がより強く要求され、「見立て」の意味が実践の中で繰り返し確認される。

北朝の公事再興は、そうした条件のもとで試みられなければならなかった。そうした条件そのものは平安後期・鎌倉時代の里内裏における儀礼についても基本的に妥当し、例えば本郷恵子氏は「内裏は建造物そのものの威容によって他を圧倒するものではなく、細部に宿る故実の雅趣をみせつつ、多種の儀式の容れものとなることを期待されていた」と述べている（本郷「中世における政務運営と諸官司の空間」）。中世の朝廷においては、儀式書の中にしか存在しない「あるべき内裏」の姿をなぞりつつ、決められた手順に従って儀礼を遂行することが最重要であり、「建物は古の儀式書どおりの幻想を作り出す舞台に過ぎず、その都度、大道具や小道具、出演者がそろってはじめてしかるべき姿をあらわした」ともいう。人々が見立てに沿って動くことによって、そこに仮想的な内裏空間が現出する。重要なのは、そこに立ち現れる意味が、人々に正しく見えていることであり、人々に正しく見えていてこそ、そこに内裏が正しく顕現する。「実際にはないもの」が「正しく見える」ためには、欠落した情報が補われなければならない。見え方の揺らぎを制御して適切に関係づけ、いわば「同期する」ためには、安定した形式性がより強く求められ、きちんと形式化された記述は、その必要を充足するひとつの手段たりうる。そのための手がかりを与えたのが、儀式書や、あるいは王朝の盛時を描写した文芸作品であった。ここに、古典が実践的な意味をもって浮上する。

古典文芸作品の古典たる所以は、単に古さにあるのではない。それを参照軸として「本来の、あらまほしきさま」を想起する人々の回顧的視線を集め、規範としての性質を帯びてこそ、それは古典となる。この時期、王朝の儀礼空間を人々が行き交うさまを描いた『源氏物

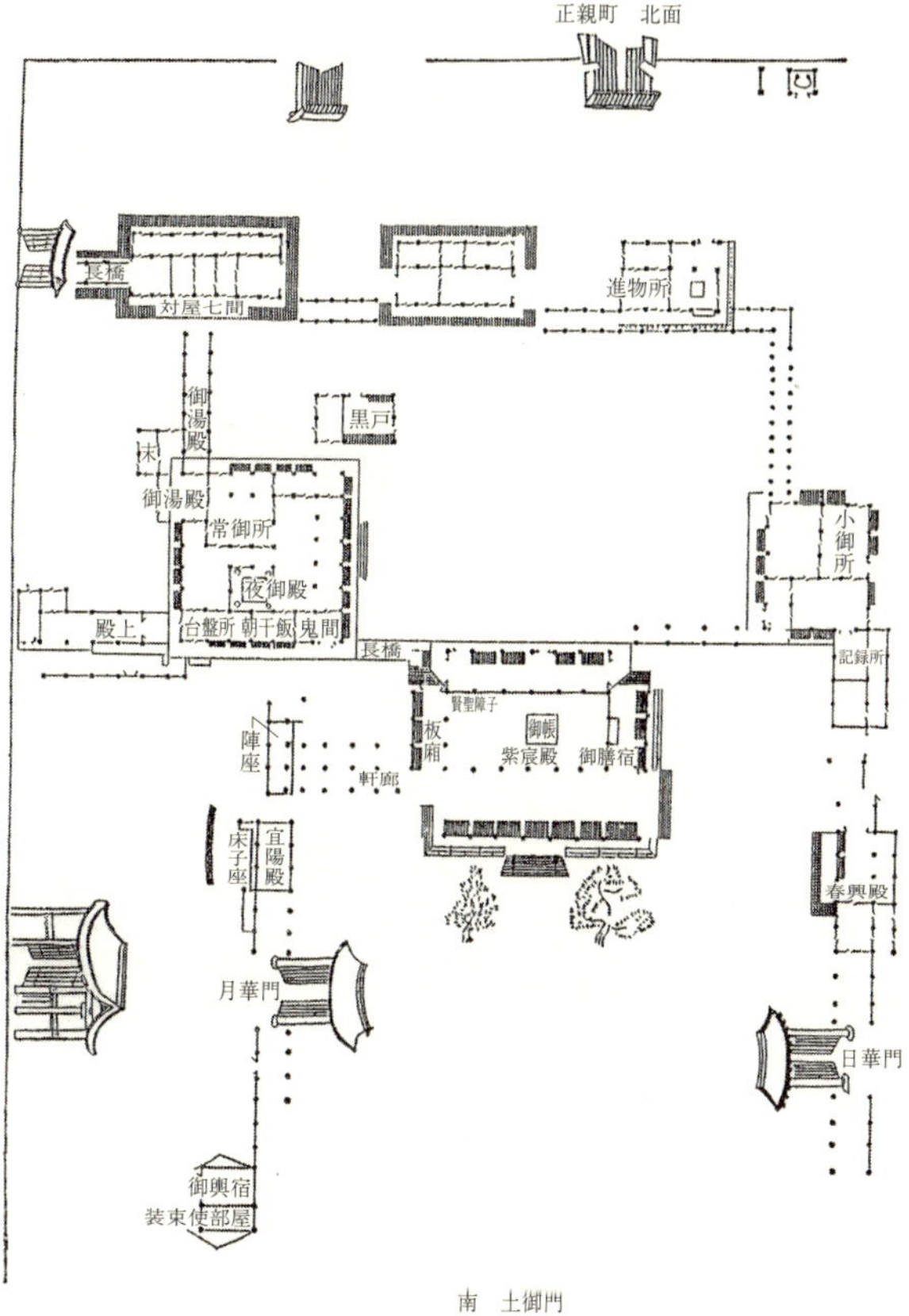

土御門東洞院・応永内裏指図　『福照院関白記』所収

に語』が、代表的な古典としての重要な位置を占めていたことが知られる。後醍醐天皇の代にも『源氏物語』に範をとった催事が見出だされる（三田村雅子『記憶の中の源氏物語』）し、やや後の足利義満の企図に『源氏物語』の主人公光源氏への自己投影を見出だす見解も示されている（後述）。王朝の空間と儀礼について共通のイメージを喚起し、現実の造作から人々の意識を引きはがして理想化された仮想的な世界に寄り添わせる、いわば「想起の依《よ》り代《しろ》」としての古典の作用が、そこに認められる。

二条良基の文芸活動にも、想起の依り代としての政治性がしばしば見出だされる。例えば貞治《じょうじ》五年（一三六六）に良基が催した「年中行事歌合」は、元日の四方拝に始まり大晦日の追儺《ついな》に至る朝廷年中行事や故実、宮中の設《しつら》えなどを主題として参加者に割り当てて歌を詠み合わせたものである。歌題の選定に際しては『江家次第《ごうけしだい》』『禁秘抄』が参照され、さらに一首ごとに判詞と評釈を以て歌題の行事に詳細な解説が加えられている。判詞には『源氏物語』が頻繁に引用され、古典に寄り添う年中行事解説書として、後世、一条兼良《いちじょうかねよし》の『公事根《くじこん》源《げん》』などにも大きな影響を与えることになる。

京都では、貞治・応安年間あたりから、周辺情勢の安定に伴って文運隆盛が兆し、古典をめぐる学問が展開するが、そこでも良基は主導的な役割を担った。そして、良基の政治性を帯びた構想を示す文業の極例が、公事復興が成った仮想の公家社会を描いた『思ひのままの記』ということになる。古典に沿って思い描かれたフィクションの中で理想の時代を顕現させ、そのことによって、復興構想の具体的な目標を示す。それがフィクションであればこそ、また本来の内裏と現実の里内裏との間の距離が自覚されるからこそ、復興は意識的に企図されることになるのである。

かくして、王朝の盛時のあらまほしきさまに具体的な描写を与えた古典が標準化され、人々が世界を理解する際の枠組みが与えられる。古典の具体的な記述の中に見出だされるモデルが公家文化の自己イメージを条件づけ、公事遂行に媒介されたその具現化へと人々を動機づける。「公家社会の盛時には本当はこうあったはず」という願望のこもった回顧の視線が「寝殿造《しんでんづくり》」の幻想を生みだしたこと（京楽真帆子「『寝殿造』はなかった」）は、その一例であろうし、ややくだって応永年間に焼亡した土御門東洞院内裏の造営が行われた際、清涼・紫宸両殿の造作など内裏の旧制に近づける努力が払われたことも（二〇九頁の応永内裏指図参照）、いわば文芸復興の成果を示すものであったろう。

下級官人たちによって孜々《しし》として営まれていた、費用調進・会場設営・用具調達・記録などさまざまな実務の上に立ち、公事を通じて実務に意味を付与すること、その「公事遂行装置」を適切に稼働させること、そのために儀礼的パフォーマンスを通じて仮想的な内裏空間を現前させることにこそ、この時期の朝廷の実質が見出だされる。それは、古典を現前させる営為として形づくられるのである。

南朝の存立の困難

南朝の存立の困難もまたここに見出だされる。南朝が朝廷としての儀礼を遂行しようにも、京を遠く離れた場所に内裏空間を現前させることは容易には叶わない。そこでは、京都へと空間を架橋し古典の世界へと時間を架橋する、二重のフィクションが必要とされることになる。加えて、儀礼の設営や進行の実務を支えるべき下級実務官人の不在も指摘されるところで、そのことは、朝廷の作動の実質的な部分の担い手を欠いた南朝の、その名にかかわらず実は内裏空間を現前させることの能わない、自立した運営をできない実態を、暴露している。

そもそもこの時代を「南北朝時代」と呼ぶのは、中国漢王朝と隋王朝の間の時期（三〜六世紀）、華北・華南それぞれに王朝が建ち覇を競った時代を「南北朝時代」と呼ぶのに倣ったものである。だがここで注意すべきは、中国の「南北朝」が、例えば南の宋朝と北の魏朝という、それぞれに宮都を構え版図を持った南北二朝が対峙し天下の覇を競った情勢を指すのに対し、日本の「南北朝」は「南北二つの王国の争い」ではない、という点である。平安京に都をおく「日本」王朝の存在を前提に、この王朝に君臨する地位をめぐって、二人の「天皇」とその近臣たちが、互いに他を「偽」と名ざして相争う、いわば政権抗争である。それぞれが完結した二つの王国が版図を争って対立したのではなく、「公事遂行装置」が京都に存在することを前提として、この装置にアクセスしコントロールする管理者権限をめぐって両統が争ったのが、「南北朝の争い」であった。

森茂暁氏は『新葉和歌集』に収められた南朝関係者の和歌の詞書に「朝拝」や「諒闇《りょうあん》」の語が見えることなどから、南朝でもそうした儀礼が行われていたとし、他の各種の公事儀礼もそれなりに行われていたのではないか、と推測している（森『南朝全史』）。しかし後村上《ごむらかみ》天皇の作歌に寄せて「朝拝」の語を用いた詞書は、それが行われたことを述べているのではなく、「朝拝のこゝろ」を歌ったことを述べているにすぎない。また、後村上天皇没後の「諒闇」をもって公事儀礼の存在を推し量るのにはやや無理があろう。

正平一統の際にも、朝廷経営の要となる官について手当が整わず、北朝方からの参仕によっている。「京都御沙汰」による公事執行はいったんとどめて延引を命じるなどの指示は出すものの、要々の行事を独自に遂行する用意はない。『太平記』にも、延文《えんぶん》・康安《こうあん》ごろ（一三五〇年ごろ）の話として、「今年ノ春マデ南方ニ伺候シテ候シガ、天下ヲ覆《くつが》ヘサン事モ守文ノ道モ叶《かなう》マジキ程ヲ至極《しごく》見透シテ」南方を離れた「儒業ノ人カト見ヘツル雲客（貴族）」が登場している（巻第三十五）。儒学を業とする人の「守文ノ道」とは、先代より引き継がれた家業の維持継承に他ならず、廷臣としての存在の意味は、公事の場にこそ見出だされる。中世を通じ、都は常に京の地に在った。公事儀礼を通じて文明世界が顕現し、人々が公事儀礼への参加を通じて役割を果たすべき場も、京にこそ見出だされたのである。

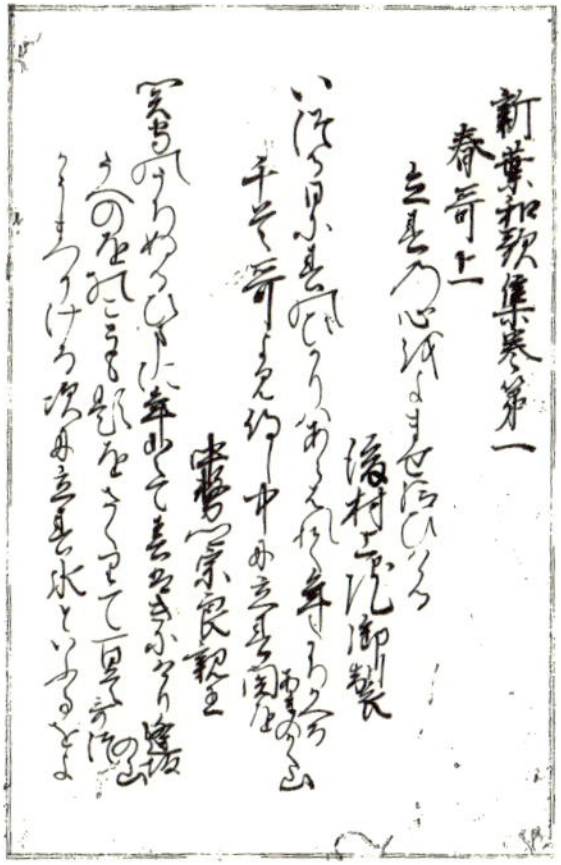

『新葉和歌集』　写本の巻第一の冒頭。国立公文書館蔵

ただし、後村上天皇の代には、歌会はかなり頻繁に催されたようである。京の地に思いを寄せた歌が数多く詠まれ、それはやや後に宗良親王《むねよし》によって編まれ長慶天皇《ちょうけい》によって勅撰《ちょくせん》に准ぜられた『新葉和歌集』に結実する（井上宗雄『中世歌壇史の研究　南北朝期』）。なかでも「年中行事三百六十首」のように公事祭礼を主題とした歌会の例が知られ、都で行われるべき催事を想起させる働きをもった点、二条良基の「年中行事歌合」と相通じるものがある。また、『源氏物語』研究は南朝方においても盛んであり、中心的な位置を占めた花山院《かざんいん》長親《ながちか》（耕雲）は、南北朝合一以降は足利義持《よしもち》に迎えられ、その源氏注釈は京都公家社会に継承されることになる。そうした文業に期待されたであろう古典の想起力は、二条良基の文業にも通ずるものがあるが、文芸において語られた古典のイメージに具体的な形を与えるメカニズムの欠如が南朝方の文業の限界を画し、その限界の中で自己完結し高度に形式化された古典学を生み出したのである。

4　南朝代々

後村上天皇

そうした状況だからこそ、後醍醐天皇は、吉野に遷って以降も、常に京のほうを向き、京都奪還を夢見つつ、そのための戦略を構築しようと努めたのであった。皇子を各地に配置して経略にあたらせるなど腐心したものの、延元《えんげん》四年（暦応《りゃくおう》二、一三三九）八月十六日に、遂に京都回復の望みを達することなく死去した。『太平記』が臨終の遺言として伝える「玉骨はたとひ南山の苔にうづもるとも、魂魄《こんぱく》は常に北闕《ほっけつ》の天を望まんと思ふ」との一節は、南朝の位置づけを端的に物語る。

その死の前日、後醍醐は皇太子義良《のりよし》親王に位を譲ったとされる。すなわち後村上《ごむらかみ》天皇であるが、嘉暦《かりゃく》三年（一三二八）生まれの、まだ年若い少年であった。上皇という装置を欠いた南朝方では、天皇が没してしまえば新帝践祚《せんそ》の手続きは進行しないから、生前の譲位という形式をとらざるをえず、死を目前にして急遽とられた措置であったろう。具体的な手続き儀礼については、「ただ三種の神器を拝するのみ」としか伝わらない。

後醍醐の訃報が南都経由で京都にもたらされたのは同月十九日、後醍醐后新待賢門院から光厳院后宣政門院（後醍醐皇女）に通告があって事態が確認されたのは二十八日のことであった。武家は同日から七日の間雑訴《ざっそ》を停止したが、公家では廃朝（政務の停止）の沙汰がなかった。崇徳《すとく》院の例に倣ったというが、後醍醐は流刑に処せられたのではなく自らの意思で京都を去ったのだから準拠は不適切、との指摘があり、武家に遅れて九月一日より七日間雑訴をとどめ、さらに八日から五日間の廃朝とした。現天皇の養父光厳院《こうごんいん》の后の父だから天皇の外祖父に準ずる、との理屈が述べられている。

京都奪回の宿願を果たさず死去した後醍醐天皇の跡を嗣いだ後村上天皇は、繰り返し軍勢を動かし、正平一統の破綻以降も正平八年（文和《ぶんな》二、一三五三）、同十年、同十六年（康安《こうあん》元）と、前後四度にわたり実際に入京させている。その都度多大な犠牲を払って一時的に京都を奪還し、しかし周囲（とりわけ必需物資の流入路である近江）を固められると長くは維持できずに退却する。これを繰り返すごとに南朝方はその勢力を疲弊させていった。南朝方四度の入京の際の状況を、『太平記』が「宮方ニハ、今度京ノ敵ヲ追落ス程ナラバ、元弘ノ如ク天下ノ武士皆コボレ落テ、付順《つきしたが》ヒ進《まいら》センズラント思ハレケルニ、案ニ相違シテ、始テ参ル武士コソナカラメ」と描写している（巻第三十七）ように、勝ち馬に乗ろうとする武士たちも、次第に南朝方を見限ってゆく。

公家官人たちの多くは、京都争奪戦にかかわらず京都に住まい、公事遂行の仕組みの上にその位置を占め続けることに努めていた。そうした立場からは、南朝方が京都を回復するごとに公事が混乱・停滞し、基本的な営為の連続性が乱されることへの不安や嘆き、また北朝方に参仕していた公家たちに対する解官《げかん》・所領没収などの厳しい処分への不満が鬱積《うつせき》することは避けがたい。事実として営々と遂行され続けている公事の連続性を切断してしまうそうした措置が、京都の人心を南朝方から遠ざける結果ともなった。

長慶天皇から後亀山天皇へ

そうした中、後村上天皇は正平二十三年（応安《おうあん》元、一三六八）三月に摂津住吉の行宮《あんぐう》で死去した。その跡を皇子寛成《ゆたなり》親王が嗣いだ（長慶《ちょうけい》天皇）が、践祚の正確な日付も手続き儀礼についても、知られるところがない。そもそもかつて践祚の有無をめぐる議論があったほどに、長慶天皇の事績については徴証が乏しい。また、後醍醐天皇が死去した際には京都でも対応が種々検討されたのに対し、後村上天皇の死去については特段の反応が見られない。後村上は正平一統に際し一時的にとはいえ「主上」として京都に君臨したことがあり、その点を捉えれば「先帝」といえなくもないが、そのことは忘れられたかのように、京都ではその死は「南方主住吉殿」の死として地味に報じられ、後継者に対する関心も示されていない。

　やや後の十五世紀前半、後小松《ごこまつ》天皇の命によって原型が編まれたとされる『本朝皇胤《ほんちょうこういん》紹運録《じょううんろく》』（飛鳥井《あすかい》家本）には、「義良親王」（後村上）は「南方偽朝ニ於テ君主ト称ス」と注記されており、「寛成親王」（長慶）についても「南方ニ於テ自ラ立ツ」とあって、いずれも僭主《せんしゅ》として扱われている。編纂の経緯に鑑みれば当然というべきではあろう。

　この頃になれば、南朝との関係をそれなりに視野においていたのは、むしろ武家のほうであった。京都と外部とをつなぐ回路の担い手としての武家の立場にもよろうが、後村上天皇の代の末期に数次にわたって「和睦」「合体」の交渉が試みられた際も、京都側で交渉の相手を務めたのはもっぱら武家であり、公家は表に立っていない。後村上・長慶と代を数えるにつれ、南帝の存在は京都の朝廷と関わりのない他人事、朝廷の営為の連続性の外にあるノイズとして、処理されるようになっていったのである。

　さて、長慶天皇は対北朝強硬派であったらしい。後村上天皇のもとでたびたび和睦交渉に臨んでいた楠木正儀《くすのきまさのり》（正成《まさしげ》の子）が、後村上死去後の正平二十四年には南朝方を離れて足利方に投降したことや、和睦交渉自体が長慶天皇の代には全く形跡をとどめていないことの背景に、後村上から長慶へ、対北朝姿勢の変化を想定することはできそうである。長慶天皇は弘和《こうわ》三年（永徳三、一三八三）ごろに弟の熙成《ひろなり》親王（後亀山《ごかめやま》天皇）に譲位したようだが、その前年に正儀が南朝方に復帰しており、この譲位の背景に、対北朝の方針をめぐる長慶・後亀山兄弟間の疎隔を推定する研究者もいる。後亀山登場の後もなお、長慶が政務を執ろうとしていた節もあり、ここに兄弟間の路線対立、あるいは南朝の一時的な分裂を想定する余地もあろう。上皇となった長慶院は元中《げんちゅう》九年（明徳三、一三九二）の「南北朝合一」の際も京都には戻らず、応永《おうえい》元年（一三九四）八月に死去の報が南都に伝えられた。

長慶天皇から位を譲られた後亀山天皇は生年未詳。『新葉和歌集』以降は南朝歌壇の動静を伝える史料に乏しいことなどもあって、在位中の事績について知られるところは少ないが、後亀山天皇はやがて足利義満との交渉に応じて出京、北朝後小松《ごこまつ》天皇に三種の神器を伝え、「南北朝時代」の幕引き役を務めることになる。

後醍醐の京都出奔から後亀山の出京までの間、南朝諸天皇は吉野・賀名生《あのう》・住吉さらに河内金剛寺など各地を転々とし、本格的な内裏の造営は試みられていない。南朝の在所はあくまでも行宮《あんぐう》すなわち行幸中の仮の在所であり、京への帰還を予定しているところにこそ南朝の存在意義があった。京都を離れて立ったところで既に決定的なハンデを負っていた南朝は、公事遂行の場としての京都の奪回を追求することによってこそ存立しえたのだが、それすら次第に現実味を失っていったのであった。

「南北朝の争い」の構造

それでも南朝が相当の期間存続しえたことの背景には、「南北朝の争い」が、単一の戦争ではなく、天皇位をめぐる争いと連動したさまざまなレベルでの家督争いによって構成されていたことがある。ステイタスや家財を劣化させたり分割したりせず家格・家産として次世代に単系継承するシステムとしての家は、そもそも自生的に形成されたものではなく、主君に対する奉仕の役割を担うことを契機として成型された。公家社会では十世紀ごろ形成の緒につくが、傍系の分出を抑制して直系を生み出し維持する自生的なメカニズムを必ずしも伴わないために、主君から供給される「家督安堵」のような仕組みを導入することによって、包括的な継承と直系への収束を促す条件づけが補塡され、それが家の成型過程において重要な意味を持った。

吉野朝宮趾と金輪王寺　吉野町観光課提供

　しかし、条件づけの供給源が複数存在することは、このプロセスに攪乱要因として作用するのであり、皇統の分裂・対立は、そうした事態を惹起する。大覚寺《だいかくじ》・持明院《じみょういん》両統が分裂し皇位を争う鎌倉後期以降の状況下、近衛家や洞院家、二条家などでは、家督をめぐる兄弟叔甥間の争いから、一方が大覚寺統につけば他方は持明院統につくなどして家系の分裂が生じている。寺家でも醍醐三宝院における地蔵院流対報恩院流の関係が両統の争いに重ね合わされるなど、分割不可能な同じポジションを争う妥協困難な闘争が、皇統をめぐる争いを軸として展開されることになる。

こうした事態は、武家や武士たちにとっても無関係ではない。武士社会においても、鎌倉時代を通じて、公家のそれをモデルとした家の形成が萌しており、公家社会におけるのと同様のメカニズムが作用する条件がそれなりに整っていたためである。

実際、足利家の内紛から生じた観応《かんのう》の擾乱《じょうらん》が正平一統《しょうへいいっとう》という事態を生んだように、自分たちの争いを両朝の対抗関係に事寄せて意味づけようとする武士たちによって、南朝はその価値を発見される。京都を遠く離れた地方でも、所領争いなどローカルな権益をめぐるローカルな戦いが「南北朝の戦い」に関係づけられることによって、戦いの意味が同定され、合従《がっしょう》連衡《れんこう》の契機が与えられる。戦いに意味を付与するそうした仕掛けがあちこちで再生産され、ローカルな戦いがローカルな局面で完結せず、中央における政治と関連づけて意味づけられることによって、中央から地方へと政治状況が波及する仕組みが形づくられる。しかも、同型の仕組みの上で代替物が用意されていることによって、仕組みそのものと対決することなく対抗手段をとることが可能となり、仕組みそのものは所与の前提として再帰的に強化されることになる。

だが、大覚寺統が南朝として分離されて京都から距離をとり、その距離が次第に埋めがたいものとなってゆくにつれ、京都社会内部での代替物としての価値は低下する。南朝は京都、とりわけ公家社会における問題処理のための条件づけ供給の仕組みから排除され、事実上「朝廷・幕府体制」へと収束し正則化された仕組みのもと、それぞれの生態学的位置を占める役割が家として固定され直系継承の対象になってゆく。やがて天皇の位置づけも家としての構造を獲得することになるが、その経緯は第三章で扱う。

第二章　足利義満の宮廷

1　公家としての義満

京都人義満

貞治《じょうじ》六年（一三六七）十二月に二代将軍足利義詮《よしあきら》が死去すると、長子義満《よしみつ》が後継者として立ち、翌応安《おうあん》元年に征夷大将軍に任ぜられた。将軍任官の時点で官歴を歩みはじめて間もない少年、暫くの間、幕政に関しては管領《かんれい》細川頼之《よりゆき》が、公家との関係については二条良基《にじょうよしもと》が、それぞれ補佐教導の役割を務めることになる。この間、内乱から平時への移行の局面では、細川頼之の政権構想が重要な意味を持ったようだが、本書の主題との関連では、公家社会の活性化を図り武家の内部化を目論んだ二条良基の企図が重要である。

公家社会への本格的参入には消極的であった父義詮と対照的に、義満は公卿《くぎょう》としての実質的な職務に積極的に携わっている。貞治五年（一三六六）に九歳で従五位下に叙されて官歴をスタートした義満は、応安六年（一三七三）には参議《さんぎ》左中将となって公卿に列し、さらに累進して永徳元年（一三八一）には内大臣となった。永徳元年正月の白馬節会《あおうまのせちえ》では外弁《げべん》（門外の儀式進行を務める公卿）の上首を務め、左大臣に任じた永徳二年以降は節会の内弁《ないべん》（門内の儀式の進行を司る公卿）をたびたび務めるなど、公卿の上首として朝廷の儀式・政務を差配するようになる。

義満はまた、永徳元年に内大臣に任ぜられたのを機に、従来の「武家様《ぶけよう》」と呼ばれる意匠の花押《かおう》（サイン）とは別に、「公家様《くげよう》」と呼ばれる意匠の花押を用い始めた。暫くは事柄に応じて二つの花押を使い分けたが、やがて武家様を廃して専ら公家様を用いるようになる。統一の直接の契機は明らかではないが、この変化が、義満の、公家社会への内部化に対応するものであったろうことは、推察される。

義満の公家社会への内部化は、武家執奏《ぶけしっそう》手続きの停止にもあらわれる。従来の「朝廷・幕府体制」のもと、公家から武家への連絡は、院宣《いんぜん》や綸旨《りんじ》を伝達役の公卿に下し、それを武家に伝えるという形でなされ、武家から公家に対しては伝達役の公卿を通じて院・天皇に申し

足利義満像　東京大学史料編纂所所蔵肖像画模本

義満の花押　内大臣昇任後は上の武家様から下の公家様を用いるようになる。『大日本史料』より。東京大学史料編纂所提供

入れる（武家執奏）のが通例であった。公家社会の個々の成員から直接に武家へとアクセスすることは、通常の手続きとして予定されておらず、公家社会と外部の武家とをつなぐべく指定されたチャネルを介して接続されていたわけである。公家社会に対する武家の外部性を端的に表現していたこの仕組みが、義満が内大臣に任ぜられた永徳元年以降は用いられなくなり、義満は公家社会の伝達システムの内部に位置づけられることになる（家永遵嗣『室町幕府将軍権力の研究』）。

こうしてさまざまな局面で観察される父子の大きな違いの由来は、義詮が（その父尊氏《たかうじ》と同様に）鎌倉に生まれ、都の外で成長した後に京都社会の周縁部に参入したのに対し、義満は武家足利氏が京都に本拠を据えた後に生まれ、幼年の一時期に播磨《はりま》に疎開したことがあるとはいえ、おおむね京都社会の内部で、京都の文化に囲まれて成長した点に求められる。祖父尊氏・父義詮が公家社会において「鎌倉大納言」と呼ばれていたのに対し、義満にはその邸宅の所在地から「室町殿」の称が用いられたことは、この間の変化を端的に物語る。義満にとって京都は生まれ育ったホームグラウンドであり、京都の公家社会は異世界ではなく馴染みの隣人たちの世界である。義満を特徴づけるのは、武家としての存在よりもむしろ、官人としてのキャリアなのである。そして、官人としてのキャリアを積むために不可欠ながら父義詮には欠けていた素養、すなわち公家社会における振る舞い方を身につけてゆくにあたって、大きな意味を持ったのが、二条良基によるサポートである。

二条良基の思惑

足利氏は清和源氏の嫡流に近く、系譜上は王氏《おうし》に連なるとはいえ、京都公家社会の作法故実の上で確固たる位置づけを持たない新参者である。京都社会に生まれ育った義満とても、倣うべき父祖の例を欠き、公家社会でのキャリアを進めるごとに、事実上新例を開いてゆくことになる。その際、足利氏が武家として持つ存在感が、新例に対する抵抗を斥ける強力な作用を持ったことはいうまでもない。例えば義満は永徳《えいとく》三年（一三八三）に准三宮《じゅさんぐう》（准三后《じゅさんごう》、また准后《じゅごう》ともいう）の宣下を受けているが、太皇太后《たいこうたいごう》・皇太后《こうたいごう》・皇后の「三宮」に准ずる待遇を与えるこの称号は、摂関や、天皇の外戚などに与えられるのが例であり、義満への宣下は異例のことであった。これについて前内大臣三条公忠《さんじょうきんただ》はその日記に「左大臣で准后となるのは初めてのことではないか」としたうえで、「しかし今や武家のことについては、先規傍例は考慮されないのであるから、何ともいいがたい」と記している。

とはいえ、義満が新例を開いてゆくに際して、拠るべきものを必要としなかったわけではない。家格に基づく別は、官位昇進のパターンだけでなく、外出の際の装束やさまざまな作法礼式などにも及んでいたからである。義満が公事に臨んで適切に振る舞うために準拠すべきモデルとして用いられたのは、主として摂関家の例であり、その指南役を務めたのが二条良基であった。永和《えいわ》四年（一三七八）に右大将に任じ、その拝賀奏慶を翌年になってから摂関家の例に倣って行ったあたりから、義満は良基の邸をしばしば訪ね、また良基をたびたび自邸に迎えるなどして、公家社会における作法の指南をうけている。良基はこれに積極的に応え、和歌・連歌や管絃など文化教養の面でも義満を指導し、公家社会へのガイドの役割を果たして「大樹《だいじゅ》（将軍）扶持《ふち》の人」と称された。

公家社会の作法の上で摂関家に准じた高い格づけを獲得した義満は、王氏の筆頭たる源氏の第一人者として、永徳三年には、従来は村上源氏嫡流久我《こが》家に伝えられていた源氏長者やそれに付随した淳和奨学両院別当職にも任ぜられた。以来、両院別当には足利家当主が就くことが例となり、これがくだって徳川氏にも踏襲されることになる。足利義満に与えられることになった「摂関家に准ずる格を持つ源氏長者」という位置づけは、京都社会の内外で大きな存在感を持つ武家を、公家社会の構造に準拠して正則化し内部化する効果を持った。義満はその立場上、「公事政務の維持遂行」という基本プログラムを他の公家衆と共有し、武士たちをそれに服せしめるよう動機づけられることになるのであり、それは、公家文化のもとに武士たちを馴致《じゅんち》することによって公事再興を図る良基の構想に、ひとまずは適《かな》うものであった。

良基の企図は、「天子の師範」として天皇を補佐し公事政務を領導する摂関家の役割を実質化する方策として構想されたものだが、ここに「二神約諾」思想の変奏を想定することができるかもしれない。ここでいう「二神約諾」とは、皇祖神天照《あまてらすおおみかみ》大神と藤原氏の祖神天児屋根命《あめのこやねのみこと》との間で交わされたとされる約諾であり、『日本書紀』に見える所伝が十二世紀に九条家出身の慈円《じえん》によってあらためて着目され、中世摂関家とりわけ九条家流の周辺において、摂関家の立場役割を根拠づける言説として浮上する。天照大神の子孫（天皇）による支配を天児屋根命の子孫（藤原氏）が輔《たす》けることをそれぞれの役割として定めたこの約諾を、基本プログラムとしてあらためて見出だすことによって、藤原氏は、公事政務の主宰者ではなく補佐役としてのアイデンティティを確認することになった。

二条良基の述作にもしばしば「二神約諾」思想の反映が認められるが、こうした構図の中に義満を置いたときには、やや微妙な問題が生じる。作法のモデルを摂関家に求めたとはいえ、義満は摂関家と役割を同じくするわけではない。良基が義満に期待したのは、二条家と摂関のポジションを争うライバルとなることではなく、棲み分け可能な別のポジションを占めつつ二条家（摂関家）と協働的な関係に立つことであった。公事政務のシステムの再建の中心を占めることを義満に期待し、それを輔弼《ほひつ》する役割を良基自身に振りあてることによって、公家政務の中心を占める義満と、それを輔ける良基、という関係が、約諾の変奏として浮かび上がる。ここでは、義満の位置づけが、摂関家の補佐をうける天皇の側に寄り添って再構成されることになり、そのことはやがて足利氏と天皇との関係に微妙な影を投げかけることになる。実際、二条良基が嘉慶《かけい》二年（一三八八）に没した後も、義満の企図はさらに進行し、やがて摂関家以上の家格を求めて、法皇に準拠した作法形成へと進み、院や天皇との間に極めて微妙な緊張関係を形成することになる。

後円融の抵抗と挫折

この局面、公家社会において存在感を増しつつある義満と直接に対峙することになったのは、義満と同年齢の後円融《ごえんゆう》天皇であった。後光厳《ごこうごん》流と崇光《すこう》流との対立状況の中、父後光厳院の譲りを受けて践祚した後円融天皇は、院政を敷いた父上皇が応安《おうあん》七年（一三七四）に死去すると親政を執り、さらに永徳二年（一三八二）に皇子幹仁《もとひと》親王（後小松《ごこまつ》天皇）に譲位した後は「南北朝合一」後の明徳《めいとく》四年（一三九三）四月に死去するまで、形式的には院政を敷く。しかしこの間に義満が台頭し、公家社会における声望と権能をめぐって、後円融天皇との間で厳しい緊張関係が展開される。この緊張関係は、義満が占めようとした地位が、天皇ないし上皇と競合する側面を持っていたことを示す。同じ生態系の中で同様の位置をめぐる競合関係だからこそ、それは厳しいものとなる。

後円融自身がこの事態をどのように認識していたのかは必ずしも明らかではないが、公家社会における自身の立場に危機感を抱いていたには違いない。後円融は早い時期から、義満と親しい二条良基に対しても警戒的であり、また天皇への請願を通すため義満の周旋に頼ろうとする者に対してあからさまな不快感を示すことがあった。後小松天皇に譲位するころには、後円融と義満との関係は悪化の一途を辿っており、新帝の即位儀礼の日取り決定など準備の差配はもっぱら義満・良基の主導で処理され、蔑《ないがし》ろにされた後円融は臍を曲げて奏上を無視しようとしてはみたものの、その意を通すことはできなかった。廷臣のうちには、その日記に「武家の意向に乖《そむ》いては何もできないだろうに」と冷ややかな評言を記す者もあり、明けて永徳三年（一三八三）正月の後光厳院忌日の仏事には、義満の意に違うことを恐れた公卿たちは、憚《はばか》って誰も参内しなかったという。

　そして決定的な事件が生じたのは同年二月、前年末に出産したばかりの后三条厳子（後小松母）を後円融院が打擲《ちょうちゃく》して傷を負わせ、さらに愛妾按察局《あぜちのつぼね》を義満との密通を疑って出家させたのである。厳子についても、義満との関係を疑っていたのではないか、と推測する研究者もいる。この一連の事件をめぐって京中には種々の噂話が飛び交い、義満による処罰の可能性の噂に怯え逆上した後円融院は自殺をほのめかして宮中の持仏堂に籠る騒ぎとなったが、母崇賢門院のとりなしでようやく落ち着き、按察局一件についても義満が身の潔白を誓う起請文を差し出して体裁を整えて落着した。

後円融天皇像　雲龍院蔵

　この事件を機に、義満に対する後円融の抵抗は頓挫し、公家社会における両者の声望の差異、従って力関係が、明らかなものとなる。公家社会の中心を占めるに至った義満は、嘉慶《かけい》二年（一三八八）にいったん左大臣を辞した後、応永元年（一三九四）十二月に将軍職を子の義持《よしもち》に譲り、太政大臣となって官を極めたが、翌年六月には辞官出家して法諱を道有、後に道義と名乗った。さらに応永四年四月には室町殿を義持に譲り、京都北西の北山邸に移った。この地の名をとって、義満は以後「北山殿」と呼ばれるようになる。

　オフィシャルな官位を持たなくなった「北山殿」義満は、天皇・上皇と廷臣たちとの間のメッセージ伝達を担う「伝奏《てんそう》」という仕組みを利用して、公家社会ないしその周辺に対するコントロールを掌握した。廷臣たちから天皇・上皇への奏上を取り次ぎ伝えることが「伝奏」の原義だが、この取り次ぎ役を担う公卿をも「伝奏」の名で呼び、天皇・上皇の「仰《おおせ》」を奉者として各所に伝達する、逆方向の伝達役をも担う。この際に用いられる文書形式を「伝奏奉書《てんそうほうしょ》」と呼び、天皇の「仰」を奉じた場合には「綸旨《りんじ》」、院の「仰」であれば「院宣《いんぜん》」を伝える機能を持つことになるわけだが、義満は自らの意思を「仰」としてこの仕組みに乗せることによって、公家社会に対して天皇・院に准ずる「仰」供給主体として振る舞ったのである。この方式は、公家社会のみならず武家に対する指示命令伝達にも用いられ、将軍義持のもとにある武家や、武家に従う武士たちは、「仰」伝達システムのもとに組み込まれ規律されることになる。

後円融院についでその没後は後小松天皇という、主要な「仰」主体となるべき「治天《ちてん》の君」の存在にもかかわらず、現実には義満の「仰」がシステムの稼働を条件づけるというこうした事態を、「義満の院政」と表現する研究者もいる。公家社会の作動のスイッチが義満によって操作されるという実情に対応して、後円融院政の実務を支えた院庁の下級職員たちの多くは義満の政庁にリクルートされ、義満の「院政」を支える拠点を構成した。

従来、摂関家に准ずる礼式を用いていた義満だが、出家して官位を離れたことによってそうしたモデルからいったん自由になり、比叡山への出行の際の行粧《ぎょうしょう》や受戒《じゅかい》の作法、さらには公卿との間に交わされる書札礼《しょさつれい》など、ことごとに上皇に准ずる礼式を用いるようになる。当時の日記類には、義満の礼遇について「御幸ニ准ズ」「上皇ニ准ジ奉ル」「亀山法皇ノ御跡ニ摸フ」などとした表現が散見される。また、後小松天皇の生母厳子が応永十三年に没した後には、義満の妻日野康子《やすこ》に「北山院」の女院号を宣下させ後小松准母《じゅんぼ》としており、義満は天皇の准母の配偶者として恰《あたか》も天皇の「准父《じゅんぷ》」にあたる立場に立ち、この点でも上皇に准ずる格をもって、公家社会の人々の目に映ることになった。

後小松天皇像　雲龍院蔵

皇位についたことがないにもかかわらず天皇の「准父」として事実上の「院政」を執るという義満の立場には、実際の歴史に徴しても後堀河《ごほりかわ》天皇の父として院政を執った後高倉《ごたかくら》院の先例がある。しかし義満は光源氏を「先例」として意識していた、この局面では『源氏物語』が「現実政治の規範としての利用価値を持った」のではないか、という解釈も提示されている。義満が邸宅を構えた北山は、光源氏が紫の上を見出だした『源氏物語』所縁の地であり、そこに「源氏物語を強く意識した王権の物語が展開する場」が構築されたのではないか、とする評価もある（例えば高岸輝『室町王権と絵画』）。

とりわけ、応永十五年の後小松天皇北山殿行幸は、北山殿の主たる義満の存在感を際立たせる恰好の機会となった。天皇は多くの皇族・廷臣らを従えて二旬にわたり北山殿に逗留《とうりゅう》し、猿楽《さるがく》・舟遊《ふなあそび》・連歌《れんが》など種々の趣向を凝らしつつ華やかに繰り広げられた宴席を堪能した。一条《いちじょう》経嗣《つねつぐ》の『北山殿行幸記』は、『源氏物語』のフレーズを

鹿苑寺金閣　1397年、義満が北山殿に創建した。1950年に焼失し、55年に再建

多く引用しつつこの盛儀を描写している。『源氏物語』の舞台設定や場面、登場人物を補助線として想起することによって、人々の認識は政治的な意味をまとった古典的構図へと強度に誘導される。古典への「准《なぞら》え」を伴って形式化された場を媒介として、人々の関係が『源氏物語』の古典的構図に沿ってあらためて措定される。そうした仕掛けを通じて義満は、天皇の「准父」的な位置に立つ自らを、光源氏を想起させつつ人々に示した。すなわち北山殿は、義満のステイタスを人々に誇示する「宮廷」として荘厳されたのである。

一方、節会など内廷の中核的な行事は、この時期にも土御門東洞院内裏において、後小松天皇に主宰されている。人事案件や雑訴《ざっそ》裁許などの政務は、内裏の朝儀から切り分けられて北山殿において処理され、天皇のもとには儀礼的な公事が残されるという、このことを一見すれば、天皇が政治的な実質を喪失しその存在は形骸化した、と解釈することは容易と思われよう。もとより、儀礼的な公事が重要でないわけではなく、この事態は、公家社会に同期の契機を供給する天皇ミニマムの役割があらためて析出され、義満との役割分担が措定されたことを意味するが、いずれにせよこの局面で天皇に期待されるのは、自由意志を持った政治的主体として振る舞うことではなく、しかるべき作法に則ってその役割を整斉と務めることである。役割・作法の具体相は周囲を固める人々との関係において措定される。周囲の期待を満たし生態学的位置を的確に埋めてこその天皇なのであって、後円融のようにその枠を超えて我を通そうとしても、意味を持たなかったのである。

とはいえ、義満と天皇に主宰される仕掛けが、公家社会の人々にとってそれぞれどの程度の重要な意味を持っていたのかは、実は容易には測定しがたい。この役割の切り分けが義満没後の政治的遺産の配分に与えた影響にも、興味深いものがある。

2　武家の位置づけ

エージェントとしての武家

こうして、義満は公家社会において天皇と並ぶ枢要な位置を占めた。そこへ至る過程で、義満が武家を従えている、という条件が大きな意味を持ったには違いない。公家社会自身は武力を備えておらず、武士たちの武力に同じ次元で対抗する手段を持たない。しかしそのことは、武力を持つ武士たちがこの世界において政治的優位に立ち公家を支配することを、直ちに意味するものではない。この世界において、武力が直截に政治的な意味をもつことは、少なくとも正則な事態ではないし、義満にとって政治的資源となったものも、武力の直接的な効果ではない。

組織化された武力は確かに大きな意味を持つが、散在した個々の武力の効果はしばしば互いに対抗し打ち消し合い、社会秩序を広い射程をもって条件づける作用を持たない。ここで重要な社会財となるのは、武力そのものよりもむしろ、それを整序し組織する仕掛けである。族縁や主従など個人的な関係を機縁としたコネクションの積み重ねから、広範囲にわたる整合的な政治組織が析出される過程は単純なものではなく、そこには関係づけの条件の質的な転換が介在する。武士たちを組織化したのは、武力の自己運動ではなく、武力の直接的な効果を抑制し制御する外的な仕掛けであり、武力の効果は、武家・守護という仕掛けを通じて組織されてこそ政治的な意味を持った。

前述したように、「武家である」ことと「武士である」ことには文化的な含意が付随し、そのことが、京都の文明世界へのチャネルを扼《やく》する武家が武士たちに及ぼす求心力の重要な一部を構成した。このチャネルを通じて、武士たちの活動が京都社会に与える効果を翻訳し制御する装置が、公家社会の作法に沿って設営される、そこには公家社会と義満との協働関係が存在し、武士たちに対する影響力を持った義満を公家として取り込むことによって、公家社会は武士たちをその仕掛けの中に文化的に取り込む。結果として、武力の直截な政治化はいったん抑制されることになる。

そこで、『建武式目』において「上古《じょうこ》の吏務《りむ》」に准《なぞら》えられた守護《しゅご》が、あらためて重要な役割を担うことになる。各国に配置された守護は、情勢の安定に伴い、東国・九州を除き在京を原則とするようになるが、現地には守護代《しゅごだい》を首長とする守護所が置かれ、これを拠点としてその周縁に求心的作用の媒質となるべき在国の武士たちが編制される。守護所を構成するスタッフは主として守護被官から成るが、国衙《こくが》在庁官人の系譜を引く者がまま見られる。国衙の機能が守護所によって吸収される過程については、必ずしも明確な像が描かれてはいないが、この間の局面において、国衙機構と守護との関係は対抗的でなく、国内の秩序の求心点たるべき国衙機構の実質を武士たちが充足する形で、「国方」の仕組みの実態化が進行したのではないかと思われる。

京都においても、管領《かんれい》・奉行人ら武家のスタッフはしばしば義満のもとに伺候してその指示を仰いでおり、武家は将軍義持《よしもち》を名目上の首長としながらも、実質的には義満の意を体して作動するエージェントとしての様相を呈する。一方で義満のもとには後円融《ごえんゆう》院庁から横滑りした官人たちが多数伺候して「義満の院政」を実務面で支えており、そうした条件のもとで、武家の機構と、公家政権の京都市中統治機構との機能的接合が進行する。例えば従来検《け》非違使《びいし》庁に担われてきた京都市中の警衛に関わる業務が武家侍所所管とされたことについて、公家による市中行政権が武家に接収された、と説明されてきたが、この間の経緯は、権限争奪などといった対抗的な関係ではない。検非違使庁の現場業務を担った下級職員が侍所の実働部隊と事実上一体化して、京都市中の治安維持の任を一括して担う部局が構成されたことを意味し、それはつまり上述の事態の帰結である。

こうして、公家と武家とは京都の文明世界を共通の中心として共有し、政治の基本的な条件を共有しつつ、それぞれの役割を分かち合うことになる。このことは、武家が義満のもとに従属し、公家の政務機構とともに義満政権の下部機構として位置づけられたことを示唆する。武家はそのエージェントとして義満の、従って公家政務の意図によって条件づけられる、従属的な立場に置かれることになる。

京都の地政学的位置

そもそも、京都における朝廷の存立は、この地が日本の中心都市として持つ文化的・経済的に特異な位置に、強く依存する。古代・中世の日本は平坦な世界ではなく、京都に鎮座する王朝「日本」との求心的な通交関係によって構造を与えられて存立した。王朝「日本」の所在地たる京都は、輻射状に形成された仕掛けの中心を占め、この世界に構造を与える種々の情報の発信源としての位置を占める。この輻射状の仕掛けは、それに沿った財の定常的な流れを伴い、それが政治の基礎的な条件となる。京都には各地から財が集中し、公事への関与を通じて再配分され消費されるという、そのことを前提として、周縁各地での財の生産と流通の仕組みが構築されることになる。

やや時期をくだって十五世紀中葉、とある大寺院向けに年貢が到来した際のこと、荘園現地に確認すると、現地では損亡のため年貢を送っていない、という返事が返ってきた。では到着した年貢はいったい何だ？　どこかと紛れたのだろうから人を遣わして確認しなければ、という話に展開したことがある（「東大寺文書」）。中世後期の「領主」の多くは、各地に所領を有しているとはいえ、自身の所在は京都・南都周辺に集中し、かつ多くの場合、所領の経営は現地周辺の武士や守護被官、あるいは専業化した請負代官などに委ねており、領主と所領の間の個別的な関係はいったん切断され、別の仕組みによって再接続されている。年貢が領主のもとに送られてくるという事態は、個々の所領からの送進によってではなく、周辺から中央へ財が送られるという求心的かつ定常的な流れの中にいったん還元され、それが再配分される、という仕組みによっているのである。

この再接続・再配分の仕組みには、請負代官をはじめ運送業者や金融業者、さらには米商人など、さまざまな人々がさまざまな形で関与し、剰余再配分の仕組みを稼働させつつそれぞれの取り分を獲得している。コスト配分を含めた剰余再配分の仕組みが、求心的な構造を所与の条件として定常的な財の流れを維持し再生産する。そして、朝廷の構成員や周辺の人々は、この仕組みの上で年貢の受け取り手である「領主」という位置を占めることによって、その取り分の配分に与るのであり、それゆえその「領主」としての存立は、こうした求心的な経済構造と不可分の関係にある。その仕掛けの維持のためにはそれなりのコストがかかるとしても、領主たちはそうした仕掛けに依存して年貢の（ある程度の）確保を期待しうる。各地から中央へ向けて財が流入する仕組みが、そうした経済構造を埋め込んで成り立つ政治の条件を形づくっている。

京都のこうした位置づけは、公家社会の存立の生態学的な基本条件であるが、京都という場を公家と共有する中世後期の武家の存立をも、強く条件づける。東国・九州を除く各国の守護が在京を原則としたため、在京の守護たちもまた、この求心的構造の維持へと向けた基本的な関心を共有し、そのための役割を分かち担うことになる。こうした仕組みの上で、人々の間には、生態学的位置の獲得をめぐり剰余再配分をめぐる利害対立が生じうるが、求心的な仕組みそのものの維持へ向けては大筋での合意が成り立つ。ここに、この時代における「都市」の存立条件が示されるとともに、京都を中心とした政治世界において共有される基本的な条件のひとつが見出だされることになる。

この仕組みにおいて、武家に担われた役割は重要である。京都と外部とを結ぶ回路を維持し定常的構造を維持すべく、武家はその指揮下にある武士たちを介して条件づけの再生産を担い、京都社会存立の生命線を扼することになった。武家が求心的構造の維持へと向けた関心を共有していることは、ここで決定的な重要性を持つ。公家と武家とはある意味運命共同体となり、公武を統合した政務機構が義満のもとに編成され、京都社会を統括し、日本の「国家」の中心を形づくったのである。

中心から周縁へと向かって「日本」の構造を条件づけるこの力は、一定の範囲に均質に及ぶものとは限らないし、必ずしも「日本」の全域に及ぶわけでもない。これがどこまでどのような形で及ぶのかは、「日本」という構造の特質や輪郭に関わる問題である。例えば東国・九州はそれぞれに異なるローカルな条件のもとにあり、そのことが「日本」の輪郭に微妙な影を落とすことになる。そのことはまた、中世後期の天皇の存立にとっても重要な意味を持つと思われるので、少し後にやや詳しく取り上げることにしたい。

3　南朝の接収

合一へ向けた交渉

京都の社会が義満の主導のもとにひとまずの均衡を見出だす一方、南朝は頽勢をあらわにしつつもなお南山に残されていた。とはいえ南朝に発するノイズはもはや公家社会内部を攪乱するものではなく、公家社会の関心は持明院統《じみょういんとう》内部の正統争いに向けられていた。ノイズの作用は京都の外部に存し、その攪乱効果に対する懸念は武家に存したと見られ、南朝後村《ごむら》上《かみ》天皇の代にはしばしば武家との間で事態の収拾へ向けた交渉が持たれている。その武家との交渉も、前述したように南朝長慶《ちょうけい》天皇の代にはいったん途絶したが、長慶から後亀山《ごかめやま》天皇へと譲位された後に再開される。

後亀山天皇が践祚《せんそ》したと推測される弘和《こうわ》三年ごろまでには、北畠顕能《きたばたけあきよし》（親房《ちかふさ》の子）や楠木正儀《まさのり》など、かつて南朝方として活躍した重要人物たちの多くが世を去り、あるいは活動の跡を絶っている。遠く九州では、征西将軍宮懐良《かねよし》親王（後醍醐《ごだいご》皇子）が武家方の九州探題に対抗し、明皇帝から「日本国王」に封ぜられるなどして存在感を示したものの、今川了俊《いまがわりょうしゅん》に博多・大宰府を奪われた後は頽勢を挽回できぬまま、弘和三年に死去している。かつて征夷大将軍として東国・信濃などを転戦した後醍醐皇子宗良《むねよし》親王も、『新葉和歌集』を撰進した弘和元年末以降の消息は知られない。かといって世代の更新は必ずしも順調ではなく、京都奪還の具体的な見通しも立たないという頽勢の中での、対京都強硬派と見られる長慶天皇の譲位は、南朝の路線転換を示唆する。義満政権の安定と対照的に先細る南朝の状況にあって、京都方に強いて対抗する意義は見失われ、あとは条件次第での妥協を目指すという、それは事実上不可避の選択であったろう。

合一へむけた具体的な折衝が再開されたのは、明徳《めいとく》三年（元中《げんちゅう》九、一三九二）に入ってからのことと思われる。武家方では、南朝方の根拠地と接する和泉・紀伊《きい》両国の守護大内義弘《おおうちよしひろ》が、父弘世《ひろよ》が一時南朝方にあったという事情もあってか、まず交渉の場を設定する役割を果たしたらしい。ついで南朝方からは後亀山天皇側近の阿野実為《あのさねため》・吉田宗房《よしだむねふさ》が交渉役に立ち、義満との間を神祇官の家である吉田（卜部《うらべ》）兼熙《かねひろ》が媒介する形で交渉が行われた結果、十月には合一の条件についての合意がほぼ固まった。

合一の条件と実際

その条件を要約すると、次の三ヵ条となる。①南朝方に伝えられた「三種神器」は「譲国之儀式」をもって北朝後小松《ごこまつ》天皇に引き渡す。②以後は「両朝御流相代」わりに皇位に就く。③天皇家領のうち諸国国衙《こくが》領は大覚寺統、長講堂領は持明院統が相伝する。経済的な問題である③はさておき、①②はいずれも皇位の正統性の解釈に関わる条件である。

「譲国之儀式」を執り行うという①の条件は、南朝後亀山天皇をいったん正統と認め、後亀山天皇からの譲位によって北朝後小松天皇に正統性が付与される、という解釈を前提としている。②の条件は、鎌倉末期の両統対立の局面で提案された両統迭立の再現を意味し、後小松天皇の次には南朝大覚寺統から天皇を出すという了解を含意する。いずれにせよ皇統としての南朝の正統な存在を認めることが、ここでの合意の基本条件であった。南朝方の主張をひとまず通す形となるこの条件をそのまま実現に移せば、北朝方の認識との間には深刻な対立を惹起し、京都の公家社会の攪乱要因となる。そのようなリスクを京都方が引き受けたことには、どのような背景があったのか。

実は、ここへ至る交渉の過程で、深刻な利害関係を持つはずの北朝方は、事実上、局外に置かれていたと見られる。交渉に参加した形跡も、合意条件について事前に打診されていた形跡もないばかりか、合一の後になっても了解が公家社会に共有された様子が見られない。例えば、合一の翌年に、後亀山に太上天皇《だいじょうてんのう》の尊号が贈られるが、これについて左大臣一条経嗣はその日記に「此《かく》ノ如《ごと》キ大儀、勅問ニ及バズ群議ニ決セズ、左右ナク治定スト云々」と記している。群臣のあずかり知らぬところで事実上決定されていたという後亀山への尊号宣下は、北朝廷臣にとってはかなり唐突な話であったようだが、実は、その議が持ち上がる前日に、後亀山は南朝皇太子であった弟の惟成《これなり》親王を伴って義満と会見している。会見の内容は明らかではないが、後亀山の側から合一の際の条件の履行を求められた義満が、廷臣に諮ることなく尊号宣下を決定し、対応を指示したのではないか、と推測する研究者もいる（森茂暁『闇の歴史、後南朝』）。いずれにせよ「治定」が義満の意向によったものであることは間違いない。これに対し廷臣の間では、皇位に就かず天皇の父でもない人物に尊号を贈ることの是非が議論となり、結局詔書の文面も「準的ノ旧蹤無シトイヘドモ、特ニ礼敬ノ新制ヲ垂レ、ヨロシク尊号ヲタテマツリテ太上天皇トナスベシ」と、前例のない特例であることを強調したものになっている。

経嗣はまた、「此《こ》ノ尊号、希代ノ珍事ナリ」として、後醍醐天皇の皇胤《こういん》を断絶させぬことへの批判を記している。後世にはこの尊号一件は「帝位ニアラザル人ノ尊号ノ例」として挙げられており、北朝方廷臣には、後亀山を天皇とし南朝を皇統とする認識は、合一の前にも後にも、なかったに違いない。

三種の神器の受け渡しにしても、「譲国之儀式」は実際には行われず、義満の命によって「文治之例《ぶんじ》」、つまり源平合戦の際に平家方によって安徳《あんとく》天皇とともに西国に持ち去られた神器が平家滅亡の後に京都の後鳥羽《ごとば》天皇のもとに返ってきた際の例、に準拠するとされている。これでは、皇位の受け渡しではなく、正統な天皇のもとから離れていた神器が本来の場所に帰還した、という解釈を許すことになる。さらに実際には「文治之例」そのままではなく、幾つかの儀礼が義満の命によって省略されており、その結果随分と軽い扱いになることについては、官人の間からも不審の声があがっている。

こうしたことがらに鑑《かんが》みれば、南北朝合一に関する交渉や条件設定はもっぱら義満の独断によるものであり、天皇や廷臣らへの打診・根回しはなされていなかった、という可能性が高いだろう。天皇や廷臣たちの想定の範囲外であったに違いないこうした条件を、そのまま公家社会において実現することは容易ではない。義満自身、南朝方に受諾可能な条件を提示し合一の実現に漕ぎつけたものの、後から双方の顔を立て辻褄《つじつま》を合わせるのに、苦心するところがあったのではないか。

たとい交渉が義満の独断によるものであり、条件の設定に北朝が関与していなかったとしても、ともかくも後亀山天皇はこれに合意を与え、明徳《めいとく》三年（元中《げんちゅう》九、一三九二）十月二十八日に神器を携えて吉野を出発し、奈良を経て、閏十月二日に嵯峨大覚寺に入った。このときの次第を記録した『南山御出次第』によれば、後亀山の出京に随行したのは、弟の「三宮」（南朝皇太子惟成《これなり》親王）、これも弟と覚しき「福御所」（懐成《かねなり》親王？）の他に、「関白近衛殿」（経家？）「阿野前内府」（実為）以下若干の公卿官人。これに「伯耆《ほうき》党六人」「楠党七人」などと記された武士たちが扈従《こじゅう》したにすぎない。神器が土御門内裏の後小松天皇のもとに届けられたのは同月五日のことである。

合一の舞台裏事情

独断の無理を押してまで南朝の接収に努めたことには、京都社会の外部における南朝の存在に対する義満の顧慮があらわれているに違いない。とりわけ、すぐ後に述べることになる九州の情勢、明皇帝との関係などが懸念された可能性はあろう。しかし、義満のそうした認識や懸念は、おそらくは北朝の人々によって共有されたものではなく、南朝の存在や処理の必要性について（あるいは京都外部の政治社会の構造についても）、義満と公家社会の人々の間に認識の不一致があったのではないかと推察される。

南朝接収の条件をめぐる北朝廷臣と義満との間の意思の疎通の欠如、思惑の違いは、そもそも後亀山を「天皇」として扱うのかどうか、という点に集約される。仮に「天皇として扱う」こととした場合に、そうでない場合と比較してどのような効果が生じるのか、必ずしも明らかではない。その点を曖昧なままに、北朝関係者の目には「偽主」として、後亀山自身の目には「天皇」としての解釈を許すかたちでの収束を、義満は意図したのであろう。そうした曖昧さは、神器受け渡しの儀式や尊号問題の顚末にも垣間見えるが、おそらく義満としても、予め細部まで周到に設計していたわけではなかったのだろう。そしてそこに生ずる皺寄せは、結局のところ旧南朝方に集まることになる。

例えば応永《おうえい》初年に、紀伊・若狭《わかさ》などの国衙《こくが》領の支配について後亀山上皇の院宣《いんぜん》によって指示が出されたことがあり、合一の条件として掲げられた三点のうち、少なくとも諸国国衙領の大覚寺統による管領については、ある程度は実行されたようではある。とはいえ、この間に播磨国衙領は持明院統から伏見宮《ふしみのみや》家へと伝えられ、近江国衙領は今出川《いまでがわ》家に相伝され、周《す》防《おう》国衙領は前後の時代を通じて東大寺の造営料所として知行されており、そうした国々の帰属について大覚寺統との間で問題になった形跡はない。

最も重要な条件であったはずの「両統迭立問題」は、明確な決着を回避される。後小松天皇の皇太子は、義満の在世中には決定されていない。合一の条件に照らせば、南朝皇太子が立てられるはずのところ、惟成親王は早くに禅院に入ったらしいが、持明院統から皇太子が立てられたわけでもなく、惟成親王の子成仁王や、後亀山皇子小倉宮など、大覚寺統から皇位継承を主張しうる人物は、なお明確に排除されてはいない。仮に大覚寺統からの立太子が企てられたとしても、後小松天皇や廷臣たちがそれを受け入れたとは到底思われないが、かといって合一の条件を公然と無視して持明院統からの立太子となれば、旧南朝方勢力の反発は必至であり、その波及効果にも懸念がある。合一の条件について、公家社会内部の抵抗を排除してまで実行に移す努力が払われたとは全く言いがたい反面、尊号問題に際して後亀山の要求にそれなりの配慮を払ったのと同様、義満は、いずれは爆発する時限爆弾を抱えながらも最終的な解決を先送りにし、当面の無事・平穏を既成事実として積み重ねようとしていたのではなかろうか。

嵯峨大覚寺に入った後亀山上皇は「南主」「大覚寺殿」と呼ばれ、周囲に僅かな近臣を従えるのみで、隠遁生活を送った。両統迭立の実現への期待をなお持ちつつ、後亀山上皇は公家社会には距離を置き、応永初年には出家して法皇となったようである。この間、少なくとも義満の代には、旧南朝方勢力の表だった反抗活動は見られず、その限りでは、義満の意図はひとまずは満たされていたといってよいのかもしれない。

合一後の旧南朝方

義満と北朝方関係者との間のそうした不一致は、大覚寺統の「皇統」としての扱いに専ら関わるものであり、南朝方廷臣の処遇については、とくに問題視された様子もない。当時の京都の政治社会は、南朝の存在をシステムの識閾《しきいき》に触れないノイズとして無視することによって、ローカルな均衡を実現していたのだから、そこにあらためて南朝方を正則な要素として取り込むことになれば、システムの均衡点はあらためて探り直されなければならなくなる。実際のところ、京都には南朝方廷臣が官人として位置を占める余地はほとんど残されていなかった。南朝方廷臣の処遇はそもそも合一の条件において触れられておらず、北朝方の人々にすればこの事態は、南朝と北朝という二つの宮廷が合したのではなく、宮廷から離れ適切な廷臣に伴われることもなくいわば裸に近い形でいた後亀山が、京都に帰還した、というにすぎない。帰還した後亀山が「もう一人の天皇」なのか「南方偽主」にすぎないのか、という点に解釈の紛れが残されていたとはいえ、いずれにせよこれによって廷臣たちの存立になんらの変化が生じるはずもない。実際、南朝方廷臣の官位は、京都では認められることなくたちどころに反古《ほご》の扱いとなる。

合一の交渉に携わった内大臣阿野実為はじめ、後亀山の出京に供奉《ぐぶ》した中納言六条時熙《ろくじようときひろ》や権大納言三条実兄らも、京都では任官することなく、嵯峨に隠棲した後亀山院に近侍した。実為の子の公為も後亀山院に近侍し、任官はしていない。南朝に仕えた官人たちのほとんどは、北朝方で新たに官位に就くこともなく消えていった。ただし、公為の子の実治は任官して後に権中納言にまで昇り、以後も阿野家は江戸時代に至るまで羽林《うりん》家の家格を維持している。阿野家以外にも、「多年南朝ニ祇候」しながら賀茂祭出仕の功によって四位に叙された(官は不明)菅原為興のような例外がないわけではない。

そもそも、家督を争う二系がそれぞれ南北両朝に属した近衛家や西園寺家などについて典型的にいえることだが、京都の公家社会におけるそれぞれの家門のニッチ（生態学的位置）は、既に北朝方の家系によって占められており、南朝方に在った者が今さら京都に帰還しても、もはや居場所が残されていない。このことは、鎌倉後期以来の家門継承をめぐる争いが南北朝の争いと連動したこと、南朝に従った者が事実上排除されることによってエントロピーがシステム外へ排出され、京都における家系の分立・対立状況が清算されてニッチの安定した占有と継承が可能となったこと、に由来し、占めるべきニッチと直系継承される家との固定した関係の成立へと帰結する。阿野の場合には、後醍醐寵妃《ちょうひ》の実家という事情もあってか、一族のほとんどが南朝に従ったため、不在の間に京都において「阿野家」の占めるべきニッチが同族他系によって埋められることなく空白のままにあり、帰京後にそこを確保することができた、というやや特殊な条件がある。これに対し例えば近衛家の場合は、この間に京都方において父子直系継承の事績が重ねられ、ニッチ占有の固定化が進行しており、そうした条件下、後亀山の出京に随行した「関白近衛殿」は京都での任官の事績なく、その系譜も途絶えることになる。

なお、この「関白近衛殿」の子ないし孫と思われる人物が辿った特異な経歴には、そのあたりの事情を示して興味深いものがある。この人物は、応永二十三年（一四一六）になって「南方近衛息十二歳」として史料に登場する。実はこの時、花山院忠定《かざんいんただざだ》が四旬に満たぬ壮年で後継者なく死去したため、花山院家を継承させるべく、この「南方近衛息」をいったん花山院長親《ながちか》（もと南朝右大臣。既に出家して子晋明魏、号は耕雲）の猶子《ゆうし》としたうえで、さらに忠定の養子という形をとったのである。「花山院持忠《もちただ》」として後に内大臣にまで昇ったこの人物は、『公卿補任《くぎょうぶにん》』や『尊卑分脈《そんぴぶんみゃく》』などでは花山院忠定の子（猶子）とされており、「南方近衛」との関係は表面にはあらわれない。近衛家には現に前関白忠嗣という当主がおり、京都社会に正則な位置を持たない「南方近衛息」という看板によっては公家社会に参入することを得なかったのではないか。そのために、かつて南朝に参仕していたとはいえ既に出家して官界を離れ、この頃には文人として足利義持《よしもち》の信任を得ていた花山院長親を、中継点としたのかもしれない。そうして花山院家に入ることによってはじめて、彼は京都の公家社会に正則な位置を得ることができたのであった。

この例が示すように、しかるべき家を嗣いでそのニッチを占めることが、この時期の公家社会においてステイタスを獲得することの基本的な条件となる。この観点からすれば、公家社会はニッチの集合体としての構造を持ち、それぞれのニッチが対応する家によって充足され、この対応関係は家の継承に伴って父から嫡子へと受け渡される。ここで、父子間の継承関係は生物学的な関係に限定されず、傍系あるいは他家からの継承であっても、養子という形式をとった擬制が許容される。こうした仕組みが安定することによって、同族内で分岐した家系のうちから（ときに兄弟叔甥の争いを経て）同世代の第一人者がその都度析出される「ウヂ」的構造から、擬制的な直系によって継承される「イエ」的構造への移行が、いちおうの完成をみることになる。

南北朝の分裂と南朝の消滅は、このプロセスにとって大きな意味を持った。皇統の分裂と対立は、家門内部の分裂対立と共振してそれぞれの家門から「南朝方」を析出し、これらを京都社会の外部へと排出する効果を持った。その結果、京都に残った家門の整理とニッチ占有関係の整序が進み、ニッチとの関係を固定され擬制的な直系によって継承される家の成立が促されることになったのである。一方、京都外に排出された南朝方の人々の一部は「南北朝合一」によって再び京都社会のほうへと還流するが、そこでは生態学的構造が既に組み上がっており、しかるべきニッチとの対応関係を得ることによって正則化されない限りは、意味を持たないノイズとして処理され消えてゆくことになる。

4　日本国王と天皇

「日本国王」の登場

さて、義満が獲得した立場にどのような説明を与えるかについては、研究者の間にもさまざまな見解がある。その際に便利な道具としてしばしば用いられるのが、義満が明の皇帝から与えられた「日本国王」の称号である。恰《あたか》も「日本」という政治世界に君臨する正統な支配者たることを示すかの如《ごと》きこの称号をめぐっては、実際には国内的な問題よりもむしろ、「日本」を取り囲む政治世界の構造に関わる問題が輻輳《ふくそう》してあらわれる。とりわけ九州の地政学的位置づけが重要な意味を持つ。

ことの発端は、やや遡って「南北朝合一」に先立つ正平《しょうへい》二十三年（応安《おうあん》元、一三六八）

に、来貢を促す明皇帝太祖洪武帝《こうぶてい》の使者が、征西大将軍として大宰府《だざいふ》に在った後醍醐《ごだいご》皇子懐良《かねよし》親王のもとへ派遣されたことにある。明側の史料『太祖実録』は「良懐」と表記しているが、これが懐良を指すことは疑いない。元に代わる新王朝を建てた明が、周辺地域の有力者を臣従させ王に封ずる、その一環として、当時の九州地域の有力者と見られた懐良を「日本国王」に封じ、公式の通交の相手として認定しようとしたのである。

この段階で、明側は京都を中心とした政治状況について正確な情報を持っていない。明の視野に入る「日本」は、朝鮮半島や中国大陸とともに東シナ海を囲繞《いにょう》する地域であり、その後背地は主たる関心対象ではない。そのことは、すぐ後に述べるように、この時期の東アジアの政治的構造の変動の基軸となる問題と密接に関わる。

さて、明皇帝から前後三度にわたって派遣されたうちの最初の使者は途上で賊難に遭い、二度目の使者は大宰府に至ったものの元寇の際の先例に拠った懐良の命によって斬られ、いずれも任を果たさなかった。ようやく三度目の使者趙秩《ちょうちつ》が懐良の説得に成功し、懐良の使僧祖来《そらい》は洪武四年（一三七一）に明都南京《ナンキン》に至った。「良懐」を「日本国王」に封ずる冊封使《さくほうし》仲猷《ちゅうゆう》・無逸《むいつ》らが博多に到着したのは翌年五月のことである。

ところが、冊封使一行が博多に到着する直前に、懐良は、中央の武家から派遣された今川了俊《りょうしゅん》によって大宰府を逐われていた。詔書を伝えるべき相手を失った明使は、今川了俊に拘留された後、上京して義満との交渉に臨み、日本の実情に関する情報を収集して本国に持ち帰ることになる。この明使帰国の際に、義満は使節を同行させたが、「良懐」の公式の書を携えぬことを理由に退けられる。いったん「日本国王」に封じた以上は、明との通交相手は「良懐」に限られる、とするのが明の堅持する原則であった。

　爾後も数次にわたる遣使の都度、「良懐」の書を備えぬことや、足利氏は日本の君主ではなく「持明」（持明院統の天皇）の臣にすぎないことを理由に斥けられた。しかし明宮廷で発覚した謀叛計画への関与の疑いが生じたことをきっかけとして明が「良懐」との通交を停止したこと、辞官出家した義満が天皇の臣という立場をとらずに通交を求めたことによって、これらの難点は解消される。応永八年（一四〇一）に「日本国准三后《じゅさんごう》道義」の表文を携えて派遣された使節は遂に目的を果たし、「日本国王源道義」に宛てた建文《けんぶん》帝の詔書を携えた明使を伴って翌年に帰国、義満は「日本国王」の称号を得た。

　かくして義満は、明皇帝に対して「日本」を代表する立場に立った。かつて倭王が冊封を受け、律令国家においては天皇が主体となっていた対中国皇帝関係を再構築した「日本国王源道義」は、この局面において天皇にとって代わった。だが、そのことが「日本」の政治構造にどのような影響をもたらすかといえば、それは簡単な話ではない。

日本をめぐる国際環境

　そもそもの話としては、「冊封」は、中国の皇帝と外臣との間に個人的な通交関係を設定する手続きである。皇帝がある人物を「王」と呼ぶことは、彼を通交の相手として選択したこと、いわば彼をその地における指定代理店に指名したことを意味する。皇帝は文明世界の中心であり、文明は皇帝との通交を通じて周辺諸地域に及ぶ。周辺諸地域の「王」たちが文明を求めて来貢し服属することが、この世界に求心的な構造を与えるとともに、皇帝の正統の証としての意味を持つ。一方、「王」の側からこれを見るならば、冊封を受けることは、彼がその地方のローカルな事情の中で支配の根拠を持つことを直接に根拠づけるものではないが、皇帝の指定代理店という看板のもと、皇帝から賜与される文明の文物を独占し、近隣の競争相手に対して比較優位に立つことになる。その効果の度合いは、この地域において皇帝との通交関係が占める比重に依存する。

元を倒して新王朝を建てた明が周辺諸地域に使者を派遣して来貢を促したことも、求心的な構造を再構築し正統の証を得ようとの意図から出たに違いない。そのうえで、この局面で特徴的なことは、当時東シナ海沿岸域を跋扈《ばっこ》した倭寇《わこう》が正統な通交関係の阻害要因として認識され、そのために、各地の「王」たちに、それぞれの「国」における倭寇取り締まりが任務として期待されたことである。

この時期に東シナ海を主舞台として交易や掠奪を業とした人々を、中国・朝鮮の史料は「倭寇」と呼んでいるわけだが、それは彼らが日本列島に固定した根拠地を持ち「日本」国家に包摂される「日本人」であったことを含意するわけではない。当時、東シナ海をめぐる航路によって相互に結び合わされた九州・琉球列島・中国大陸沿岸部・朝鮮半島などの諸地域には、周辺各地の王朝からの影響力がさまざまな程度に及んでいたものの、そこを行き来する人々がいずれかの王朝のコントロールに服することを当然に想定されるものではなかっ

倭寇　国家を越え東シナ海沿岸域を跋扈した。「倭寇図巻」より。東京大学史料編纂所蔵

た。彼らはいずれかの「国家」に包摂されたのではなく、そもそも「彼らは何人《なにじん》か」という問いに意味がない。ここでいう「国家」は基本的に「王朝」と置換可能であり、その作用は王朝との間の求心的な通交関係によって構成され、中心から周縁へ及ぶにつれて逓減《ていげん》し、他の中心から及ぶ力と干渉しつつ、やがて見失われる。

「倭寇」は、そうした求心的構造に包摂されずに境界領域を主舞台として活動する人々を指して、中国・朝鮮側の視点から与えた表現だったわけだが、従来の「国家」が直接の捕捉対象としていなかった存在を視野に入れたことによって、明は、こうした空隙にいかにして構造を与えるか、という新しい課題を負うことになった。そのために明は冊封の機能を拡張し、周辺諸国の「王」たちに秩序の空隙を埋める役割を割り振る仕組みとして用いたのであり、このことは、諸「王」のもとにある構造を領域的に切り分ける作用の萌芽となる。明を中心とした冊封体制の（再）構築は、明確に分節されない可塑性を持つ環東シナ海地域に対して、画然とした秩序を与えようとする試みであった。

その秩序構想の中で、明が「日本国王」に期待したものは、倭寇の一大拠点地域と見られていた九州沿岸とその後背地域において、倭寇を取り締まる意思と能力である。それは日本の内部における支配の実質やその正統性とはひとまずは違う問題であるものの、明との関係において「日本」を代表する立場と連動し、明を中心とした国際関係秩序における「日本」の輪郭を画する萌芽となる。国際関係秩序における相互承認を伴うこうした役割分担は、環東シナ海地域においては、それなりに有力な政治的資源となるであろう。実際に、懐良が「日本国王」とされていた時期に、薩摩《さつま》島津氏などが明に使を送るにあたって「良懐」の名を僭用したことがある。環東シナ海地域を分節的に構造化しようとする企図が、こうした形で「日本」にも及んだわけである。

ただし九州地域に及んだ影響は、直ちに他地域へと伝播するわけではない。九州の後背地に向かって「日本」の輪郭がどのように画されるかは、明の直接の関心対象ではなく、明との関係で輪郭を与えられる「日本」と、京都を中心とした求心的な政治構造とは同一ではない。明の影響力の作用線は、京都まで届くものではなく、懐良や義満が明皇帝から得た「日本国王」の称号は、日本中央における政治的地位を生むものではない。そのことは、義満がこの称号を専ら対明関係に限定して用い、中央の政治の場では用いていない点に、端的に示されている。実際、「日本国王源道義」という呼称は、京都社会ではむしろ反発を惹起し、明皇帝の詔書にそうした表現のあることを知った二条満基《みつもと》は、その日記に「今度ノ返牒、書様以テノ外ナリ。コレ天下ノ重事ナリ」との批判を記している。また北山邸に明使を迎えた際に自ら拝跪《はいき》して詔書をうけたという義満の態度に対しても、幕府の重鎮であった斯波義将《しばよしゆき》などは、丁重に過ぎるとして批判的であったという。

ローカルな政治世界ではローカルな政治言語こそが意味を持ったわけだが、問題はこの「ローカルな政治言語」が持った射程である。とりわけ遠隔の九州に対する作用の如何は重要であり、京都へ向かう求心力が微弱なところに国際関係が作用することによって「日本」の構造が複雑化し、中央と九州・西国との間に条件づけの分節が生じることにもなりうる。村井章介氏が想定するように、懐良親王の「日本国王」号は、九州・西国を京都から引き剝がす可能性を持っていたかもしれない（村井『中世日本の内と外』）。百済王の子孫を称し朝鮮王に所領の頒給を願い出たことのある大内氏や、ときに独自の外交を試みることがあった島津氏など、九州・西国の諸勢力に対して、「日本国王」号に象徴される対明関係が大きな効用を持つ可能性はあったろう。義満が「日本国王」号を求めたことの背景には、そうした可能性への顧慮があり、「日本国王」号には「国境を画する」政治的な作用、少なくとも「日本」の内外を結ぶ独自の通交を切断する効果が期待されたのだとすれば、そこに義満の「国際」的センスや、京都社会の人々との意識の懸隔を見ることになる。明使・詔書に対する義満の態度は、明を中心とした国際関係の通交儀礼に対する理解に基づく現実的対応として評価されるべきなのかもしれない。

三宝院満済の「王」観

やや時期をくだって足利義教《よしのり》のころ、この「日本国王」号をめぐって再び議論が起こっている。義持《よしもち》がいったん停止した対明通交の再開を試みた義教は永享《えいきょう》四年（一四三二）に明に使節を送り、翌年に明使を迎えて「日本国王」に封ぜられるが、その明使に対する応接の作法について、また次の年に明使の帰国にあわせて遣明船を送る、その使節に託すべき国書の署名に「日本国王」号を用いるべきか否かが、議論の種となったのである。

この一連の局面で、義教の政治顧問的存在であった三宝院満済《さんぼういんまんさい》の示す見解には、興味深いものがある。明使応接の作法については、義満の作法は丁重に過ぎ卑屈に通ずる、との批判に当初ある程度までは同調し、「日本国王」による詔書拝礼は「神慮」を憚《はばか》るとして難色を示していたものの、中途でこれを改め、せっかく音信が通じて明側が喜んでいるのだから、明使の面目をそれなりに立てておけば日本人に対する扱いもよくなるだろう、として、設《しつら》えは若干簡略化しながら「天書一拝」程度の儀礼を容れる妥協案を示す。

この見解変更には、天皇についての満済の認識が介在している。当初満済が抱いた懸念は、「日本国王」による拝礼は「明皇帝↓日本国王」という序列を可視化し、そのことが「明↓日本」という序列を示すことになる、それでは「神国」たる日本の瑕瑾《かきん》になる、という点にあった。しかし、対明関係において「日本国王」の称を帯びている義教が実は天皇の臣（左大臣）であることに着目し、「日本国大臣以下」による拝礼は臣下による辻褄《つじつま》合わせの方便・虚礼にすぎない、と解釈することによって、明皇帝と天皇の序列に直接に関わるものではないとし、「神慮」との摩擦を回避したのである。

こうした解釈を踏まえて、その翌年に問題になった明への返書の署名については、義満の先例に倣って「日本国王」として問題なし、との立場を表明する。「先例の通り日本国王の号を用いてよろしいのでは」との意見に対し「自分は当初からそう主張している。『王』の字は憚る必要がない。既に政務を執っており『覇王』であることは論をまたない」との趣旨を述べている。これは桜井英治氏らが指摘するように、義満時代の「日本国王」号との整合性を気にした満済のレトリックと見られ（桜井『室町人の精神』）、すなわちこの期に及んで義満時代の方針を改めると、義満の代の作法が「非虚」であったこと、そもそも天皇の臣下であることを隠して通交を結んだことを、明に対して露呈することになる、だから前回との間に齟齬をきたさないよう「国王」の字を使うべきだ、事実「覇王」だから構わないじゃないかという、いかにも満済らしい実務的な方便である。

ここで用いられている「覇王」の「覇」は、本来は諸侯の第一人者を意味し、徳を以て天下を治める「王」と対比して、武力を以て天下に君臨する者を「覇」ないし「覇者」と呼んだ。「王」は「覇」よりも儒教道徳的に高い価値を持ち、「覇王」は「覇者」に対する尊称として用いることがあった（用例は『史記』に遡る）。満済は、将軍足利義教を、諸侯中の第一人者として天下に君臨し政務を執る「覇者」と捉えたうえで、「覇王」の尊称を参照することによって、「日本国王」号の正当化を図ったわけである。これは、義教が天皇になりかわる「王」たるべきことを唱えたものではなく、真正の「王」たる天皇に対する劣位を表現したものである。くだって近世には、天皇と将軍にそれぞれ「王」「覇」の称を充て、京都を「王府」、江戸を「覇府」と対にして称することもあり、そこには儒教的な価値優劣が込められるが、その萌芽がここに見られるのかもしれない。

前年の一件においても、満済は天皇を真正の国王と考えるからこそ、義教による明国書拝礼を容認する。拝礼が天皇によるものではないから、日本の瑕瑾とはならないという。明向けには義教が「日本国王」を名乗るとしても、それは義満の「非虚」を引き継いだ方便でしかなく、天皇の地位を冒すものではないのである。

なお、義教の署名をめぐる議論の過程で「国主」の称を用いる案が示されたのに対し、満済は「国主ノ主字ナトハ聊《いささ》カ子細アルベキ事歟」との反対論を述べている。「王」の字を用いることには問題はないが、「主」の字にはいささか問題があるという。この「国主」の語は天皇の称として、古くから「国王」と互換的に用いられてきたものであり、ここで満済が両者を区別する勘所は明らかでない。単に、明でも用いられている「国王」の語との差異化を図ったにすぎないのかもしれないが、中世後期に天照大神を指して「国主」の語がしばしば用いられていることを想起させ興味を惹く。いずれにせよ、明向けと京都社会向けとでは異なるシンボル体系が用いられ、同じ「日本国王」号が、それぞれにおいて異なる政治的意味を持たされているのである。

政治言語空間の分節へ

満済のこうした実践的処理の前提にあるのは、明との通交に用いられるべき政治言語と、日本内部で用いられるべきそれとの使い分けである。満済は、政治言語の世界を意図的に切断し、いわば二枚舌を用いている。そこでは、「日本」という政治世界が、その外部から区分する輪郭をもって意識されており、内部において用いられるべき「天皇」の記号と、外部において用いられるべき「日本国王」の記号、それぞれが作動する政治領域を分節する、そうした仕掛けが構想されている。

ここで萌芽を見せているのは、「日本」という国内的な政治領域を意識し、その領域で完結した制御の仕組みを構築しようという構想であり、そのために政治領域の輪郭をいかに画するか、外部の政治言語の侵入をいかに制御するか、という問題である。とりわけ九州については、中央との関係によるコントロールを確保するために、大陸から及ぶ作用をいかに切断するか、ということが、重要な課題であったに違いない。

九州という地域は、大陸との通交の前線としての位置を長く占めてきた。しかし、九州と大陸との間に人為的な分割線が引かれ、大陸との通交が京都においてコントロールされることになれば、この地域は「日本」の中で中央から遠く離れた「辺境」たる位置を与えられることになる。そして、例えば朝鮮半島と北九州の間には、空間的な距離とは質的に異なる政治的な距離が設定され、いったん京都を経由することによって大陸と関係を結ぶよう、政治的に条件づけられることになる。

もとより、中央からのコントロールが直ちに額面通りに及ぶというものではない。十四世紀の京都においては、「当時本朝ノ体タラク、鎮西九国ハ悉《ことごと》ク管領ニアラズ」と述懐されることがあった（『後愚昧記』）。十五世紀前半にも「遠国ノ事ハ、少々ノ事、上意ノ如《ごと》カラズ候《そうろう》トモ、ヨキ程ニテ閣《さしお》カルル事」を常態とする認識があったことは、しばしば指摘されるところである（『満済准后日記』）。また、コントロールが及ぶべき領域の分節も明確ではない。応永《おうえい》二十六年（一四一九）に朝鮮が対馬に拠る倭寇を鎮圧する目的で軍勢を差し向けた、いわゆる「応永の外寇《がいこう》」の前提には、対馬に拠る倭寇に対し日本からの実効あるコントロールを求めてもそれが容易には及びがたい、という状況があった。京都では、ほぼ同じ時期に壱岐について「何者ノ知行カ分明ナラズ候。モシクハ下松浦ノ者共過半知行候歟。シカレバ是モ少弐《しように》方ノ者ニ候歟」という曖昧な認識が示されることもあり（『満済准后日記』）、そもそも境界領域の事情について中央で把握する仕組みが整えられていない。いわば倭寇取り締まり体制の空白地帯と認識された対馬に、朝鮮は日本経由ではなく直接にコントロールを及ぼそうとしたわけで、その試みが奏功しておれば、この地を朝鮮の版図に取り込む結果を招来していただろう。

倭寇取り締まりの分業関係の形成は、境界をいかに画するか、ということと不可分な形で、この時期の国際政治の主題となっていた。この時期に倭寇の活動がいったん下火になったように見えるのは、海上の通交活動を正則化しようとする方針の（少なくとも表面的な）効果である。中世後期のこうした動向について、「国境をこえ国家を相対化する人の流れ」

という表現がしばしば用いられるが、この時期について重要なのは、「国家」が国境の両側に政治的な条件づけの差異を生み出す仕掛けとしての機能を獲得しつつあったこと、それゆえに、こえるべき国境が次第に明確な形をとりつつあったことである。そのことが、境界領域で活動する人々に対する条件づけのあり方を変え、あらためて「国家」と関係づけられることになった人々の活動を、照らし出したのである。

守護在京原則が適用されず、京都へと向かう求心的・定常的な経済構造に包摂されない九州諸国で、京都との関係が政治資源として需要されることは自明ではない。十五世紀前半の武家周辺では、諸勢力間の対立が解消されて「九州一等」の状況になれば、この地域が京都との関係から離脱してしまうのではないか、との懸念が語られ、京都との政治的関係に対する需要を惹起するために、諸勢力間の対立を水面下で煽《あお》ることが企てられたりもしている。そのような条件下、義満や義教の「日本国王」号は、外部からの影響力がこの地域へ直接に導入される可能性を遮断し、京都との関係に対する需要を生み出す効果を持っただろう。しかしそれは、同じ称号が京都において持った意味とは異なる。「日本国王」号の持つ意味が、国際関係と国内政治とで異なるのみならず、国内でも差異を孕《はら》む。長期的に見れば、国境を挟む差異を特別なものとして指し示し、国境の内部の差異を副次的なものと位置づけることが、従来とは質的に異なる「国家」の存立へと帰結することになるが、そうした仕組みが確立されるまでには、なおかなりの時間を要する。

この問題は、織豊政権を経て徳川政権初期に至るまで繰り返し浮上し、やがて「鎖国」と俗称される内外通交管理体制の成立によっていちおうの収束を見る。譬喩《ひゆ》的にいえば、日本の内外を分かつ「皮膚」が形成され、内外通交は特定の開口部に限定されそこで制御される、また自己と他者とを区別する免疫機構によって、「皮膚」の内部に侵入した他者が識別され管理される、そうしたメカニズムによって内部条件を維持し自己の同一性を維持する仕組みが、構築されるわけである。ただしそのことは、近世日本の内部が均質な空間となったことを意味しない。実際、近世の「日本」は、内部にさまざまな差異を抱えた複雑な構造を持つ。内か外かを明確にしがたい領域も、なお残存している。それらが整序されて日本が近代的な「国家」として完成されるのは、勿論近代の現象である。

第三章　「天皇家」の成立

1　足利義満の遺産

足利義持の嗣立と義嗣の排除

足利義満が急死したのは応永《おうえい》十五年（一四〇八）五月六日。寵子義嗣《よしつぐ》の元服儀礼を親王の例に準拠して挙行した直後であったことに加え、発病から旬日を経ずしての急死であったため、後世さまざまな憶測がめぐらされることになる。

朝廷では義満に対し太上法皇《だいじょうほうおう》の尊号を追贈する動きがあった。『東寺執行日記』は「贈太上法皇号ヲ給ハラセラルベキノ由、宣下《せんげ》有リ」と記す。『教言卿記《のりとききょうき》』には「大外記《げき》師胤朝臣来ル、尊号ノ事コレヲ相尋ヌ、凡人ニ其ノ例ナシト云々、弓削道鏡《ゆげのどうきょう》ノ事ハ如何、天智天皇ノ御孫云々」とあって、皇族ではない義満への尊号宣下を異例とする疑義もあったことが窺われるが、義満の役割が上皇をモデルとしていた点、没後に太上法皇号の追贈が議されたことは、公家社会の側の視点からはそれなりに自然な対応であったに違いない。

この尊号追贈を、しかし武家は辞退する。『東寺執行日記』は先の記事に続けて「……ト雖《いえど》モ、昔ヨリ此《こ》ノ例コレ無キニヨリ、勘解由《かでの》小路《こうじ》禅門《ぜんもん》申シ留ムト云々」と記している。ここに登場する「勘解由小路禅門」は斯波義将《しばよしゆき》、前管領として武家の重鎮たる立場にあり、既に現任の将軍として武家の名目上の首長であった義持《よしもち》を補佐していた人物である。おそらくは義将の助言を得て、義持は武家足利氏の後継者としての立場から、父義満に対する尊号宣下を辞退した、というわけである。

とはいえ、武家義持が義満の後継者たることが自明だったわけではない。公家側には、義持でなく義嗣を後継者とする予測ないし期待があった節がある。伏見宮貞成親王《ふしみのみやさだふさ》が『椿葉記《ちんようき》』に当時を回顧して「御あとつきをも申をかるゝむねもなし、此若公（義嗣）にてやとさたありしほと」と記しているのはその一例であり、義満が心中で義嗣を後継者に擬していたであろうことは、多くの研究者の推測するところである。しかし同書が続けて「管領勘解由小路左衛門督入道《さえもんのかみ》をしはからひ申て、嫡子《ちやくし》大樹（義持）相続せらる」と記しているように、ここでも斯波義将が重要な役回りを務め、義嗣を斥けて、嫡子である義持を義満の後継者として立てたのだという。

さて、ここで問題は、義持は義満の何を相続したのか、である。嫡子たる義持は、現に武家の後継者として将軍の地位に在り、「室町殿」たるステイタスを継承していた。にもかかわらず周囲（の一部）には、義嗣を義満の「御あとつき」とする期待が存在したわけで、ここには、「室町殿」の継承と、義持の「室町殿」継承にもかかわらず「北山殿」義満の手に残されたものとの関係の錯綜が、観察される。「室町殿」を嗣いだ義持は、同時に「北山殿」義満の継承予定者でもあるのか、それとも「室町殿」と「北山殿」とは別個に継承されるべきステイタスなのか。そうした点をめぐって、「北山殿」のステイタスの輪郭が、義満の死の時点ではまだ明確になっていなかったのである。

斯波義将のはからいによって義満の後継者となった義持は、ひとまず北山邸を居所として「北山殿」の呼称を継承し、公家方のことは裏松重光《うらまつしげみつ》（北山院康子の弟、義持室栄子の兄）、武家方のことは政所執事伊勢貞行《いせさだゆき》が申沙汰すべきことと定めた。伝奏《てんそう》を介して諸方に指示命令を伝える回路は義持によっても把持され、寺社に対する指示命令の伝達などに用いられるが、一方で、後小松院の「仰《おおせ》」を伝奏が奉じた事例も見られるようになる。そもそも、義満による伝奏利用は、院・天皇による利用を排除したものではなく、伝奏は、公家社会ないしその周辺に対する指示命令伝達の回路として、また公武間の連絡回路としても、引き続き機能する。裏松重光は伝奏として公武間の連絡役を務め、やや後の応永十九年に後小松天皇が譲位すると、院執権の地位に就いて後小松院政の中枢を担う。こうして義満の政治的遺産の一部は後小松院に継承され、義満が二条良基《にじょうよしもと》から引き継いだ公家政務再興作業の果実は、後小松院によって収穫されたのである。

公家と武家との間にはあらためて分割線が引かれるが、後小松は義持に対して最大級の敬意を払っていたという（桜井英治『室町人の精神』）。後小松が公家政務としての立場を回復することができたのは、義持が（斯波義将の助言のもとに）自らを武家として自己規定したことに依る。また、南朝接収の際に「両統迭立」の条件を示した義満がそれを履行せぬままに死去し、義持はそれを継承するそぶりすら見せなかったことも与って大きい。そうした事情を下敷きに、後小松と義持の間には、それなりに安定した均衡関係が、義持の死に至るまで保たれるのであった。

なお、義満を「日本国王」に封じていた明は、義満の死去と義持の嗣立の報に接して弔使を送り、義満に「恭献王」の諡号を贈るとともに後継者義持を「日本国王」に封ずる意向を示したが、義持はこれを用いず、日明間の正式な通交はいったん途絶する。ここでも義持は、義満のトータルな後継者となることを拒否し、武家としての自らのステイタスを謙抑的に再定義する。

「室町殿」の再定義

義満の跡を嗣いで「北山殿」に入った義持だが、翌応永十六年十月には祖父義詮《よしあきら》の旧邸三条坊門邸に移る。北山に残った北山院康子が応永二十六年に没すると、一部の建物は解体されて諸所に頒《わ》かち移築され、跡地は寺院とされて鹿苑寺《ろくおんじ》と称した。これは義満の遺命によったとも伝えるが、その実否は明らかでなく、あるいは義満体制解体の一環として義持ないし斯波義将の意向によったものかもしれない。北山院の死は、後小松上皇准母の死去であったにもかかわらず、特段の措置が取られた形跡はない。

等持院《とうじいん》に安置された義満の木像も、もとは俗体であったものを義持が命じて法体に改めさせたというが、あるいはこの一件も、北山殿を寺院に改めたことと関係し、義持が「北山殿義満」についてある種の例外処理を試みたものかもしれない。なお、木像は後に義教の命によって俗体に戻されているが、そのことは、義満の存在を遡って武家として再正則化しようとする動きと関わるかもしれない。

北山殿を離れて京都に帰還した義持が、公家の集住する上京に近い室町殿ではなく、下京近くに位置する三条坊門邸に常の居所を定めたことは、公家社会に対する義持の距離のとり方、公家社会の外縁部に位置するその微妙なポジションを示して興味深い。ただし、上京の邸宅は「上御所」と呼ばれ、下京三条坊門の「下御所」とともに足利家の邸宅として用いられ、「室町殿」の呼称は足利家当主を指す呼称として義持に対して引き続き用いられる。義持は権大納言《ごんだいなごん》から翌年に内大臣に昇進するものの、以後その地位にとどまる。いくつかの儀礼において上卿を務めた事例はあるが、父とは異なり、朝儀に内側から積極的に関与しコントロールしようとはせず、公家のほうへと大きく傾いた義満のスタンスを修正し、「室町殿」という義満由来の呼称を継承しつつも、公家社会の外縁部に位置する武家のポジションを再確立することになる。

「室町殿」義持がいったん「北山殿」を継承した後に「室町殿」へと回帰したことによって、「北山殿」と「室町殿」とに分裂する可能性を孕んでいた足利家のステイタスは「室町殿」へと回収され再統合され、「北山殿」は一代限りの例外的存在として処理される。そのことはやがて、尊氏から義詮・義満・義持と続くラインをあらためて武家として同定することと、つまり義満を武家としてこのライン上に置き、京都社会における「室町殿」家の存在を伝統に沿って正則化する営為へと、結びついてゆく。ここで観念される「室町殿」は、鎌倉時代の武家のように公家社会の外部にとどまるのではなく、かといって義満のように完全に内部化しようとするのでもない。公家社会との間に一線を画しながら、しかし京都社会において矛盾なく正則な位置を占めるべき「室町殿」を中心とした武家のあり方の表現として、十五世紀後半以降、公家作法にモデルを求めた武家故実が整備される。その際、足利家が京都社会に内部化した義満期にしばしば由緒濫觴《ゆいしょらんしょう》が求められ、義満期の事績は武家としての由緒を求める視線によって取捨選択されることになる。

このように推移した情勢のもと、宙吊りの立場に置かれたのは義満の寵子義嗣である。公家文化の中で成長した義嗣は、元服してすぐ参議に任じ公卿に列し、「公家としての義満」の事績を継承することが期待されていたに違いない。しかし突然の父の死によって「公家としての北山足利家」の構築作業が切断されてしまい、義嗣は占めるべきポジションを喪う。以後は公家としての活動を見せることなく、官も結局は権大納言にとどまり、父の跡を嗣いだ兄義持にはその地位を窺う潜在的な敵手として警戒され、後には（上杉）禅秀《ぜんしゅう》の乱への加担を疑われて義持の命により殺害されることになる。

義満と義持

義満・義持・義教三代に仕え、とりわけ義教の代には政治顧問的存在として重きをなした三宝院満済《さんぼういんまんさい》が、義満・義持の二代を回顧して比較するところでは、公家と武家が同席する酒宴において、義満はまず公家に杯を与えた、そのことは義持がそうした場合に管領を先にしたことと好対照をなすという（『満済准后日記』。以下同）。義満は公家重視、義持は武家重視という、両者の政治的スタンスの差異を示すものとして捉えられることの多い逸話だが、同じく満済による、大名に対する接し方は義持よりも義満のほうが丁重であった、という観察もまた興味深い。「勝定院殿は倹約御好み」などともいわれた義持は、服装などしばしば無頓着であり、内大臣に任ぜられた際にも暫く奏慶拝賀を行わず放置したり、公事儀礼に参加しても時に異例を敢えてするなど、公家社会の礼式に忠実でない面があった。武家としても、後継者たるべき義量《よしかず》が早世した後は代わる「将軍」を置かず、武家の常例の形式を充足させないまま自ら法体で政務を執っている。こうしたことは、義満と義持の差異の勘所が、公家武家どちらを重視しいずれを軽んじるかではなく、そもそも形式化された礼式作法に対する意識の差異にあったことを示唆する。

だいたい、義持は形式を重視しない。あるいは「形式に信をおかない」というべきか。「将軍」や「室町殿」という形式をまとうことによってステイタスの実質が充足される、という期待を持たない。だからこそ、嗣子義量には自身が健在のうちに「将軍」位を譲り、自らの後継予定者として明示するとともに、ステイタスの継承を直接にコントロールすることを意図したのだろう。しかし、継承完了以前の義量早世によってその意図が頓挫すると、その後は後継者を指名せず、自身のステイタスを成型し受け渡そうとする試みを放棄してしまう。自身の死に臨み、幕閣の大名たちに後継者指名を懇請されながらなお「タトヒ仰セ置カルトイヘドモ面々用ヒ申サズバ正体アルベカラズ」と述べて「面々相計」うことを求めた、とも伝えられる。「将軍」や「室町殿」という形式によるのではなく、周囲の人々に「用ヒ申」されることによって初めて継承の実質が充足されるという姿勢は、公家社会の儀礼的構造や明を中心とした国際政治の形式などを自在に操って政治的資源を求めた義満の姿勢と、ある意味で好対照をなす。桜井英治氏はそれを義持の「うやむやの政治学」と表現している（桜井『室町人の精神』）が、それは一種のリアリズムではある。

だが、義持やその後継者が形式から自由であったわけではない。とりわけ義持の後継者には、公家社会を中心として構築された文明世界の儀礼的構造に接する中で、自身にふさわしいステイタスをあらためて構築するという大きな負荷が課せられる。そのための資源をどこに求めることができるかは自明ではなく、公家の儀礼的構造の中心を占める天皇との関係が、あらためて浮上してくることになるのである。

もう一人の遺産相続人

前述したように、義満政権のもとでも、内廷の行事など天皇に主宰される公事儀礼は、義満によって代替されることなく、後小松天皇のもとで営まれていた。「天皇」としての儀礼的ポジションが現に皇位に在る天皇によって占められる、というのは当然のことのようだが、公家社会の儀礼的構造の中心を天皇が占めていたことが、ポスト義満の遺産配分において意味を持った。義持が、公家社会の内部において中心的位置を占めた義満とは異なる立ち位置を選択したことによって、義満の存在・役割の補償を求める公家社会の需要の一部は、後小松天皇へと向かうことになるからである。

そのことの反映であろう、寺領安堵《あんど》や公家家門安堵などを天皇（後小松が応永十九年に譲位して院政を敷いて後は上皇）が与える事例をもまま見るようになる。それはすなわち、公家政務の役割が後小松に求められたことに他ならない。同じ時期に義持が公家に対して家門安堵を与えた事例もあり、ここには「安堵権はいずれに掌握されたのか」という単純な問いが成立せず、公家の安堵と武家の安堵がそれぞれに求められ、個々の事案ごとにそれなりの均衡が探られていた感がある。「〇〇権が誰に掌握されたのか」式の問いは、現代の歴史学者から頻繁に発せられるが、義持自身はそうした形式に対してさしたる顧慮を払っておらず、そのことがかえって公武間の摩擦が回避される結果へと結びついていたのではないか。再生された公家政務は、武家政務との間に潜在的な緊張関係に立つ。にもかかわらず、截然と分かたれない役割分担の混線や破綻を防いでいたのは、形式を重視しない義持の「うやむやの政治学」、そして義持の頻繁な院参によって維持されていた後小松院との個人的な関係であったに違いない。

ある意味で割を食うことになったのは、義持の死に際して籤引きで後継者に選出された足利義宣《よしのぶ》（後の義教）である。籤による後嗣決定手続きが介在したこと

足利義教像　東京大学史料編纂所所蔵肖像画模本

によって、義持と義宣の間はいったん切断され、「うやむや」な中で作動していた義持のステイタスは当然には継承されない。義宣の政治的ステイタスは、武家関係者に対しては、大名たちの了解のもとに籤引きで「室町殿」に挙げられたことによって根拠づけられるとしても、公家社会との関係においては、「室町殿」たる地位を継承したことを出発点としつつ、再構築されなければならなかった。

判始《はんはじめ》の儀式を終えた義宣が、自らの判を以て政務処理にあたろうとしたところ、「将軍」の地位に就く前に「天下事」に判断を下すのは適切でない、という趣旨の疑義が差し挟まれたことがある。自ら政務を決裁するのは将軍宣下を待つべきであり、それまでの間は管領奉書によるべきだ、とするものであり、公家武家に仕える儒学者らの支持を得て、この意見が通る（『建内記《けんないき》』など）。このことは、武家政務は「将軍」の地位によって根拠づけられる、という認識の存在を示す。そうした形式による根拠づけを欠いた「室町殿」の判よりは、それなりに形式化された管領奉書のほうがマシだ、というわけである。

ここで、「将軍」という形式を与え政務決裁の役割を成立させる装置としての天皇の存在意義が再認識されるわけだが、そのことは、武家の存立を外部から条件づける仕組みとして作用し、公家にとっては有力な政治的資源となる可能性を持つ。実際、義宣の将軍宣下が諸事情から遷延する間に、鎌倉公方《かまくらくぼう》足利持氏《もちうじ》が「将軍」の地位を望み、後小松院がそれに応じようとしているらしい、との風説が流れている（『建内記』）。ことの実否や経緯の詳細は明らかでないが、そうした風説の存在自体、「将軍」の地位の微妙な位置づけを物語る。結局、義宣は足利家を嗣いでから一年以上を経てようやく将軍宣下を受けるが、それまでの間、政治情勢は若干の不安定要因を抱えていたと見られる。

また、嗣立直後に張り切って諸事に裁断を下そうとした義宣が、僧侶人事など事ごとに後小松院の抵抗に遭って停滞し、「先々ニ相替ハリ、近例ハ叡慮《えいりよ》カクノゴトシ。シカシナガラコレ不肖」と嘆いたことがある（『建内記』）。兄である先代義持との落差を感じつつ、後小松院との関係に苛立っている様子が窺われる。義持のもとでは潜在していた緊張関係がいったん顕在化し、公家武家両政務の役割関係の再構築が求められたのである。

しばしの間は形式の問題によって頭を押さえられていた義宣だが、ひとたび将軍宣下を受けて武家政務を執る資格条件を満たすや、その形式の範囲内で自らの権能の可能性を極限まで突き詰めようと試みる。それが後に振り返って「普広院殿ノ御政道、事ゴトニ上意ニ任サレ、人々多ク愁歎ス」と難ぜられる結果をも招く（『建内記』）が、そこには、義持とは対照的に「うやむや」を峻拒し、形式に拠ろうとした義教（義宣）の、ある意味で合理的な姿勢を読み取ることができるだろう。

2　後南朝の影

後南朝のはじまり

義満の急死、義持による武家継承、そして後小松天皇による公家政務回収は、大覚寺統の人々に重大な影響を及ぼした。合一の際の条件として挙げられていた両統迭立の条件は、義満の在世中は後小松天皇の継嗣決定が回避されるなど、それなりに顧慮されていたかもしれないが、義満の没後はあっさりと反古にされてしまう。

義満が没して二年ほどを経た応永十七年（一四一〇）三月、後亀山《ごかめやま》院は義持を訪ね、同年十一月には嵯峨を出て南朝の故地吉野へと赴いている。後亀山院と義持の間で何が議されたのかも、出京との関係も、いずれも不明だが（経済的に困窮していたため所領の回復を求めた、とする見方もある）、このあたり、かつて後亀山と義満との面談の直後、俄かに後亀山への「太上天皇」号宣下の議が起こった一件を想起させる。ひとつの可能性として、約諾の履行ないし確認を求めた後亀山院が義持との直談判に及んだ、とも考えられよう。しかし約諾の存在自体、義持にとって不意打ちだった可能性すらある。迭立の約諾が義満の死とともに雲散霧消したことを知った後亀山院は、ややあって後に出奔したのではあるまいか。この前後、元南朝皇太子惟成《これなり》親王の子成仁王や後亀山皇子らが相次いで仏門に入っており、大覚寺統から皇位を望む可能性はいよいよ遮断されることになる。

後亀山院は出奔から六年後の応永二十三年九月に嵯峨に帰還するが、不在中の応永十八年に後小松皇子躬仁《みひと》（実仁）の親王宣下、十九年に践祚《せんそ》、二十一年には即位が遂げられて皇位継承が完了（称光《しょうこう》天皇）、上皇となった後小松は引き続き「治天《ちてん》の君」として院政を敷いている。この間の応永十九年には「大覚寺殿帥宮」（泰成《やすなり》親王か）が義持を訪ねた、とする記録があり、会談の趣意は不明だが、いずれにせよ事態の進行に影響はなく、持明院統による皇位継承は厳然として確立される。それとともに、義満によって封印されていた旧南朝方の抵抗活動が、新たな政治的意味を帯びて、頓《とみ》に活発となってゆくのである。研究者はそれを「後南朝《ごなんちょう》」と呼ぶ。

称光天皇即位の年に、旧南朝方の伊勢国司《いせこくし》北畠満雅《みつまさ》が「南方上野親王」（後村上皇子で後亀山の出京に供奉した「福御所」にあたるか）を擁して挙兵したのが、後南朝の活動の早い例である。同じころに大和・河内方面では楠木某が蜂起するなど、不穏な動きが各地に広がる兆しを警戒した武家は、満雅と和睦する一方、後亀山院の帰還を求めて事態の鎮静化を図った。「南方上野宮」は応永三十年に捕えられ斬首されている。

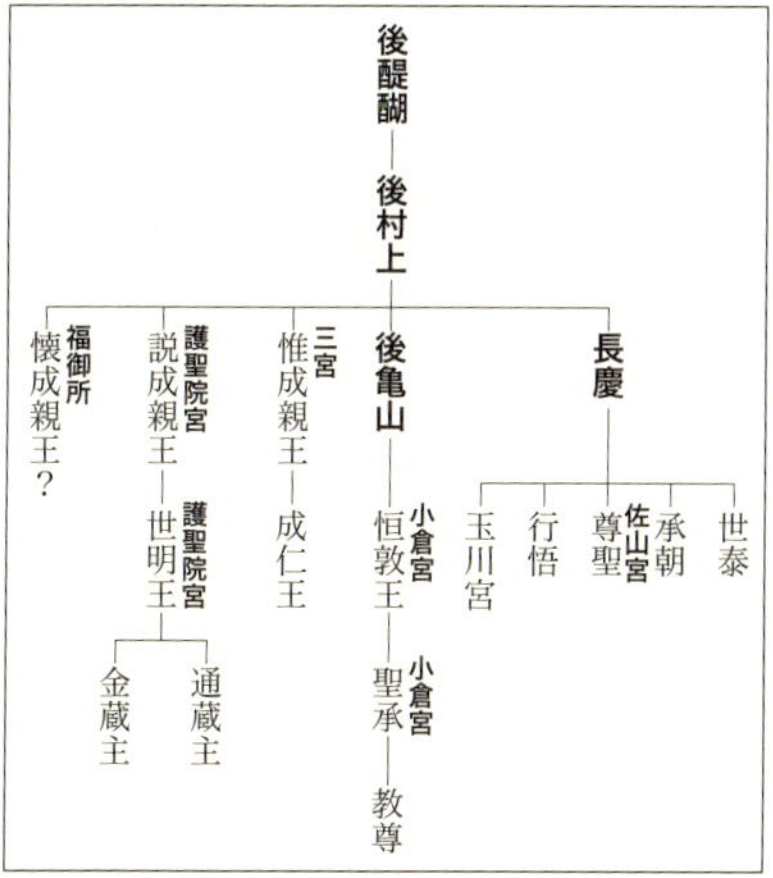

後南朝関係略系図　太字は天皇

病弱の称光天皇に皇子なく、弟の小川宮が急死したことによって後小松院の系統が断絶する可能性が高まった応永末年には、後南朝の活動がいよいよ活発になる。応永三十二年七月に称光天皇が倒れた際には「南朝」から皇位について「御所望」が示されたというが取り合われず、また八月には、内侍所《ないしどころ》に仕える女官が天皇を呪詛するという事件が起き、これについても「大覚寺殿」「南朝」の関与があったとされた。

この呪詛一件について、発覚当初は伏見宮《ふしみのみや》の関与が疑われた。この頃、後光厳院《ごこうごんいん》流に伝えられてきた皇位継承をめぐる対抗者と考えられていたのは、持明院統《じみょういんとう》内部で正統を自任する崇光院《すこういん》流伏見宮であった。実際に、後光厳院流の称光天皇が正長《しょうちょう》元年（一四二八）七月に没すると、後嗣には伏見宮貞成《さだふさ》親王の子彦仁《ひこひと》王（崇光院曾孫）が立てられる（後花園《ごはなぞの》天皇）わけだが、そのあたりの経緯については次節で扱う。なお、ここで「大覚寺殿」と指称されている人物だが、後亀山院は応永三十一年に死去しており、「小倉殿」が応永二十九年に没したとする『薩戒記目録』の記載が後亀山皇子（小倉宮《おぐらのみや》）恒敦《つねあつ》王を指すのだとすれば、応永三十二年の時点では恒敦王の子（後の聖承）が有力な候補となる。

後花園天皇践祚の直前には、その小倉宮を伊勢に迎えた北畠満雅が再度挙兵している。このときには武家の後嗣の座を窺う足利持氏《もちうじ》との連携が伝えられ、また在京の大名のうちにも応じる者ありと噂された。小倉宮はこの後京都に戻り、子を義教の猶子とした上で仏門に入れ（教尊）、自身も出家して聖承を名乗る。皇位競望を断念した形だが、子の教尊は後に嘉《か》吉《きっ》三年（一四四三）の「禁闕《きんけつ》の変」への関与を疑われて流罪に処せられる。

やや後の永享《えいきょう》九年（一四三七）に大覚寺門主義昭《ぎしょう》（義教の弟）が逐電した際にも、後南朝との連絡が噂され、時をほぼ同じくして河内で「楠木党」が蜂起している。嘉吉《かきつ》の乱に際しても、赤松満祐《あかまつみつすけ》が足利義尊《よしたか》（直冬《ただふゆ》孫）とともに小倉宮の擁立を図ったとされる。嘉吉三年には、「後鳥羽院後胤」を称する源尊秀《そんしゅう》と「南方護聖院宮ノ子」である金蔵主《こんぞうす》・通蔵主《つうぞうす》兄弟、それに日野《ひの》有光《ありみつ》・資親《すけちか》父子らが皇居に乱入し、神剣・神璽を奪取するという事件が起こった（禁闕の変）。比叡山に逃げ込もうとした一味は討たれ、神剣は奪還されたが、神璽は長禄《ちょうろく》二年（一四五八）まで「南方」の手にとどめられる。その間、文安《ぶんあん》元年（一四四四）・同四年には紀伊国での「南方宮方」の挙兵が伝えられている。また、応仁の乱の際には、山名持豊《もちとよ》（宗全《そうぜん》）に率いられ足利義視《よしみ》を戴く西軍が、将軍足利義政《よしまさ》に加えて後土御門《ごつちみかど》天皇と後花園上皇を擁する細川勝元《ほそかわかつもと》の東軍に対抗するためとして、「南帝」（小倉宮の末裔とされる）の擁立を画策している。

天皇の影

このように、十五世紀の政治的な事件の節目ごとに、南朝の影がきざす。もちろん、これらの行動に担ぎ出された「南方末裔」が本物か否か、問題となる場合もあるだろう。例えば、小倉宮の関係者が後南朝の活動においてしばしば推戴されているが、その系譜が明らかでない場合がままあり、後亀山院流正嫡の名が記号として用いられた可能性がある。また、河内近辺の「楠木」も、後南朝の活動に絡んで繰り返しその名が見えるが、楠木正成《まさしげ》との系譜関係など明らかでなく、この地で南朝方として兵を挙げる者をあらわす記号として、自称他称に用いられている節がある。こうした記号が抵抗を意味づける働きを持ち、京都の政治的中心に抗して兵を挙げようとする際に、後南朝の名を掲げることが、いわば「抵抗の作法」として形式化されるのである。

一方で、政治の中枢を占める武家も、抵抗に対処する上での天皇の効用を、あらためて認識するようになる。鎌倉公方足利持氏《もちうじ》が幕府に叛いた永享《えいきょう》十年の永享の乱に際し、足利義教は後花園天皇に「治罰綸旨《ちばつりんじ》」の発給を求め、また「錦 御旗《にしきのみはた》」の下賜を受けることによって、持氏を「朝敵」と名指している。その義教が赤松満祐に謀殺されて将軍不在となった際（嘉吉の乱）には、管領細川持之《もちゆき》に充てて満祐の追討を命ずる綸旨が発給されている。前者においては、敵手の持氏が「将軍」位を競望する立場にあったため、後花園天皇によって将軍宣下が与えられる可能性を遮断する意図があったかもしれない。また後者においては、武家政務の不在を補償する役割が公家政務に求められた、ということになろう。それぞれなりに特殊な事情があったにせよ、こうした策が採られるごとに、「朝廷・幕府体制」の中心を占める天皇の存在にスポットがあたることになる。

抵抗する側も、それを鎮圧しようとする側も、「天皇」という仕掛けの周囲を経巡っている。「光」を離れようとすれば「影」に捉えられる。こうした仕組みによって、天皇はこの世界の構造の中に確固たる位置を占める。そして後南朝の存在は、天皇の「影」として世界の仕組みを裏側から支え、人々を天皇の周辺に搦め取ってゆくのである。

3　伏見宮家の成立

後花園天皇の践祚

実はこの間に、皇位継承のロジックに、注目すべき変化が生じている。後小松院から皇位を譲られた称光天皇には皇子がなく、皇太子に立てられていた小川宮が応永三十二年に早世したため、後光厳院流には皇位継承者が不在となった。問題として浮上することによってこそ、継承のロジックがあらためて意識されることになる。

称光天皇は心身ともに健康上の問題を抱えており、後継者については早くから懸念されていたと覚しい。小川宮の死去の直後に伏見宮貞成《ふしみのみやさだふさ》（栄仁《よしひと》親王の子）が後小松院の猶子《ゆうし》として親王宣下を受けたのは、後継者問題への含みあってのことだろうが、これに称光天皇が強く反発し、貞成親王は出家に追い込まれた、という経緯もある。正長元年（一四二八）、天皇が病に伏した際には、後継者をめぐっていよいよさまざまな思惑が交錯することになった。今度の焦点は、貞成親王の子、彦仁《ひこひと》王であった。

この年七月八日に小倉宮（後の聖承）が出奔し伊勢に向かうという事件が起こった。同十三日に武家は使者を伏見に派遣し、彦仁王を東山若王子に移した。あるいは小倉宮のことがあったため同様の出奔を防ぐ意図からか、などとさまざまに取り沙汰されたようだが、彦仁王は十七日には後小松院の猶子として仙洞に参入、新帝に仕えるべき伝奏《てんそう》が選定されるなど、践祚へ向けた準備が始まる。称光天皇は同月二十日に死去したため、親王宣下も立太子も経ぬまま二十八日には彦仁王の践祚に至った（後花園天皇）。

彦仁王は、正平一統《しょうへいいっとう》の際に廃位された崇光《すこう》院の曾孫にあたる。崇光廃位の後、皇位は後光《ごこう》厳《ごん》流に移ったが、「天照大神以来の正統」を自任する崇光院は皇子栄仁親王の皇位継承を強く望み、貞成親王もその思いを受け継いでいた。自らは正統の回復を達せられず「崇光院よりこのかた、わが一流のすたれつるありさま」を憂えていた貞成親王は、「おほよそ祢光院のたえたるあとに皇統再興あれば」と、実子彦仁の践祚を正統への回帰として喜び（『椿葉記』）、くだって後小松院死去の報に接したときには「後光厳院以来御子孫四代御治世、他流ヲ交ヘズ叡慮《えいりよ》ノ如ク也。シカルニ忽チ御子孫断絶、不思議ノ事也」とする感興を日記に記している（『看聞日記《かんもんにつき》』）。

かくして皇位は後光厳院流から崇光院流へと移り、以後連綿として現代にまでその系譜が伝えられることになる、かのように見えるこの事態、実は皇位継承のロジックの問題と深く関わって、やや複雑な問題へと展開することになる。

直系への収束

従来、皇位継承の法式は、一貫した準則によって指示され規律されてきたわけではない。「天照大神の子孫が皇位に就く」という基本的条件は了解されていても、数多い天孫の中から適格者がいかにして選ばれるべきか、自明ではない。継承の法式が自明でなく、一貫した準則がなかったからこそ、皇統の内部に分岐対立が生じ、その都度の世代の中での最適格者が析出される、というプロセスが繰り返されてきたのである。このプロセスは後知恵で「正統《しようとう》」析出のプロセスとして記述され、その一方では安定した皇位継承の実現へ向けて種々の工夫が凝らされてきた（新田一郎「継承の論理」）。

例えば生母のステイタスを制限条件とし、母方氏族との関係を資源として皇位継承を支える法式や、あるいは子孫への継承を前倒しで実現しようとする「院政」型の継承法などが用いられ、時には状況の外部から条件づけを導入することによって、その都度の解決が図られてきた（河内祥輔『中世の天皇観』）。そうした動向は最終的には、確立されたステイタスを劣化させることなく子々孫々へと伝えてゆく直系の創出へと帰結する。この種の問題は、天皇だけではなく公家社会の家について広く観察される。前述したように、南北朝の争いはそうした問題群の集合的なあらわれでもあった。

皇統については、持明院統《じみょういんとう》内部での崇光院流（伏見宮《ふしみのみや》系）と後光厳院流との対抗関係の顛末が、この間の状況の推移を示している。後光厳から後円融への譲位の顛末は前述した通りで、自らの子孫に皇位を伝えようとする後光厳天皇と崇光院との対抗関係は、公家社会内部での解決に至らず、またもや武家《ぶけ》執奏《しっそう》という外部条件を導入して解が導かれた。この時に斥けられた栄仁親王はなおも皇位継承への意欲を持ち続けたようだが、後円融《ごえんゆう》から後小松《ごこまつ》への継承に際しては特段の紛議ともならず、応永五年（一三九八）に父崇光院が没すると間もなく出家し、皇位継承の望みを断たれている。この出家は足利義満の意向によったものらしく、その背景には、皇統を直系化することによって紛議の可能性を縮減しようとする意図を、想定できよう。このことについて、庭田経有（栄仁の母の兄弟）はその日記に「天照太神以来一流の御正統、既に以て失墜」と記し、崇光院流の危機を嘆いているが、皇統はようやくにして一つの直系へと収束しつつあり、伏見宮は皇統から区別された独自の家として成型される方向へ進みつつあったのである。

なお、南朝方に拉致された崇光院が帰京を許された際、その条件として「以後崇光院流から は皇位に就かない」旨の告文（誓約書）を書かされた、との所伝がある。これは勿論、大覚寺統との関係を念頭において書かされたもの、ということになるが、やがて後光厳院流対崇光院流という異なる局面において参照されることになる。

後花園天皇の位置づけ

直系へと収束しつつあった皇統だが、後光厳から後円融を経て後小松へと継承された直系を嗣ぐべき称光天皇が、皇子のないままに没したため、伏見宮から彦仁王が後小松院の養子に迎えられて皇位を嗣いだわけである。これを一見したところ崇光院流に皇位が移った如く、しかし実は、この後花園天皇の嗣立について、後小松院の側ではあくまでも後光厳院流の継承として意味づけようとしていたと見られる。ここで「皇統の継承」をめぐって、異なる解釈が交錯することになる。

後花園天皇が崇光院流と後光厳院流のいずれを嗣ぐのか、という問題は、永享《えいきょう》五年（一四三三）に後小松院が没した際、天皇の父の死として諒闇《りょうあん》の儀を行うか否かをめぐって浮上する。後小松院は遺詔を足利義教《よしのり》に託して諒闇の儀を求めたが、義教は、後光厳院流が皇統として永続すべきものなら、子孫が絶えるという事態はそもそも起こるはずがないとして、強いて後光厳院流の継承という形式をとることに、疑念を示している。意見を問われた三宝院《さんぼういん》満済《まんさい》は、崇光院の「御告文」の逸話を披瀝して、後花園天皇を崇光院流と位置づけることの不可を説き、また、皇位が後光厳院流に伝えられるよう武家として計らうことが後光厳天皇擁立以来の「公武御契約」であるとも述べて、諒闇の儀を行うべきことを主張した。結局、籤をもって神意を問い、諒闇との結論に至る（『満済准后日記』）。

この結果、後花園天皇を後光厳院流の継承者とする解釈が再確認され、崇光院流の再興を希求してきた貞成親王としては、実子の践祚にまで至りながらその望みを斥けられるという残念な結果となる。貞成は後花園天皇との父子関係に固執し、天皇の父として太上天皇の尊号を得ることを期待していた。対して後小松院は、貞成への尊号宣下は後花園天皇の父子関係を強調することになり後光厳院流の断絶につながりかねないとして反対していたという。貞成への尊号宣下は後小松院の没後に実現する（後崇光院）ものの、もはやそのことによって後花園天皇の系譜上の位置づけに変化が生じることはなかった。

そうした認識の反映であろう、『皇年代略記』『本朝皇胤紹運録《ほんちょうこういんじょううんろく》』などの系図類は、後花園天皇を後小松院の実子であるかのように配置している。一方、伏見宮側で作成した系図には、彦仁（後花園）を貞成の子の位置に記すものがあったようで、そのことを知った万里小路時房《までのこうじときふさ》は「誠ニ然ルベカラザル事也」との批判を日記に記している。

「伏見宮家」の成立と天皇家直系

爾後、後花園天皇は後小松院の後継者として皇位を子孫へ伝え、一方の貞成の跡は彦仁の弟貞常《さだつね》親王によって継承されて子孫相承、やがて近代にまで至る。貞成の二人の実子、彦仁と貞常は、後光厳院流の天皇家、崇光院流の伏見宮家、それぞれ別の家を子孫に伝えることになったわけである。それぞれの家は父子直系継承を範型とし、例えばくだって近世中期に、後桃園《ごももぞの》天皇に皇子なく傍系の閑院宮《かんいんのみや》家から光格《こうかく》天皇が践祚した際にも、閑院宮流に皇位が移ったとはせず、先代の養嗣子という形をとって直系継承が擬制されている。「天皇家」「伏見宮家」それぞれ、ステイタスを劣化させることなく、時に擬制を交えつつ直系継承する仕組みとして、成型されたのである。

本来、親王の地位称号は、天皇との関係に依存し、原則として「一世王まで」とされていた。したがって嫡系との関係を離れてはそのステイタスを維持しえず、父のステイタスを子がそのまま継承するのではなく、嫡系から分岐して後、世代を経るごとに劣化コピーとなって、ステイタスを維持できずにやがてフェードアウトするのが、基本的なあり方であった。常盤井宮や木寺宮、四辻宮など、鎌倉末期から南北朝期にかけて、断続的に複数世代にわたり親王となった事例はあるものの、父のステイタスが子にそのまま継承されたのではなく、天皇の猶子となることによってその都度獲得された特例であり、それも永続せずにやがて途絶している。

これらを「世襲親王家」とは呼びがたいものの、複数世代にわたるそれなりの期間、親王号を望みうる立場を維持したことは注目に値する。小川剛生氏が指摘するように、これらの宮家に特徴的なのは、家祖が皇位継承を望みうる立場にありながら事情があって断念したという事情、及びそれと関係して、王家の所領群を継承し周囲に家臣団を形成していた点である（小川「伏見宮家の成立」）。すなわち、「所領とそれを預かる家臣」という継承の客体が形成され、それを維持しようとする動機が働いてこそ、家のステイタスを劣化させずに永続させようとする力が発生する。

伏見宮の場合も、崇光院流の嫡系として、家領のみならず持明院統累世の家記典籍類を多く伝えていたことが、継承の客体としての家の核を与えたと考えられる。二代目の治仁王は宮家を嗣いで間もなくに死去したこともあって親王宣下の機会を得なかったが、その跡を嗣いだ弟の貞成親王は親王宣下を受け、さらに四代目の貞常親王が天皇の実弟として親王宣下を受けて以降、代々親王宣下を受けることが常例となる。このように親王たるステイタスを長期にわたり安定して継承する本格的な世襲親王家は、伏見宮家を以て嚆矢《こうし》とする。貞常が後花園天皇から永世にわたり「伏見殿御所」と称することを勅許された、とする所伝があり、これによって伏見宮家が皇統嫡系との距離に依存せずに自立し継承される世襲親王家としてのステイタスを確立した、とする解釈が示されることもある。

こうして、天皇家直系と伏見宮家とは皇統の内部で画然と分かたれ、それぞれ継承すべき役割を異にする家として成型される。伏見宮家はその家産とステイタスを継承する世襲親王家として成型され、皇位の正統の所在は擬制的な直系へと固定されたわけである。

4　権威の構造

「将軍」のディレンマ

称光天皇に半年ほど先んじて、応永《おうえい》三十五年正月十八日、前将軍足利義持《よしもち》が死去した。後継者指名を求める周囲の嘆願を義持は最後まで容れなかったため、いずれも仏門に入っていた四人の弟を候補として籤が引かれ、当たった青蓮院義円《しょうれんいんぎえん》が「室町殿」を嗣ぐこととなった。還俗して当初「義宣」を名乗った後の義教が、後小松院のサボタージュに遭ったり、将軍宣下以前に自身の判を政務決裁に用いることを制せられたりしたことについては前述した。つまり、「室町殿の後継者」というだけでは、義教が自ら政務を決裁することに十分な根拠とはならない。義教の政治的な権能は、籤に示された「神意」に根拠を求められるものではなく、少なくともそのスタートにおいては、武家の長たる「将軍」という形式に依存するところが大きかったのである。

そしてひとたび形式を獲得し条件を満たすや、義教はその形式の内部において苛烈な専制を揮うわけだが、人為世界に与えられた形式によって作動した義教の「権力」のアキレス腱もまた、この形式性に存した。こうした形式は義教のパーソナリティに固着したものではなく、原理的には、他に適格な担い手がおれば入れ替え可能である。義教の嗣立当初に鎌倉公方足利持氏《もちうじ》への将軍宣下の風説が流れたのは、そのことのあらわれである。持氏は義教の襲職以前から将軍の地位を望み、その後も同じ形式を争う競争相手として、しばしば義教に対する対抗意識を示していた。その持氏との間に明示的な差をつける仕掛けが必要とされたのは永享《えいきょう》十年（一四三八）のこと、持氏と関東管領上杉憲実《のりざね》との対立に端を発した永享の乱において、持氏追討の軍を派遣するに際し、義教は後花園天皇に「治罰綸旨《ちばつりんじ》」の発給と「錦御旗」の賜与を「隠密」のうちに求めたのである。

今谷明氏は、「天皇権威の復活」を恐れた義教がこの「治罰綸旨」発給の事実を「京都ではひた隠しに秘匿した」としている（今谷『武家と天皇』）。錦旗調製の情報は比較的速やかに公家社会に伝わり、「関東御退治、朝敵御征伐のため」との理解もそれなりに流布していたようだが、西園寺公名《きんな》の日記には、一ヵ月ほど後に「持氏追討のために治罰綸旨が発せられた」との「巷説」が書きとめられ、あらためて「錦御旗はこのためであったか」との推量が述べられ、ついで綸旨文案が書写されている。義教が努めて秘匿しようとしたかは措き、綸旨発給にせよ錦旗賜与にせよ、京都社会に対して積極的に誇示はされなかったことが知られる。持氏を「朝敵」として追討の対象とすることの効果は、もっぱら関東において発揮されることが期待されたのである。

同じように持氏追討を命ずるにしても、遡って応永三十年、持氏が関東の親京都派の武将を攻撃したのに対して、義持が今川範政《のりまさ》らに持氏追討を命じた際には、公家に奏請することなく、「武家御旗」を調製賜与している。この局面では、直接の対抗関係は追討軍を率いた今川範政らと持氏との間に設定され、その関係を条件づける作用が「武家御旗」に求められている。この二つの事例の間には、「義持と持氏」「義教と持氏」の関係の差異が作用しているに違いない。持氏は、義持に対しては同格の争いを挑んではいないが、義教に対しては義持の後継「将軍」の地位を争う姿勢を見せている。そしていずれの事例においても、「御旗」の効用は、拮抗する関係の外部から条件を導入して有意な「差」を生み出すことに、求められるのであろう。

こうしたことを踏まえてみるならば、桃崎有一郎氏が「錦御旗」の効果の勘所を「他者と同等の正当性を備えることに主眼があり、いわば正当性の相対的価値を主軸に備えた発想」に求めているのは、興味深い洞察である（桃崎「書評　菅原正子著『中世の武家と公家の「家」』」）。桃崎氏はまた「地方で繰り広げられる権威・正当性誇示競争は案外そのようなレベルでしかなかった事例が少なくないのではないか」とも推測的に述べている。問題は正当性の有無ではなく、拮抗する相手との間に差分を設け、あるいは相手方につけられた差分を打ち消して、相手と同等（以上）であることを誇示することにある。ハードケースに解を導く条件が外部から導入される、という構図が、ここにも登場する。

なお、嘉吉の乱で「将軍」を欠く状態で赤松満祐《あかまつみつすけ》追討の軍を起こす際、後花園天皇の治罰綸旨が求められた一方で、「公家御旗」の賜与は求められず、その理由として、細川持常・山名持豊が「武家御旗」を与えられて既に先発しており、「山名・細川よりも上の者で、只今御旗を給わって進発することができる者がいない」ことが挙げられている。この局面で、少なくとも「御旗」に関する限りは、「公家御旗は武家御旗よりも上位の者に賜与される」

という優劣の関係が認識されていたようである。

こうして、「将軍」という形式は、ひとまずは京都社会において強力な作用を持ち、他の候補を排して義教に「天下の事を判断する」役割を付与することによって、その専制を演出したわけだが、その作用はそうした形式を生成し意味を付与するメカニズムの構造によって規定され、そこに公家政務の作用が介在する場合がある。このことは勿論、「天皇の権威」というお馴染みの問題と関わり、水林彪氏が近世の天皇制について「武家政権にとっての『法』」と表現した（水林「近世天皇制研究についての一考察」）構造へとつながる萌芽といえるのだが、その種の問題が政治史の表面に浮上したこの局面を指して「天皇の権威の復活」などと簡単に括ることは、必ずしも適切ではない。この問題はまず、この世界における「権威」の仕組みに関わる。

武家官途の効用

重要な問題のひとつは、こうした形式の、京都の外部における作動条件である。十五世紀前半、政治情勢が比較的安定していた時期に、守護在京制を前提とした緩やかな求心的構造が、政治の基本的条件として作用していたことは前述した。地方のローカルな社会は、政治的・経済的な回路を経由して中央と連結され、中央の政治の場を介して相互に関係づけられることによって、全体として緩やかに統合されていた。輻射状に構成された関係性の文脈を横断する「大名《たいめい》」（主要守護）間の通交は、中央における政治的関係の形式を参照することによって条件づけられ、「守護（大名）であること」を土台として、守護（大名）間の通交の通交儀礼が構築されることになる。そこで相互の関係を指示する指標として用いられたもののひとつに、「官途《かんと》」がある。

「官途」は、おおまかには「官職名」と言い換えることができ、本来は律令国家における地位役割を表示する指標であった。しかし中世後期における官途、とくに武士たちの帯びるそれは、官制上の実質的な役割を伴わず、相互の位置関係を測定するためのシグナルとして用いられる局面が多かった。官途の授与も、形式的には天皇が主体となるものの、実質的には「武家推挙」によって決せられる習いであった。

中世公家社会における官司運営方式の転換（特定の家門による実務現業部門の請負）が進行した結果、いくつかの官司で長官職が空名化したことをうけて、南北朝期には左右京・修理・大膳《だいぜん》の四職の大夫《だいぶ》（長官）正官や左右馬頭などの職は実質を欠き、本来の職掌や定員などの規定とは無関係に守護など武家関係の人々に与えられ、もっぱら「格」の指標として用いられるようになる。この種の「武家官途」に対する需要や効果の度合いは一様ではなく、いずれの官途が求められるかは、それぞれの地域において有力者がいかなる官途を得てきたか、という履歴に依存して偏差が大きい、との指摘がある（木下聡「武家と四職大夫」）。これらの官途は、潜在的な対抗関係を孕むローカルな構造の中に繰り込まれることによって、官途を持つ者と持たない者との間に差異を生み出し、あるいは同等の官途の獲得がその差分を解消する、といった効果が期待される。その効果はローカルな事情に強く依存し、そこに中央からの制御がダイレクトに及ぶものではない。

ここで再び、前述した桃崎氏の洞察が想起されよう。併せ考えるならば、旗にせよ官途にせよ、社会構造の中で類似の地位をめぐって競合する相手との位置関係を、どのようにして表象するか、という問題に関わる。こうした仕掛けによって可視的に表現された位置関係の差異は、儀礼的な構造と結びついて周囲の人々に示され、彼我の差分を人々の認識に繰り込み、その対応を条件づける。

例えば「守護」「国司」などのローカルなタイトルについても、「守護（国司）である」ことと「守護（国司）でない」ことによって可視的に示される差分が、「どちらが頼り甲斐があるか」「他者がどちらを頼るか」をめぐる周囲の人々の判断を条件づけることがあるという（大藪海「戦国期における武家官位と守護職」）。彼我の差分が周囲の人々の目に見える形で示されることが、ローカルな社会に張りめぐらされた諸関係の中でそれぞれ「しかるべく扱われること」へと結びつき、人々の視線の交錯する中に非対称的な関係を浮かび上がらせる資源として用いられることになるわけである。

このように、関係の外部から導入されたタイトルが媒介変数として可視的な差分を作り出す仕組みは、「権威」という仕掛けに関わる現象である。それはすなわち、世界に共通理解の可能な形式を付与することであり、中央の文明が周辺の世界に及び、ローカルな世界に通交可能な条件づけを与えることに、他ならない。

武家故実の形成

そうした差分を織り込んだ相互通交のための儀礼・手続きは、やや後に武家故実として成型され、それが形式の流布の媒体となる。武家社会の人々の振る舞いを、それぞれの地位や相手との関係性に応じて指示する武家故実は、官位・家格を指標とした公家社会の礼法の様式を借り、そこに武家独自の条件を加味した文化装置として説明される。京都の文明社会における実践の積み重ねの中から武家故実が析出され自覚的に成型されるのは十五世紀後半、将軍の代でいえば義政《よしまさ》以降のことと見られる。その過程に与って大きな役割を果たしたのが、伊勢氏である（二木謙一『中世武家儀礼の研究』）。

伊勢氏は足利氏譜代の被官。義満に仕えた貞継《さだつぐ》のとき、鎌倉以来の武家政所《まんどころ》執事《しつじ》職を世襲していた二階堂《にかいどう》氏に代わって政所執事となり、以後その職を世襲している。その職務上、武家周辺のさまざまな儀礼に関与する一方、二階堂氏はじめ前代以来の吏僚諸家に伝わる諸書を借覧書写するなどして、その職務上必要な情報を蓄積していった。そうやって蓄積された知識・情報が、義政に仕えた貞親《さだちか》とその子貞宗《さだむね》によって整備され伊勢流故実の基盤となる。武家関係者と公家社会との通交が日常の光景となった義満の時代を振り返って、年中行事や儀礼に関する先例を求め、振り返って由緒濫觴としての意味を付与することによって、故実としての表現形式を整える作業が進行したのである。書札礼《しょさつれい》を中核とし、年中の贈答儀礼や行事における作法など、地位立場や相互の関係に応じて標準化された「お付き合いの作法」が、故実書などの形をとって人々に供給された。

伊勢流を中核とした武家故実が（小笠原流・細川流などを派生させつつ）形をとったことによって、武家社会における作法故実は、観察可能な形で標準化されることになる。武家周辺の人々は、武家の職制や官途を主たる指標として、標準的な儀礼的役割や相互通交の手続きなどを措定され、それに沿って振る舞うことを期待される。武士としてのアイデンティティにかかわる「武」の専門技能も、儀礼化され武家故実の重要な要素として組み込まれる。無論このことは、武士にとって実戦的な戦闘能力が無用となったことを意味するのではないが、文明化され形式化された武家社会に参入するためには、戦闘能力以上に、文明化された適切な振る舞い方を身につけていることが求められるのである。

武家故実上の位置づけが京都社会における政治的資源としての意味を持つことから、これをそれぞれの家に付随した家格として確保し次世代へと継承する（長男子相続を第一の選択肢としつつ養嗣子を許容する）仕組みの形成が、公家社会におけると同様、武家社会においても、その過程で直系の形成をめぐる争いを伴いつつ、進行する。それぞれの家ごとに占めるべきポジションに応じて期待される故実を習得し継承することが、家の存立と継承において重要な意味を持つ。例えば、十五世紀に将軍側近に在って申次《もうしつぎ》を務めた大舘《おおだち》氏なども、伊勢流の故実書を収集するなどして、武家の実務の現場における作法の習得に努めている。そこに武家故実に対する需要が生まれ、武士たちの需要に応えて故実を供給し作法を指南する故実家の役割が見出だされることになる。

「権威」の構造

文明化された世界は平坦ではなく、さまざまな形式によって認識可能な構造を持つ。この構造が人々の間に差分を発生させ、その差分についての人々の認識を標準化する。人々が世界を同じように認識することによって、世界はいわば「同期」され、その構造の上で形づくられる人々の間の非対称的な関係をめぐって、認識と実践とが循環的に支えあい、人々が互いの振る舞いを条件づけあう。そうした循環の中に析出される制度が、世界に秩序を与える仕組みとして作動し、現に作動している仕組みを共有することが相互の通交を円滑ならしめる。そのことが、こうした仕組みを用いることの実践的な効用を循環的に基礎づけ、構造の維持へと向けた大筋での合意を演出する。

この仕組みは、「天皇」や「将軍」を（不可欠かどうかは措くとしても）要素として組み込み、それぞれの役割を振り当てて成り立っている。とりわけ、この文明世界の原型が天皇の周囲に律令体制として構築され、それを古典としてモデル化されたことが、天皇に世界の儀礼的中心としての特別なステイタスと役割とを付与し、「天皇の存在を前提とした世界」を所与の条件として、その成り立ちの根拠についての深刻な問いを伴わずに固着させる要因となる。南北朝期以降、「官宣旨《かんせんじ》」に代表される大げさな形式ばった律令由来の文書様式が先祖返り的に多用されるようになるという（本郷恵子『将軍権力の発見』）が、それはそうした構造の現前に他ならない。

ここに、「天皇の存在」に対する需要の生じる条件が見出だされ、その儀礼的中心としての役割と相俟って「天皇の権威」を現象させる。「儀礼的中心を占める天皇」に対して明示黙示の承認が与えられ、その前提に公然と反することを忌避するバイアスが生じる。これに「権威」という語を充てることは不適切ではないだろうが、こうした形で天皇の位置づけと役割が認知されていることと、天皇が能動的な「権力」を行使しうることとは、別の問題である。「権威」は、それを帯びた主体の能動的な意思作用として行使されるのではない。前述した武家官途にしても、適格な形式を与えるのは天皇であるとはいえ、実質的には武家の推挙に基づいて授与されるのが通例であって、天皇が「官位授与権」をもって人々に臨み、それを踏まえて政治的権能を揮いえた、というわけでは必ずしもない。

とはいえその存在は、この世界における「権力」という現象に関わりを持たないわけでもない。ここでは「権力」を、社会関係形成の場に繰り込まれる操作可能な影響力の非対称性に着目し、「意思主体から客体に向かって非対称的に作用し関係を条件づける因子」を指して用いるが、個別の関係に着目するならば、儀礼的なステイタスの差分が生み出す非対称性が、「権力」的な関係の資源となる場合がある。また、関係の内部で決定困難な問題に外部から条件を供給する役割が、神仏や高いステイタスを帯びた者に求められる場合があり、天皇にそうした作用が求められるケースもある。世界に認識可能な構造を与え人々の間に差分を生み出す「権威」の仕組みは、社会関係を成型するために利用可能な資源として用いられ、ときに「権力」を作動させる条件として機能するのである。

そうした「権威」条件の、京都社会の外部における布置は一様ではない。人々の世界認識が文明化され形式化されている度合いは、時期により地域によってさまざまであり、「権威」条件が利用される様相や度合い、またその効果も、ローカルな事情にひとまずは強く依存する。とはいえ、長いタイムスパンでみるならば、「天皇の存在を前提として構造化された世界」は、中世後期を通じて卑俗化しつつも拡散し、各地域ローカルな構造を析出させる条件として作動するとともに、ローカルな構造を横断した通交の儀礼・手続きを提供することになる。その過程で故実家の活動が商品価値を持つことになるが、そのあたりは、次章の主題のひとつとなる。

第四章　古典を鑑とした世界

1　家業の変質

『公武大体略記』

長禄《ちょうろく》二年（一四五八）三月四日（一本に「十四日」）に「或人ノ所望」に応じ「空蔵主」なる人物によって著されたという『公武大体略記』は、当時の公家社会における家業のありかたの一端を示す史料である。

著者とされる空蔵主については、長禄二年の執筆時に「年齢六十四」であり従って応永《おうえい》二年の生まれであることを奥書《おくがき》から知るのみで、系譜などの手がかりはない。成立年次についても確証はなく、登場する人物の官位等について、「長禄二年三月四日（十四日）」の時点の状況と比較するに、概ね一致しているものの、同年七月に太政大臣《だいじょうだいじん》に任ぜられた二条持通《もちみち》を「太政大臣持通公」とし、前年に左大臣を辞し出家した洞院実熙《とういんさねひろ》を「今内府実熙公」としているなど、若干の齟齬が見られる。西園寺公名《きんな》や大炊御門信宗《おおいのみかどのぶむね》のように、長禄二年以前に出家したにもかかわらず「今」の当主として記載された例も少なくない。世尊寺《せそんじ》伊忠《これただ》はこの年に行高と改名しているが反映されていない。奥書の年月日よりもやや後の記述であることは想定できるものの、一時点に特定されるのではなく、一定の幅をもって述作されたものか、あるいは後になって往時に仮託して書かれたものかもしれない。

さて、この書は、禁裏（天皇）・仙院（院）・后宮にはじまり、武家を含んで諸家に至る、京都社会を構成する家々について、その来歴と格式、役割などを記したものである。タイトルに「公武」と冠しているものの、「武」については足利家とその係累を載せるにとどまり、実質的には公家社会の諸家一覧といった趣の一書である。

この書で「家業」という表現が用いられた箇所としては、「三家」のうちの飛鳥井《あすかい》について「専ラ和歌蹴鞠《けまり》ノ二道ヲ家業トス」、「名家」のうちの綾小路《あやのこうじ》と庭田について「郢曲《えいきょく》ヲ家業トス」、「諸道」のうち「大少ノ外記《げき》ハ、清原中原《きよはらなかはら》両氏累代ノ家業也」、同じく「諸道」のうち「医家ハ和気・丹波両氏ニ伝フ。朝恩ニ浴シ家業ヲ嗜《たしな》ミ侍ル也」とある。他にも、難波の蹴鞠を「累世ノ業」、冷泉を「累代和歌ノ名匠」などと、家業の語を用いてはいないけれどもそれに近いと見られるものも、いくつか散見される。見る如く、外記や医道の家のように官職に伴う業務に由来するものと、郢曲や和歌蹴鞠のように官職に伴う業務そのものではない技芸の記述が、家業として混在している。

くだって近世、公家社会の家々を書きあげた『諸家家業』『諸家々業記』などの書物では、「摂家」「親王」といった家格と、「和歌」「能書」などの技芸が、それぞれの家を特徴づける指標として用いられており、「内容記載には一貫性がなく、家格毎の家業と内容毎の家業があるように記されている」（橋本政宣『近世公家社会の研究』）。例として寛文《かんぶん》八年（一六六八）成立の『諸家家業』についてみると、まず「家格毎の家業」が列挙され、ついで「別ニ家業アルトモカラ、サラニ左ニ記シ侍ルナリ」として「内容毎の家業」が列挙されている。「家格毎」のほうは、例えば「清華《せいが》」及び「大臣家」の家業としては「四箇ノ大事」（節会《せちえ》・官奏《かんそう》・叙位《じょい》・除目《じもく》）と「有職故実《ゆうそくこじつ》」が挙げられ、要するに有職故実を以て朝儀に参画するという、家格に伴う官職に付随した業務を家業としている。一方、「内容毎」のうちには、和歌や能書とともに、神祇伯や陰陽道など世襲化された官職に由来するものもあり、実はここには、「家格毎」「内容毎」という別の他に、官制由来のものとそうでないものとの混在が見られる。なお、「家格毎」では「清華」であり「内容毎」では「琵琶《びわ》」を家業とする西園寺家のように、双方に重出する家も少なくない。

　これと対比してあらためて『公武大体略記』を見るならば、そこではおおよそ「家格毎」に家々が列挙され、「内容毎の家業」は独立の項目としては立てられず、注釈的に記述されていることがわかる。この記述様式から、「内容毎の家業」を析出して項目を立てて、「家格毎」を含めそれぞれの家の担うべき役割を家業としてあらためて括り直せば、『諸家家業』の記述様式ができあがる。両者の間の差異は、そうした記述様式の違いに加えて、『諸家家業』では『公武大体略記』に比べて数多くの家業が、官制由来のものとそうでないものとが混在しつつ並べられている点にある。

　こうした家業は、近世には家の分類指標として広く用いられている。家々を書きあげたカタログ類だけでなく、『禁中《きんちゅう》並《ならびに》公家《くげ》中諸法度《ちゅうしょはっと》』やそれに先立つ織豊期の法度類でも、公家衆にはそれぞれの家業を務めることが任として定められ、「内容記載には一貫性がなく、家格毎の家業と内容毎の家業があるように記され」た家業と同様のものが念頭に置かれている。『公武大体略記』においては注釈的に記載されていた「内容毎の家業」は、近世においては「家格毎の家業」と並ぶ公式の指標となっている。このことは、十五世紀から十七世紀にかけて、さまざまな「内容毎の家業」が析出されてその意味を重くし、それぞれの家の存立を特徴づける公的な意味を与えられていったことを想定させる。

中世と近世のあいだ

こうした近世の家業の構造は、中世前期について想定されるような、家ごとに官人としてのライフコースが定まる仕組みとしての家業とは、異なる。

二条良基《にじょうよしもと》が「人臣の君に仕ふること、皆塵に継ぎてその所業をたしなむるなり。我家には摂家先づ政道、次に和漢の才学也」（『嵯峨野物語』）と述べ、小川剛生氏が「『摂家』の『所業』とは有職に通暁《つうぎょう》して、朝廷のいとなみを監督し執行することであり、それをもって『政道』を体現するのである」（小川『二条良基研究』）と述べた摂関家の役割に代表されるように、本来、公家社会を構成する人々は、「朝廷のいとなみ」に関わりを持ち、一定の役割をもってそこに参与することに、存立の理由を見出だしていた。彼らを貴族と呼ぶとすれば、その貴族たるステイタスは、天皇に仕える官人として官位を帯び役職を担っていることと不可分であり、高い官位につくことが高いステイタスをもたらし、担う官職によって役割が指示されることが、本来のあり方であった。

そして、家ごとに官職歴任の基本的なパターンが形成されればそれが家格と関連づけられ、特定の家が特定の職分を請け負い世襲するようになればそれが家業として認知されることになるが、それらいずれも官制上の役割配置に由来する。もとより「和歌の家」「日記の家」などと指称される家はあるものの、それは制度的な意味を持つ呼称ではない。

これと比較するならば、近世の家業では、公事《くじ》遂行へと収斂《しゅうれん》する官の機構の作動とは直接の関係のないところに由来する技芸が、公式の指標としてかなり大きな比重を占めている。この間には、公事遂行へと収斂する官の機構の作動が公家社会で持つ意味の変化が想定されよう。『公武大体略記』は、そうした家業の記述の萌芽を見せるものとしては、かなり早い時期に属するものではないかと思われる。著述の年代に疑義が残るものの、家業を一貫した体系に括る仕組みが、このころ以降にどう変化していったのか、そのひとつの出発点として見ることは、可能であろう。

家業の条件変化

公家社会における家業の変質の経緯をある程度まで具体的に辿ることができるのは、室町・戦国期の史料を豊富に残す山科《やましな》家の事例である。菅原正子氏による研究（『中世公家の経済と文化』など）に導かれ、瞥見《べっけん》を加える。

山科家は藤原氏四《し》条《じょう》家の支流。南北朝期から「山科」を家名として名乗り、『公武大体略記』では「名家《めいか》」、後には「羽林《うりん》」に数えられることになる家柄で、内蔵頭《くらのかみ》の職を世襲して天皇の衣服調進を任としたことから、装束・衣紋に関わる技術を家職として伝えた。十五世紀初期あたりまでは、朝廷から給付される月宛などによって定期的に天皇の衣服を調進したが、やがて十五世紀後半の言国《ときくに》のころには、朝廷からの定期的な給付が途絶えて用務ごとの支給となり、さらには用務自体が減少したことに伴い、本業の天皇の衣服調進だけでなく、他の人々の依頼に応じて衣服装束の作製・染色や手入れなどを手掛けるようになった。言国自らは技術を習得せず、実際の作業は妻や家司《けいし》らが担ったようだが、言国の孫にあたる言継《ときつぐ》は自ら種々の技術を習得してこれをさらに盛んとし、公事分担者ではなくいわば独立企業として、朝廷からの給付の減少や所領の不知行化による減収を補い、家の経済を支えるようになる。『公武大体略記』には家業の記述がないものの、中世末までには山科家は装束の家として数えられるようになっている。

官職に付随した技術を本来の目的以外に転用して収入を得、それによって家の成り立ちを支える。ここでは、本来は官職の職務遂行に付随していた家経済が、公事から切り離されて独立に存立し、それがやがて家の公式な指標になるわけである。類似の現象は、陰陽道《おんみょうどう》の土《つち》御門《みかど》家などについても想定される。

一方、官制由来でない家業の代表格としては、飛鳥井家や冷泉家の和歌・蹴鞠、清水谷《しみずだに》家の能書など、いわば公家社会の一般教養が専門化・家業化した例がある。それぞれの技芸の指南や免許、能書の場合には依頼に応じて書をしたためるなどして、対価を得る。それが家の経済を支える家業として継承され定着したわけである。なお、山科言継は医薬にも通じて業とし、子の言経もこれを継承した。家業として定着するに至らなかったが、もしも定着しておればこれも「官制由来でない家業」の例に数えられたかもしれない。

こうして中世末から近世には、そもそも官制由来でないいわば生粋の民業と、山科家の衣服のように官制由来であってもそれからいったん切り離されていわば民営化されたものとが並存し、しかしいずれにせよ公事遂行の仕組みから切り離され独立業務となってしまえば、「内容毎の家業」としての実質的な差異はなくなる。

そうしてそれぞれの家の存立を支える生業として析出された家業を、織田信長は廷臣の「知行《ちぎょう》」を保証する際のロジックへと繰り込み、「家業に基づいて朝廷奉公を果たす経費・対価たる性質を明記し」た（水野智之『室町時代公武関係の研究』）。独立業務化した家業を、「公事遂行」へと括り直すことなく直接に「朝廷奉公」へと関連づけることによって、公式の体制に包摂したわけである。そうした構想は、「家々の道を嗜」むことによる「公儀御奉公」を求めた（文禄《ぶんろく》四年「御掟追加」）豊臣秀吉を経て、近世に継承される。近世公家衆の家業については、「公家が公儀＝幕府へはたす務め」とする理解と、「その家に世襲された権利（職）」とする理解とが微妙な角度で交差しているようだが、要は、後者を遂行することが前者を満たす、という関係にある。

古代・中世史学者と近世史学者との間で、公家社会における家業についての理解に若干の齟齬がみられることがあるが、どうやらこのあたりに推移の勘所がある。端的に言えば、さまざまな由緒来歴を持つそれぞれの「家の生業」が並立する構造の形成が、想定されることになる。それはつまり、公事遂行を軸とした体制の解体に他ならない。

2　公事体制の解体

応仁の乱

後花園《ごはなぞの》天皇は、寛正《かんしょう》五年（一四六四）に子の成仁《ふさひと》親王（後土御門《ごつちみかど》天皇）に譲位して院政を開始した。翌寛正六年に即位礼、文正《ぶんしょう》元年（一四六六）には大嘗会《だいじょうえ》を挙行した後土御門天皇だが、その翌年に応仁《おうにん》の乱（応仁・文明《ぶんめい》の乱）が勃発したことによって、その在位期間の大半は、断続的な戦乱と公事《くじ》停滞の中でうち過ぎることになった。

乱の経緯の詳細には触れないが、将軍足利義政《よしまさ》の継嗣をめぐる細川勝元《ほそかわかつもと》らと山名持豊《やまなもちとよ》らとの対立を軸として、各守護家の家督争いが先鋭化し、大規模な軍事的衝突に至った、というのが事の大要である。この過程で、将軍足利義政のもとに後花園上皇・後土御門天皇を戴く細川方（東軍）への対抗上、義政の養子義視《よしみ》の擁立を図る山名方（西軍）は一時的にだが南朝系「小倉宮《おぐらのみや》御末」を「南帝」として担ぎ出し、あたかも二つの幕府、二つの朝廷が現出したかのような様相を呈する局面もあった。

この乱、足利将軍家の直系をめぐる争いを軸に、斯波《しば》・畠山《はたけやま》・山名など多くの大名家が分裂しそれぞれの直系をめぐって争った状況として一見すれば、公家社会における「南北朝の内乱」に似る。ただし、北朝の勝利へと明確に結果し、その帰結として公家社会諸家に直系の整序をもたらした「南北朝の内乱」とは異なり、東西両陣営の旗幟《きし》は必ずしも明確でなく、大小さまざまな思惑が錯綜して戦闘の目的が拡散し、終わり方を見失ったまま惰性的に長期にわたる乱が続いた、との感が強い。結局、一方に収斂して諸家内部の対立が整理されるには至らず、多くの火種を残したまま、やがて勝元・持豊の死をうけて、それぞれの後継者の間で講和が成り、文明《ぶんめい》九年（一四七七）には乱はひとまず終息する。

この間の文明二年、乱のさなかに後花園上皇が死去、後土御門天皇の親政となるが、朝廷の諸公事は停滞したまま、その復興は容易ではなかった。嘉吉《かきつ》三年（一四四三）の禁闕《きんけつ》の変の際に焼亡し康正《こうしょう》二年（一四五六）に再建されていた土御門内裏は、応仁の乱では炎上は免れたとはいえ、修繕を要しながら事行かず、後土御門天皇は義政の室町邸を仮宮としてしばらくの時を過ごし、文明十一年（一四七九）四月にようやく修繕に着手、同年十二月に土御門内裏に還幸した。この後も修繕を繰り返しつつ近世に至るまで用いられることになるこの土御門内裏を公事儀礼の場として、後土御門天皇は、一条兼《いちじょうかね》良《よし》らに諮って公事再興を試み、諸国に廷臣を派遣して禁《きん》裏《り》御料《ごりょう》所出の運上《うんじょう》を求めたり、諸方に献金を募るなどして費用の確保に努めた。その結果、延徳《えんとく》二年（一四九

細川勝元像　龍安寺蔵

〇）～明応《めいおう》六年（一四九七）ごろには小朝拝・元日節会・踏歌《とうか》節会《せちえ》などいくつかの公事儀礼を挙行することを得たものの永続せず、天皇は朝儀復興の祈禱を寺社に命ずるなどしたが、明応九年九月に没した。その跡は第一皇子勝仁《かつひと》親王が嗣いだ（後柏原《ごかしわばら》天皇）。

武家の解体

応仁の乱の際には、戦乱が諸国に飛び火したことなどもあって一時的に守護の在国が見られた。守護の在京原則は、京都を中心とした政治経済の求心的構造を維持する上できわめて重要な条件であったが、十五世紀後半にはその条件は大きく揺らぐ。

決定的な一撃を加えたのは、明応二年（一四九三）に生じた政変である。前管領細川政元が将軍足利義材《よしき》（義稙《よしたね》）を廃して義高《よしたか》（義澄《よしずみ》）を立て、自身管領に復職した明応の政変以降、細川家による将軍廃立が常態化する。他家を排除して実質的に細川家に掌握された武家は中央の政治の場としての機能を喪失し、守護たちが関与するメリットは喪われる。結果、守護の在国がいよいよ常態となり、ローカルな政治構造が完結性を高める一方、武家の影響力は山城を中心とした畿内近国に局限され、中央における括り糸としての武家の機能の解体へと帰結する。以後も足利将軍家はそれなりの儀礼的ステイタスを保って存続するが、諸大名が遊離し政治の場としての武家の仕組みが解体されるのに伴い、その址に残された足利家は、いわば「裸の足利家」として佇立《ちょりつ》することになる。

武家の解体は同時に、京都を中心とする求心的経済構造の解体を意味した。在国が常態となった守護たちは、京都へ向かう財の定常的な流れを維持する必要から解放され、財の流れはローカルな領域の政治的中心となる守護所の所在地を求心点として再編成される。中央と地方とを政治的に結びつける仕掛けが喪われ、また守護とその家臣従者たちという消費者が喪われたことによって、京都へと向けて求心的に構成されていた経済循環構造の存立条件に、決定的な変化が生じる。政治的に京都へと方向づけられ京都の存立を支えていた財の流れの条件づけが変わり、中央における財の再配分の構造を前提として公家武家が挙げて公事遂行を支えるという仕組みの、重要な前提条件が喪われる。

後土御門天皇の代の公事停滞はそのことのあらわれであり、側近の廷臣の輔けを得た天皇の努力は、一時的な手当に向けられてそれなりの成果を挙げはしたものの、構造的な解決策にまでは及ばず、公事の再興は散発にとどまり、長続きしない。明応九年（一五〇〇）九月に没した後土御門天皇の葬儀が準備整わず十一月まで遷延し、一ヵ月半ほどにわたって遺体が御所に置かれていた一件は、当時の朝廷がいかに困難な状況にあったかを示す象徴的な出来事として語られる。表向きの公事の費用の欠如は、確かに深刻な問題であったろう。

奥野高広氏はこの点について、朝廷の公事、とくに大規模な行事の用途調達が、鎌倉時代から武家の援助を前提とし、足利氏のもとではもっぱら武家の役割となっていたことを指摘し、公事停滞をもって「皇室の衰微」を論《あげつら》うことは適切でないとし、こうした事態を招いた原因はむしろ武家の側にあった、としている（奥野『皇室御経済史の研究』）。中世後期の公家財政は、公事の仕組みをフルに稼働させようとすれば朝廷の仕組みだけでは充足できず、常に武家のサポートを必要とする構造になっていた。のみならず、この時期の京都の存立そのものが、武家の存在に強く依存していたことを勘案すれば、朝廷にとって不可欠の生命維持装置である武家の機能が失われたときに、公事の遂行が困難に直面することになるのは、当然のことであった。

朝廷の解体

後土御門天皇の跡を嗣いだ後柏原天皇の即位礼は、永正《えいしょう》十八年（一五二一）になってようやく挙行された。その費用は容易に調達できず、本願寺の寄金などに多くを依っている。その次の後奈良《ごなら》天皇の即位礼も、費用を調達するために各地に勅使を送り、後北条・大内・今川ら諸氏の献金を得てようやく挙行に漕ぎつけている。さらに正親町《おおぎまち》天皇の即位礼は、毛利氏の資金援助によって挙行された。そしてこれらいずれの天皇についても、より大きな費用を要する大嘗会は遂に行われなかった。また後土御門から後奈良に至る三代の天皇は生前に譲位することなく、いずれも死去をもって在位を終えている。これも、譲位の儀礼や譲位後の院の設《しつら》えなどの費用の不如意に起因するだろう。年中行事として行われるべき種々の朝儀も、この間に短期の再興と長期の停滞とを繰り返している。

　こうした事態を招いた原因を「皇室の衰微」に求めるか、武家の責任に帰するかはともかくとして、諸家が協働して公事を支える、その過程を通じて協働性が繰り返し再確認される、という仕組みとしての朝廷が、実質的に解体したことは明らかである。公事の本格的な再建のためには、この仕組みを再建するか、あるいは代わる仕組みを構築する必要があったわけだが、関係者が努力を傾けた朝儀復興がその都度一時的なものにとどまったことは、その必要が容易に満たされなかったことを示す。後柏原天皇即位礼の費用献金の賞として門跡《もんぜき》号《ごう》を贈られた本願寺は以後その権勢を高めたといい、そのことは、門跡号に「権威」資源としての効用が認められ、経済的価値を生み出す意味が付随していたことを示すだろうが、門跡号にせよ、各地の大名に対する官途《かんと》その他を餌とした献金勧誘にせよ、その都度の醵金《きょきん》に依っていたのでは、所詮《しょせん》は一時的な復興にとどまらざるをえない。

ところで、奥野高広氏によれば、中世後期に停滞したのは、実は主として表向きの公事であり、奥向きの行事は、戦国時代にも比較的きちんと遂行されていたという（奥野『戦国時代の宮廷生活』）。朝廷の官制機構から内廷経営の仕組みが分離する傾向は、平安期に既に観察されるところで、天皇家奥向きの部分は、蔵人所《くろうどどころ》を中心とする独自の仕組みによって管理経営されるようになっていた。この内廷機構は、武家のサポートに依存することなく天皇の日常生活を支えており、表向きの公事をめぐる協働の場としての朝廷が解体した址に、内廷のみの「裸の天皇家」が露出したのが、戦国時代の状況であった。天皇家が、朝廷の仕組みに依存せず、他家との協働関係に依らずにひとまずは存立する、それを富田正弘氏は「太政官も廷臣も必要としない天皇制」と呼ぶ（富田「室町殿と天皇」）。そのことは、この時期の武家が、諸大名協働の政治の場としての意味を喪って解体し、「裸の足利家」が露出するに至ったことと、パラレルなのである。

3　公家の在国

公家の在国

財の求心的な再配分の構造を前提として公家武家が挙げて公事《くじ》遂行を支えるという仕組みの、前提条件が喪われ、公家における公事は天皇家内廷の行事へと特化縮小し、「廷臣を必要としない天皇制」への構造変化が進む。公事の場としての朝廷が解体した後、必要とされなくなった廷臣たちは、その成り立ちを変えることを余儀なくされる。

諸家を結び合わせ連携を促す仕組みの解体によって、公事に参仕して得られる「訪《とぶらい》」のような収入源を断たれ、また「年貢は原則的に京都にやってくる」という期待も怪しくなったとすれば、さて、諸家はどのようにして生き残りを図っただろうか。中には、天皇家との個別的な強い紐帯《ちゆうたい》を保とうとする者もあり、足利家に従うことによってその庇護を受けようとする者もあり、その他の武将を頼る者、また石山本願寺などの有力寺院に身を寄せた者もあった（富田「室町殿と天皇」）。明応《めいおう》の政変以後のいわゆる「戦国時代」に多く生じた公家衆の在国も、そうした事態へのひとつの対応である。

応仁《おうにん》の乱に際しても、少なからぬ公家衆が戦乱を逃れて京都を離れた。多くは縁故を頼って奈良の寺院などに身を寄せ、しかしそれは一時的な緊急避難であって、混乱がある程度収束したところで多くの者は帰京している。ところが明応年間（一四九二～一五〇〇）の終わりごろから在国例は急増し、在国先も遠隔地を含み多方面にわたる（菅原正子『中世公家の経済と文化』）。菅原氏によると、摂関家など上級の公家衆は短期の在国例が多いのに対し、中級以下だと長期にわたる在国例が多い、という。その理由について菅原氏は、公家衆の在国の多くは、家領現地に赴いて百姓との関係を確保し年貢を徴収する「直務支配」を行うことを意図した、とし、上級の公家衆は京都に本拠を残しつつ一時的な在国で年貢を確保している例が多いのに対し、中級以下の小身の公家衆は、「不知行化を免れた唯一の家領を、長期『在国』という手段で維持する以外に方法はなかった」と述べている。上級の公家衆が短期の在国で目的を遂げることができた理由は明らかでないが、ステイタスの差がなんらか作用するところはあったかもしれない。

在国が長期にわたれば、中央の公事に参加することは不可能になる。そうした場合、公家衆としての存在意義を「公事への参加」に求める意識は喪われ、もっぱら自己保存が前面に出る。実際には自己保存に失敗して断絶してしまう家もあり、洞院《とういん》家のように、家の存続と不可分の公事データベースと観念されていた記録・文書を売却してしまい「有名無実」となった例もある。戦国時代の末期には、公事遂行に不可欠の大臣・大中納言クラスの官に欠員が多く、いざ公事を再興しようとしてもその体制が俄かには整わない状況にあった。公家衆は公事遂行という軸に依ることなく、それぞれ独自の家業をもって自家を維持する努力を払うことになる。これもまた「朝廷の解体」の帰結である。

在国して所領を確保する以外にも、収入を得る道がないわけではない。公家衆の中には文化を商品として携えて地方に赴く者もあった。蹴鞠《けまり》と和歌を家業とする飛鳥井雅綱《あすかいまさつな》が、山科《やましな》言継《ときつぐ》らとともに尾張《おわり》国に下向して守護代織田氏に迎えられ、暫くの滞在中に、その一族・家臣らに蹴鞠と和歌を伝授して報酬を得た（『言継卿記』）のは、その一例である。

文化に対する需要は、地方にも広く存在した。地方に移住した公家衆は、時折京都に上っては官位を獲得するなどして中央との紐帯を維持しつつ（こうした動きに対して、後奈良天皇のように、長期在国者の官位昇進を停めようとしたこともある）、地方に中央の文化をもたらす担い手としての役割を担い、京都をモデルとした文明社会の構築に一役買うことになる。それは、武家という協働の場の解体に伴って在国化した守護たちの動向とも、パラレルな現象である。

裸の天皇家

構造的には同様の困難に遭遇しながら、京都を離れるわけにいかなかったのが「太政官も廷臣も必要としなくなった」裸の天皇家である。天皇は京都に在ることを自明の前提としていた、ということもあるが、天皇の日常生活を支える内廷の仕組みがそれなりにきちんと整えられていたためでもある。

「裸の」という表現を用いたが、朝廷が解体した後にもなお、天皇家の周囲にはさまざまな人々が活動していた。公家衆のうちには、この時期になお京都に残り、種々の策を講じて生き残りを図っていた者も少なくなく、彼らは天皇のもとに出仕して禁裏小番などの役を務めたり奥向きの行事に参加したり、種々の文化技芸の催しに参加するなどして、一種の文芸サロンを形成した。文化が家の存立を支える商品となる状況下、そうした場に連なることは、彼らにとって確かに一つの選択肢であった。中でも「内々衆《うちうちしゅう》」と呼ばれる側近衆は天皇家との間に密接な関係を保ちつつ近世へと至る。内廷の実務処理は、官務・局務・蔵人方出納といった少数の中核的な実務官人と、それぞれに付属する「地下《じげ》」の官人たちによって担われ、その構造は基本的に近世の朝廷へと連続する。

内廷経済を支える収入としては、禁裏御料《きんりごりょう》と呼ばれる所領からの収益と、各方面からの献金とが、量的に大きな比率を占めていた。禁裏御料からの収益の確保は必ずしも容易ではなかったが、近隣の所領を中心として維持へ向けた努力がそれなりに払われ、戦国期に至るまで天皇家の定常的な収入の主要部分を占めていた（奥野『皇室御経済史の研究』）。足利将軍家や大内氏などによる折々の献金も金額的には大きく、定常的な収入ではないために日用のあてになるものではなかったとはいえ、内廷財政を長期的に均衡させる上では重要な役割を負ったと見られる。

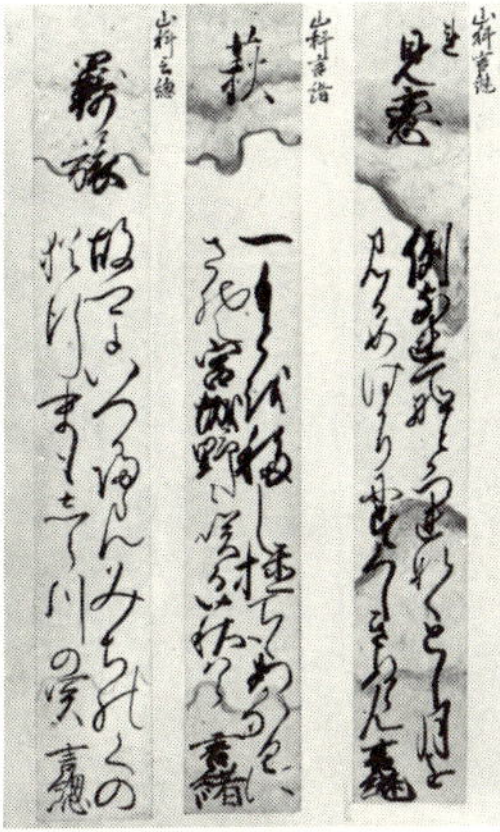
山科言継らの和歌短冊　右より言継、山科言緒、山科言総の短冊。小松茂美編『短冊手鑑』（講談社刊）より

他に特徴的な収入源としては、供御《くご》人《にん》と呼ばれる（いわば）禁裏御用達の

職人たちからの貢納が挙げられる。供御人は、本来は供御すなわち天皇日常の食糧の貢進を任として編成されたサーヴィス提供者の集団であり、その起源は平安時代に遡る。農業漁業手工業その他さまざまな職人や商人に対して生産品やサーヴィスの提供、または一定の上分を納入する役割を課し、その代償として関銭《せきせん》・課役《かやく》の免除など種々の特権を伴う「お墨付き」を与えることによって、それぞれの生業における競争者との間の差別化の資源を提供する、というのが基本的な仕組みである。献金を促すきっかけとなる官位授与もそうだが、いわば「権威」が利潤を生み出す仕組みを周囲に張り巡らすことによって、天皇家はその日常の基礎代謝を補完していたのである。

内廷の基礎代謝はこれらの諸収入をもって基本的に充足し長期的には均衡していた、とみられる。もとより実際の収支についてみるならば、年ごとの収入にはバラつきがあり、とりわけ多額の献金の有無は、天皇家の短期的な収支状況をその都度大きく左右する。そうした揺らぎを均《なら》して均衡を図る安定器の役割を務めたのが、禁裏御倉職《みくらしき》である。その職は、南北朝期あたりから御物《ぎょぶつ》と称される天皇家伝来の財物の保管を託されたことに始まるようだが、遅くとも十五世紀中葉には、天皇家の保有する米銭を預かり、年貢米銭の出納を管理するとともに、必要に応じて支出を立て替えるなど、ひろく金融の任を負っていたと見られる。急な用途の融通を求められることはあるものの、禁裏御用達の看板に加えて、それなりの額の原資を預かり、運用の才覚次第ではそれなりの利潤を期待できるポジションであったから、その地位を競望するものは多かったようである。上下二名を定員とし、戦国末期には立入《たてり》・

多《おお》の二氏の世襲となって近世に及んだ。

後土御門・後柏原・後奈良を経て正親町に至る四代、戦国時代の天皇家は、このようにして奥向きの基礎代謝の確保を図りつつ、表向きの公事儀礼の再興、すなわち朝廷の再生の可能性を探っていた。目標として再生を掲げられた古典的な世界そのものが、天皇家の儀礼的存立を支える重要な資源でもあった。その本格的な再興へ向けて、やがて「武家再建」の道筋が探られることになる。

4　古典の流布と卑俗化

故実の流布

こうして、公事《くじ》遂行を軸とした諸家の協働的関係は解体された。年中の暦にちりばめられて京都社会を同期するしかけの中心を占めた表向きの公事という時計は停止し、この時計によって同期された仕掛けを介した諸関係は解体される。しかし反面、書簡作法や贈答儀礼など、京都社会のモデルに拠りつつアレンジを加え武家故実として標準化された通交の儀礼・作法は、各地に拡散し、京都社会を離れた大名間などのローカルな通交関係に枠組みを提供する原資として用いられることになる。

この種の形式に対する需要、ひいては故実家に対する需要は、地方の諸大名の間でも高まりを見せ、その最も顕著な例が周防《すおう》大内氏《おおうち》について観察される。十六世紀初頭、大内義興《よしおき》は家臣の飯田・龍崎氏に命じて、公家・門跡や諸大名との交際の作法や、能・猿楽の催しなどに関する故実を伊勢氏に尋ねさせ、その大要が『大内問答』に記録されている。義興は、京都との文化的・政治的な紐帯《ちゅうたい》を維持しようとする一方で、京都にモデルを求めた文明世界を自らの本拠地山口に構築しようと努め、多くの公家衆を迎えるなどして、後世「小京都」と呼ばれることになる都市の基礎を築いた。全国に分布する「小京都」形成には、しばしばそうした形でのモデルの授受が背景をなしており、越前朝倉《えちぜんあさくら》氏の一乗谷《いちじょうだに》など各地に類例を見出だすことができる。

義興の跡を嗣いだ大内義隆《よしたか》もこの方面に熱心で、北九州の少弐《しょうに》氏や大友氏らに対抗するために「大宰少弐《だざいしょうに》」の官を求め、後奈良《ごなら》天皇の即位礼の費用のためとして多額の銭貨を寄進したり、将軍足利義晴《よしはる》の求めに応じて上洛を企図するなど、中央との関係を政治的資源として用いる姿勢が見て取れる。大内氏の場合、百済王の末裔との伝承を持ちかねてより朝鮮との通交に熱心であったことに加え、応仁の乱以降は細川氏と争いつつ日明貿易の独占を図るなどしており、そうした通交関係を結ぶ上で、「日本国王」の称号を持つ足利将軍家など中央との関係が殊更《ことさら》に需要されたかもしれない。

伊勢流故実は、飯田氏から肥前松浦《ひぜんまつら》氏の家臣籠手田《こてだ》氏に伝授され、また一方では『大内問答』自体が故実書として珍重されて、豊後《ぶんご》大友氏がその写本を求めるなど、さらに各地方へ流布している。また、伊勢氏やその被官蜷川《にながわ》氏、武家の実務処理に携わった奉行人やその一族などのうちには、地方の大名に招かれて下向し、故実やそれに付随したさまざまな文化を伝える者もあった。そうしたことが、文明化（ないし形式化）が京都から周囲の世界へと及んでゆく、ひとつの局面を形づくったのである。

各地へと伝えられた武家故実のモデルは、ローカルな事情と習合してヴァリエーションを生み、さまざまな程度に卑俗化しながらも、形式化された諸々の通交関係を介して世界を緩やかに同期する仕掛けとして作動する。例えば、十五世紀中葉の関東地方における関東《かんとう》公方《くぼう》を頂点とした儀礼的諸関係を叙述した『鎌倉年中行事』は、その種のローカルなヴァリエーションの中でも比較的大がかりな一事例であり、より小規模なスケールで卑俗化した例としては、越後《えちご》の国人領主色部《いろべ》氏のもとでの年中行事の次第を記述した『色部氏年中行事』などが挙げられるだろう。各地の大名のもとに編成された家臣団やさまざまな関係者が、形式化

後奈良天皇像　浄福寺蔵

大内義隆像　龍福寺蔵

された礼によって相互に関係づけられ、それぞれの振る舞いが条件づけられることによって、そこで展開される政治の輪郭が画されることになる。

例えば「下剋上《げこくじょう》」は、それ自体は礼に違う非正則な現象ではあるものの、しばしば俗解されるように秩序構造そのものの破壊へと向かうものではなく、「上」の位置取りをめぐる政治的な競争として理解するのが適切である。下剋上を試みる者は、上―下の方向性を持った仕掛けそのものを破砕することを意図せず、ひとたび下剋上に成功して「上」の位置を獲得すれば、むしろこの「上―下」構造の維持へ向けて強く動機づけられる。そこではモノサシの存在が前提とされ、そこから供給される資源の獲得と配分をめぐる争いが、展開されるのである。

世界を緩やかに同期する仕掛け

定例の公事を軸として推移していた京都社会の営為は、朝廷「表向き」の公事の停滞によって直ちに全面的に停止してしまったわけではもちろんない。公家社会の周縁には、公家武家の需要を充足することを通じて公事のスケジュールに同期しつつ、同時に独自の経済・社会活動を営む多くの商人や手工業者らがおり、公事が停滞してもなお、彼らは彼らなりの営為を維持しようとしていた。

彼ら商人・手工業者たちのうち、比較的富裕で安定した層は町衆《まちしゅう》と呼ばれ、応仁の乱によって荒廃した京都社会の復興に重要な役割を担ったと考えられている。彼らに担われた種々の祭礼や年中行事は、応仁の乱による中絶の後、明応《めいおう》九年（一五〇〇）に町衆らによって再興された祇園祭がさしあたりその典型と考えられようが、定例の行事の遂行へ向けて共通の動機づけのもとに人々を組織し、それぞれの役割を措定することによってコミュニティを析出させ維持する役割を果たした。町衆たちの文化的な営為は公家衆をも巻き込み、「表向き」の朝儀に代わって京都の暦にメリハリをつけたのである。

標準化された暦が用いられていることは、単に月日を積算するモノサシが共通というだけのことではない。元日に始まり大晦日に至る一年のサイクルの上に、さまざまな行事が行われる「特別な日」が配当されることによって、そこに「のっぺらぼう」ではない構造と意味が与えられ、「この日にはこの行事が行われ、人々はその役割に応じて振る舞うはず」という予測と期待のもとに、条件づけの構造が再生産されることになる。

類似の仕掛けは、京都を離れた地方においても観察される。地方の暦もまた、多くの場合は中央から供給され、その上に種々の行事が配当される。三島暦や大宮暦のように地方において暦が作製される場合にも、基本的には中央の標準的な暦法に拠った通用性が求められており、決して独自の暦が志向されたわけではない。標準化された暦の上にはさまざまな暦注が配当されて季節の推移の大枠を示し、その枠内で寺社祭礼など各種の年中行事が「惣村《そうそん》」と呼ばれる村落コミュニティに担われる。それらの行事はしばしば中央における類似の行事にモデルを求めて構成され、さまざまな程度に卑俗化しつつ、ローカルな社会に根を下ろす。逆に「八朔《はっさく》（憑）」のように、周縁の習俗が中央へと移入され標準化されたケースもあり、中央と周縁とが相互に影響を及ぼし、共振しつつ、ある種のクレオール的な文化を形成してゆくことになる。

もとより、中央と周縁との関係は対称的なものではなく、文化的な優位性はほとんど常に中央の側に認められる。そのことは、祭礼などの行事に際して挙行される種々の技芸について典型的に観察され、「都の技芸」には、高い対価を支払う価値がしばしば見出だされている。個々にみれば、都を離れた田舎にも、訳あって都を離れて和泉国日根野に長期滞在していた前関白九条政基《まさもと》を驚かせたような高度な技芸を見出だすこともできる（『政基公旅引付』）が、おしなべていえば、例えば能や猿楽など、あるいは相撲《すまい》のような見世物芸についても、専門的な職人に担われて地方へと流布しつつ、京都のそれを本場のものとして高く価値づける意識が観察されるのである（新田一郎『相撲の歴史』）。和歌や蹴鞠などが公家衆の家業として収入をもたらす条件も、ここに連なる。それらは、きちんとした由緒を持った「本物」として、高く価値づけられるのである。

室町時代から江戸初期にかけて流布した物語群に投影された「栄達」の意識も、こうしたことと関わっている。『文正草子《ぶんしょうぞうし》』（主人公が、鹿島大明神に願をかけて授かった娘を天皇に嫁がせ、自身は宰相となる物語）や『さんせう太夫』（安寿《あんじゆ》と厨子《ずし》王《おう》の物語）など、この時期の物語群に見られる特徴として、結末に設定された世俗的栄達のイメージを、「国司に任じられた」とか「天皇の后となった」「宰相となり一門は繁栄」のように、京都の古典的な公家社会の周辺に求めている点がある。能や狂言の物語構成にもしばしば同様の傾向が見られ、そうした文芸や芸能を供給する側と享受する側とに共有された栄達のイメージの一端を、窺うことができる。

村落におけるステイタス表示にも、関連する現象が見られる。中世後期の惣村には、一定の要件を満たし所定の儀礼を通過した者に「大夫」「衛門」など官途《かんと》由来の名乗りを認め、コミュニティの中核的な成員資格を認める慣行が、広く観察される。これを「大夫成《たゆうなり》」「官《かん》途成《となり》」などと呼ぶが、そうした村落内のステイタスを表示するのに、中央の官制に由来する表現が用いられている点に、標準化された中央の文化の優位性が見て取られる。

もとよりそこで天皇の存在や役割が直接に意識されているわけではなく、人々の関心対象はもっぱらローカルな差分にあるとしても、差分を可視化する価値尺度が、天皇の存在を組み込んだ構造に沿って標準化されたことの意味は小さくない。中央の文化的な優位性は、鑑《かがみ》としての古典世界から連続したその距離の近さによって裏づけられるのであり、そこに、この世界における古典の重要性がある。

古典の流布と卑俗化

十五世紀後半に「古典主義運動」を見出だす見解がある（芳賀幸四郎『東山文化の研究』）。公家を中心とした京都社会では、十四世紀に古典の標準化と再規範化が観察され、そのことが当時の政治的課題であった朝廷の再建に指針を与えたが、そうして再建された京都社会が、応仁の乱以降に分解し拡散するにつれ、現実の社会状況との間に距離を持ちつつ規範的な世界像を示す古典に対する関心があらためて喚起され、そのことが、地方への文化の波及と相俟って、古典の享受者層の拡大へと帰結する。そして、この時期の古典に特徴的なのは、テキストの原型そのままではなく、アレンジされ卑俗化した多様な形態をとって流布した点であり、その典型例は「日本紀神代巻」の神話をめぐって観察される。

そもそもはローカルな「祭天《さいてん》の古俗《こぞく》」であった神社祭祀に「神道」としての一定の型を与える企図は、律令国家の神祇《じんぎ》政策にはじまり近代の「国家神道」に至る長く複雑な過程を辿るが、そのひとつの局面として、十五世紀頃から、地域の神々が伊勢神（天照大神）をはじめとする皇室祖先神と結びつけて語られるようになる。土地の産土神《うぶすながみ》が「日本紀」の神々と習合して神号を変えたり、その由緒を語り直されたりして、皇祖神を中心とした「日本紀」の神話と関係づけられるケースが見られる。また、天皇に奏請して「大明神」号を獲得するケースなども見られ、そうした語り直しや神格の獲得は、しばしば地域において政治的な効用を持ったともいう（脇田晴子『天皇と中世文化』）。

室町・戦国期は神社造立のラッシュともいうべき時期で、伊勢神や八幡神などが各地に勧《かん》請《じょう》され全国区の神としての地位を確立するのも、およそこの時期のこととされる（萩原龍夫『中世祭祀組織の研究』）。各地に流布し全国区となった有名神に対する信仰は、伊勢や熊野など信仰の中心地への参詣を促し、遠来の参詣者に祈禱・宿泊や案内など種々のサーヴィスを提供することを業とする御師《おし》の活動と相俟って、多くの人々を巻き込んだ広域的な信者組織の編成へと進み、それが地域在来の神との間の軋轢《あつれき》を生むこともあったという（新城常三

『社寺参詣の社会経済史的研究』）。

こうして「日本紀」は、神話から歴史へと連続する枠組みの内部にさまざまな神々を位置づけ、村落の祭祀やそのための役割関係に意味を与える仕掛け、すなわち古典としての機能を担うことになる。だがそれは必ずしも「日本紀」オリジナルのテキストに拠ったものではない。中世には、仏教説話などの影響を受けたさまざまな異説群が、「日本紀」というラベルを借りることによって古典世界に連続するものとして唱えられ、その一部は『太平記』に取り込まれて広く流布し、古典の流布と卑俗化の一端を担うことになる。

ここで重要な役割を果たすことになる『太平記』は、「南北朝の争い」を物語の主軸としながら、古今東西にわたる数多の逸話をちりばめ、和漢の古典の要素を取り込んで構成された、世界の歴史的なありようについてのデータベースとしての性格を持つ。雑多な素材を取り込んだ全体としては、必ずしも首尾一貫した世界像を形づくってはいないものの、先祖係累など関係者がそこにどう描かれているかが、しばしば人々の関心を集めた。人々が、自らの生きる世界を、歴史を介して古典世界と関係づけ映し出す、そのスクリーンとなったのが『太平記』であった。そこに取り込まれることによって、「日本紀」のさまざまな異説群は、神話的始原から連続した歴史のうちに所を得、世界の存立を歴史的に位置づける鑑としての役割を与えられる（新田一郎『太平記の時代』）。

中世後期から近世にかけて、『太平記』は、書かれたテキストとして読まれただけではなく、「太平記読み」と呼ばれる講釈師の活動を通じて再構成され、さらに卑俗化の度合いを加えつつ広く流布する（兵藤裕己『太平記《よみ》の可能性』）。講釈師のネタ本に取り込まれた主要なエピソードは（恰《あたか》も現代の大河ドラマや時代劇のように）世間周知の歴史像を規定し、古典世界の通俗的イメージの形成流布に一役買うことになる。

これと対比するに好適なのは、往来物《おうらいもの》であろう。初学者向けの教科書として中世末期から近代初頭に至るまで用いられた往来物の原型は、一年の推移に沿って遣り取りされる書状雛型、いわば書札礼《しょさつれい》の初学者向けヴァージョンであった。標準化された暦に沿って書状雛型を配列したこの形式を応用し、雛型の中に世間で用いられるさまざまな語彙名数を盛り込み例示することによって、書簡文の初歩を示すとともに、世界がどのように構成されているか、の基礎となる世間通用の知識を身につけるためのテキストとして編まれ用いられたのが、『庭訓往来《ていきんおうらい》』に代表される往来物である。初学者に文化文物の一端を例示することによって、周縁部から文明社会への入門の道を示したもの、ということができる。

こうした簡便な形で、いわばセカンドクラスのガイドが流布することによって、文明世界の裾野が拡大するとともに、中心から周縁へ向けて文明化の度合いが逓減《ていげん》してゆく構造が再生産されることになる。その構造の上で中心を占める本物の古典の高い文化的価値が固着し、「権威」の仕組みを下支えするのである。

異朝の証文

享徳《きょうとく》四年（一四五五）のこと、商業活動の由緒を証する文書をめぐって、次のような訴を天皇のもとに持ち込んだ商人があった。訴状によれば、商売の縄張りをめぐる争いがあり、相手方が証文として提出したものは正体不明の「唐土の支証」である。この文書については既に武家において不適格との裁断が下されたにもかかわらず、件の商人はこれに基づき「伝奏様御奉書」を獲得、それを「綸旨《りんじ》」と称して商売の権益を主張している。そこで「異朝の証文」を棄破し奉書を撤回してほしい、もしもいったん出した奉書は撤回できないというのならば、「折中の儀」をもって彼の権利独占を否認し、自分の商売をも認めてほしい、というのが、訴の趣旨であった（「東山御文庫地下文書」）。

訴の内容自体はこの時期によくある商売上の縄張り争いであり、商人たちが同業者との差別化を図るべく「権威」を求めて天皇の周囲に蝟集《いしゅう》する一景にすぎない、ともいえる。しかしこの一件で興味深いのは、相手方の由緒を「異朝」由来と論難するレトリックであり、「異朝」と「本朝」とを、異なる由緒が流通する異質な秩序空間として捉える発想である。問題の証文に対する論難は、「唐紙に書いて印判を突く」という異例の様式に向けられており、実際に日本国外から持ち込まれたものかどうかは疑う余地が大いにあるが、いずれにせよ「本朝」の規格に合わない故実違いの文書として難じられている。「本朝」において適格な由緒として用いられるためには、「異朝の証文」とは区別される一定の規格を満たすことが求められ、その規格が「権威」構造の中に置かれることによって、一定の効果を持つことが期待されるのである。

この種の文書の規格は、「公験《くげん》（公の文書）」にモデルを求めつつ状況に応じてさまざまにアレンジされ、「権威」構造との遣り取りを繰り返して成型されてきた。この過程は、種々の社会関係を文書の形に表現することによって「権威」構造に接続し価値づけるという仕組みがそれなりに整い、利用者が拡大するのに伴って、この仕組みに乗る文書が規格化されるという、日本社会の規律化へと向かう一景でもある。そこへ至る過渡期の副次的現象として、口承されてきた由緒の文書化が進行する一方、「それらしい文書を持っていれば役に立つ（かもしれない）」という人々の期待がかき立てられ、研究者が「文書フェティシズム」と呼ぶ独特の状況が現出し、古代の天皇や源頼朝の名に由緒が仮託されるなどして、数多くの偽文書《ぎもんじょ》が生み出される（桜井英治『日本中世の経済構造』）。

中世後期の「日本」は、そうしたさまざまな規格化や条件づけが作用する「本朝」の領域として、その外側の「異朝」から区別される。それは同時に、標準化された歴史と古典を持ち、共通の文化が流布している範囲として理解することができる。京都を中心的な舞台として展開されてきた歴史に連なり、京都を本場とし古典を鑑《かがみ》として価値づけられるさまざまな技芸を伴う種々の行事をちりばめた暦によって、身の回りの世界が文化的に条件づけられている。そうして特徴づけられた人々の相互関係の連鎖の中に、天皇の儀礼的な位置づけが析出され、不断に再生産されることになるのである。

なお、一四六六年に朝鮮で報告された祥瑞《しょうずい》現象に際し、西日本の諸勢力が競って朝鮮国王に賀使を送ったとされる件（『朝鮮王朝実録』）は、西日本において朝鮮国王がひとつの「権威」中心として認識され、朝鮮国王との関係がこの地域の人々の間に差分を生み出す作用を持った可能性を、示すかもしれない。翌年以降激増した賀使派遣の背景には、京都における応仁の乱の勃発による政治構造の動揺が、重要な条件として作用していたであろう。「本朝」を「異朝」から分かつ仕組みは、中世後期を通じて内外の諸要因によってさまざまに揺れ動き、やがて十六世紀後半以降には、ヨーロッパ諸勢力の東アジア進出によって、この問題はさらに錯雑の度を加えることになる。

終章　近世国家への展望

1　繰り返される再生

武家の再建へ向けて

本書の視点を延長して見るならば、いわゆる「戦国時代」の政治史の過程は、「いかにして武家を再建するか」という主題を軸として叙述することもできる。この時代の叙述は次巻の範囲だが、その概略について、ごく簡単に見通しておきたい。

形式上は室町家がなお武家としての地位を保っていたとはいえ、十五世紀後半以降打ち続く動乱の中で、その役割の実質を喪失し、そのことが朝廷の解体をもたらした。朝廷を再生するためには、「朝廷・幕府体制」の一方の主役である武家を実質ある形で再建しなければならない。形式を満たす実質の再充足を求めて、十六世紀後半の正親町《おおぎまち》天皇のころになると、足利氏以外に武家の再建を求める企図が浮上する。その求めに応えたのが織田信長であり、長らく公家社会に欠如したエージェントとサポートの機能を担うべく、武家の形式を（少なくとも部分的に）継承することになる。

しばしば指摘されるように、すべての戦国大名たちが「上洛し天下に号令する」ことを欲していたわけではない。例えば相模《さがみ》北条（後北条《ごほうじょう》）氏はそうした意図を持っていなかったとされる。もとより、後北条氏がいわゆる伝統的秩序構造と無関係に存立したわけではなく、鎌倉幕府執権を意識した「北条」の名乗りや、「関東公方《かんとうくぼう》」「関東管領《かんれい》」などをめぐる儀礼的関係への関与などに鑑みれば、領国において「公儀」たる地位を占める上で、伝統的秩序構造から得られる政治的資源はそれなりの意味を持ったであろうが、そうした企図はひとまずは関東ローカルな範囲において完結する。領国においてそれなりに完結した政治・経済体制を構築した後北条氏にとって、新たなリスクを負いコストをかけてまで、京都で武家の役割を担うことは、さほど魅力的な選択肢ではなかったろう。そうした費用対効果の問題は、他の戦国大名にもさまざまな程度に妥当するに違いない。

武家の実質を満たしうる有力大名の上洛に対する必要は、公家の側に存在した。むしろ問題は、公家の期待に応えて武家の再建に努めた織田信長が、それにかかるコストとそこから得られる効用をどのように衡量したのか、である。信長が本拠安土城を置いた近江国を含む京都近郊の経済先進地では、他地域に先駆けて戦国時代に「経済社会化が実現していた」との見方がある（速水融『近世日本の経済社会』）。ここで「経済社会」とは、経済が政治構造に埋め込まれることなくそれ自身のロジックで作動する事態を指すが、そのことは、遡《さかのぼ》っては「朝廷の解体」に関わる一連の事態の帰結であり、くだってはこの地域に強力な戦国大名が容易に生まれなかった条件の一半をなす。政治の軛《くびき》を離れて自律的に作動する経済を掌握するには、典型的な戦国大名領国の求心的構造とは別の仕掛けを要する。例えば、近江を根拠とする商人や手工業者たちが、しばしば天皇との関係に由緒を求めて広域にわたる営業を展開していたことは、信長にとって、伝統的権威の構造にアクセスする誘因となったかもしれない。

信長によってあらためて実質化された文明社会のエージェントとしての役割は、信長の死後、豊臣秀吉を経て徳川家康へと継承されるが、この間を一貫して武家としてのモデルが均質なままに維持され継承されたわけではない。信長は武家の仕組みを与件として利用し、自ら将軍の地位に就くことを視野に置いていたようだ（立花京子「信長への三職推任について」）が、その跡を嗣いだ秀吉の政治的・儀礼的地位は、必ずしも武家のモデルに沿ったものではない。秀吉が武家のモデルに沿わなかった理由・条件をめぐっては種々の議論があり、近年は、小牧《こまき》・長久手《ながくて》の戦いにおける軍事的敗北が「征夷」の実質を喪わせたため、とする解釈も示されている（今谷明『武家と天皇』）が、いずれにせよいったん武家という形式が宙に浮いた後、徳川家康があらためて古典に徴して先例を求め、足利家や遠く源頼朝に倣って征夷大将軍の官に就き、近世の武家の基礎を置く。それに裏づけを与えるべく、家康は『吾妻鏡《あずまかがみ》』はじめ種々の古典の収集に努め、そのことが近世の「古典の時代」を準備することにもなる。

かくして、近世の武家（公儀）と公家（禁裏）は、「朝廷・幕府体制」モデルの外殻を継承しつつ、実質的に異なった関係のもとにあらためて形式化される。そこへ至る過程で、天皇という仕掛けは、現実時間の政治世界と古典世界との橋渡し役として、世界の連続性を担保し、儀礼的構造における武家の位置づけを措定する役割を果たす。天皇の輪郭は、そこであらためて画されることになるだろう。

天皇の役割

中世後期、個々の天皇が能動的に政治的役割を果たすことは稀《まれ》となる。代わってそこには、能動性を持たないけれども回路の正則な作動に不可欠な接続器としての役割を果たす天皇の姿が見える。とはいえそれが時代を超えた「天皇の本来の姿」だったというわけではない。繰り返し回顧されモデルとして用いられることによって、そうした形式が生み出され、その周囲の人々を条件づける。人は「自由に」振る舞うものではなく、それぞれの地位・立場に応じて振る舞い方が決まるものである。それが文明の作法であり、そのような文明の中心を占めるのが天皇という仕掛けだったのである。

南北朝期に、院・天皇を維持することの煩わしさをあからさまに指摘して「どうしても必要なら木か金で造って、生身の院や国王はどこかに流し捨ててしまえばよい」と放言したという高師直《こうのもろなお》の逸話は、形式ばった文明の作法に接した非文明人の当惑を示すが、しかし同時に、天皇の実践的な必要性の所在を的確に述べている、ともいえる。天皇を天皇として認めあい、天皇に対する態度をそれぞれに示しあうことによって、他者との間で世界認識を同期する手がかりが得られる。天皇に求められるのはそうした鑑としての作用であり、能動性を持った政治的主体としてのそれではない。

時代くだって戦国の十六世紀、後柏原《ごかしわばら》天皇の即位礼について「即位礼を挙行しても『正躰』がなければ王ではない。挙行せずとも自分が王と認めておれば問題ない」と言い放ったとされる細川政元《まさもと》の言葉もまた、師直の逸話と表裏をなし、いかにも「王」の実質を穿つかのように響く。王の「正躰」は「臣下が王を王と認めること」によってこそ顕現するという。臣下が王を王として認め、王として扱い、自らは王に対する臣下として振る舞うこと。対する王の側では王として振る舞い、臣下を臣下として遇すること。そうした中に顕現する王の「正躰」は、つまるところ、王たる者、臣下たる者それぞれに期待されるありかたが形式化され、それぞれのポジションを示すシグナルとして作動していることに帰着する。さすれば、虚礼を不要とした政元の言葉に反し、実は即位礼などの公事《くじ》によって構成される儀礼的構造こそが、天皇の「正躰」を顕す働きを持っていたといえる。だからこそ歴代の天皇は、その再建を希求したのである。

この過程で天皇が求めたのは、政治的意図をもって事態を能動的に制御する「権力」の確立ではなく、儀礼的構造が整斉と作動して天皇の「正躰」を繰り返し顕す、そのことによって天皇や周囲の人々の位置関係を映し出す仕掛けの、再生であった。天皇・公家衆の果たすべき役割は、古典を明らめ、文明世界の正しいさまを継承し人々に示すことであり、それはくだって近世の『禁中並《きんちゅうならびに》公家中諸法度《くげちゅうしょはっと》』が「天子諸芸能」の「第一」として挙げる「御学問」へと連続する。『禁中並公家中諸法度』の規定は、中国唐代の政道論の書である『貞観《じょうがん》政要《せいよう》』の章句を下敷きとして古典的認識を再言したものであり、武家が天皇の非政治化を意図した、などという体のものではない。むしろ「御学問」こそは、天皇に担われるべき政治的役割そのものなのであった。

　天皇の存立と役割は、「世界は（昔々から）こうして成り立っている」という、神話から連続したある種の歴史的認識に沿って成り立ち、それは同時に、武家の役割をも根拠づける。中世後期に進行した周辺社会の文明化は、そうした認識があちこちで模倣され再生産され卑俗化する構造、人々がさまざまなレベルで文明世界の再生産に加担し、そこから社会生活上の資源を獲得する仕組みの、形成を意味した。そのことが「日本社会」の条件づけの根本に関わるわけだが、人々の意識をどのような深度で条件づけていたのかは自明ではない。そのことは、中世末期にヨーロッパ人によって異質な世界像が対置された際の影響と人々の反応によって、例示されることになる。

2　カミの末裔

賀茂在昌の改宗

　永禄《えいろく》三年（一五六〇）ないし四年ごろの話という。法華宗僧侶とイエズス会宣教師との宗論の場で、議論が月の盈欠《えいけつ》の問題に及んだ際、偶々《たまたま》そこに「当時日本で最大の天文博士の一人、アキマサ殿という、至って高貴な人である公家」が居合わせた（フロイス『日本史』第二十九章。柳谷武夫訳・東洋文庫版による。以下同）。

ここでいう「天文博士」とは、暦道《れきどう》の専門家をさす。暦の作製にあたっては諸天体とりわけ月の運行の算出が重要な意味を持ち、さまざまな定数係数の組み合わせによって近似された天体運行モデルを基礎として暦が作製される。日蝕月蝕など朝廷儀礼に影響を及ぼす天文現象を正確に予測することも、暦家《れきか》に求められた。暦家たる者、当然ながら天文現象に強い関心を寄せるが、彼らの仕事は近代的意味での天文学ではなく、近似式を駆使して天体の運行を再現することにある。近似式の性質上、微細なズレは避けがたく、ズレは年を重ねるにつれ蓄積される。それゆえ中国では、観測に基づき暦法の定数係数を改定する改暦がしばしば行われ、調整が繰り返されてきた。これに対し日本では、天文観測に基づく暦法の改定は行われず、暦法は中国からの輸入に頼っていたが、その輸入も平安時代以降は途絶え、暦法は更新されずに固定されてしまう。このころ用いられていた宣明暦《せんみょうれき》は採用後既に七世紀を経過し、当初微細であったズレの蓄積から種々の不都合を生じ、日月蝕の予報に度々失敗するなど、暦家は深刻な問題を抱えていたのである。

ここに登場した「アキマサ殿」は、当時の暦家の棟梁であった賀茂《かも》在富の子・在昌《あきまさ》と推定される（海老沢有道『増訂切支丹史の研究』、木場明志「暦道賀茂家断絶の事」）。「彼はかねてぱあでれから日蝕月蝕及び天体の運行についてもいくらか聞いており、そのことがかねがね彼の心をぱあでれに対する尊敬で満たしていて、そのため彼はみやこでキリシタンになった最初の人びとの一人であった」という在昌は、宗論の場で名乗り出て「私はアキマサで、天文学を職業と致す者でありますが、釈迦がそれを述べるような、そんな粗雑なものではござりません」と、仏教の教える宇宙像に対して論難を加えた。在昌はさらに「月について何と考えるべきかを彼等に説明したいと思ったが」、法華宗の僧侶たちは彼の名を聞いて早々に退散した後であった、という。

世界の背景構造の成り立ちについて、仏教（とセットになった東アジア的な認識）の与える説明と現実との間の齟齬に悩んだ「天文博士」が、より整合的な説明を与えるキリスト教（とセットになったヨーロッパ的な認識）に強く惹かれたことを示す逸話、ということになろう。それが暦道の伝統的手法に対する懐疑に結びついたためであろうか、在昌はいったん朝廷の暦職から遠ざかり、一時は京都をも離れることになる。

奈良において宣教師と議論を交わした末に受洗したという清原枝賢《きよはらのしげかた》（『日本史』第三十七章）の場合は、賀茂在昌とやや事情を異にする。清原家は儒教の教典を講究する明経道《みょうぎょうどう》を家学としたが、枝賢の祖父にあたる宣賢《のぶかた》が、神道家として名高い吉田《よしだ》兼倶《かねとも》の実子で清原家に養子に入ったという事情もあって、神道との縁が深く、枝賢は子の国賢《くにかた》とともに儒教と神道との調和を図る神儒一致論の先駆者とされる。そうした立場にありながら受洗にまで至った彼のキリスト教に対する関心の背景には、儒教や神道と異なるキリスト教的世界像に対する知的関心があったのだろう。とはいえ、枝賢の著作にキリスト教の影響を見出だすことは容易ではない。枝賢は明経道の家を嗣いで子孫に伝えており、その経歴に見る限り、キリスト教との関係は家業に対して従属的な位置にとどまったと考えられる。後に枝賢はキリスト教から離れてしまうが、そこにはそうした事情もあろう。

実は在昌も、しばらく家業から遠ざかった後、賀茂家の後継者が途絶えたため朝廷に召し出され、還暦近くになってから任官する。暦道の家としての賀茂家は結局断絶することになるものの、在昌自身は公家社会の生活へと回帰している。家業を中心とした世俗的生活とキリスト教信仰との関係には、極めて微妙なものがある。

現世的存在としての「カミ」

それは、日本人の宗教的感覚に関わる。『日葡辞書』の「カミ Cami」の項目には「日本のゼンチョ（*gentios* 異教徒）が尊崇する神（Cami）」、「ホトケ Fotoqe」の項目には「日本人が救霊の事をこいねがうイドロ（*Idolos* 偶像）」とする説明を載せる。さらにイエズス会士ヴァリニャーノによる次のような観察も報告されている。

「日本でこれらのカミが崇拝されているのは、これらのカミが救済をもたらすことができるかもしれないとか、あの世でなにかをすることができるかもしれないと、人々が信じていたためよりも、これらのカミはこの世でなにかをすることができるという間違った考えと、日本の王たちやクングエ（公家）たちの血統であったという間違った考えのためであることが多い」（『日本管区およびその統轄に属する諸事要録』、G・シュールハンマー（安田一郎訳）『イエズス会宣教師が見た日本の神々』による）

日本の「カミ」は、人間世界を他界から支配する超越的存在ではなく、「この世でなにかをすることができる」現世的存在として捉えられ、人間や他の事物と質的に連続した位置づけを与えられている。天皇が「カミの子孫」であると同時に現世化された儀礼的構造の中に位置を占めたことは、決して矛盾ではない。「カミの子孫」であることは、現世的な問題なのであり、デウス的存在と同じ次元で対立するものではない。

この点は、徹底した現世主義者として描写されつつ、神仏に代わり自身に対する崇拝を求めたとされる織田信長の構想を理解するうえでも、重要な意味を持つ。イエズス会宣教師たちは、デウスすら否定する信長の「途方もない狂気と盲目」や「悪魔的傲慢《ごうまん》さ」を指弾しているが、信長はデウスにとって代わることを求めたのではなく、そもそも「デウス的存在」そのものを排し、徹底して現世的な政治を追求しようとしたのではなかったか。神仏に成り代わって崇拝の儀礼を求めることも、人々を捉える現世的な政治の手段に他ならない。朝尾直弘氏が信長を評して述べる「人間の力に対する信頼」は、こうしたことと密接に関係するだろう（朝尾「天下人と京都」）。

神田千里氏は、「日本の宗門」と「キリシタン」（ないしは他宗に対して攻撃的な「自賛毀《じさんき》他《た》」の宗門）との対抗的関係の観察に基づき、日本人における世俗・人為世界の完結した構造と、背景世界への関心の稀薄さを指摘している（神田『宗教で読む戦国時代』）。背景世界は直接には不可知であり、人間世界に直接に顕現はしない。背景世界は、何らかの現世的な仕掛けに媒介されてこそ、人々の生活に対して意味を持つのであり、ひとまず自立完結した世俗世界に対して直接に支配を及ぼさない。だからこそ、「日本的」な諸宗は他宗との間に直接かつ決定的な対立を生ずることなく、世俗世界を介して調和可能なのである。これに対し、絶対的な帰依を強く求めるキリスト教は、法華宗など「自賛毀他」の宗門と同様に、強く警戒される。神田氏によれば、ここに当時の思想の分割線が画されるのであり、問題は「一神教か否か」ではない。

京都の文明社会は、現世的に完結した「形式」を以て構成されており、背景世界に関心を持たない。儀礼的構造の中に正則な位置づけを得た「日本の宗門」とは調和可能である一方、構造外部からの干渉に対しては強靱な抵抗力を持つ。対照的に、文明社会の周縁にあって、現世的な「形式」を未だ獲得していない人々は、背景世界からの干渉に対する抵抗力に欠ける。戦国大名の間にも、キリスト教に改宗したいわゆる「キリシタン大名」が少なくなく、その帰依の度合いもしばしば極めて強い。文明世界の中心を占める公家武家の目には、それは大きな政治的危険と映ったであろう。現世の人為世界への干渉を試みる宗派に対し、世俗権力はときに強い警戒感をあらわにする。

そのあたりを捉えて、「信者組織と政治社会は別個」「『この世を超えたものへの強い信仰は危険』という統治者の意識」を指摘する研究者もいる（渡辺浩『日本政治思想史』）。そうした意識が「殊《こと》に臣たる身の、仏道を信仰し後世を祈るは、かの婦女が密夫に淫するが如く、主君へ対して甚だ不忠なり」（『世事見聞録』）という緊張関係に展開することもあり、そこには、背景世界から切断されて現世的な形式を与えられた政治世界の、自己完結した構造が観察されることになる。背景世界と政治世界とのこうした関係と近代的な「政教分離」との異同についてはここでは論じないが、いずれにせよこのことは、近世の政治社会の構造を考える上で重要な問題を孕む。

しばしば指摘されるように、近世幕藩体制は「正学」「正教」を持たず、「この世を超越する者を危険視した以上、逆にこの世を超越する者によって自らの支配を正統化することもできなかった」（渡辺『日本政治思想史』）とはいえ、支配の存立根拠が直ちに「ただ強者による支配」「武威ばかり」に帰着するわけでもない。徳川家の「御威光」が人々を呪縛したのは、種々の儀礼的な仕掛けを通じ、その威ある存在を繰り返し顕示することによってであった（渡辺浩「『御威光』と象徴」）。武家の威を顕示する政治的な仕掛けには、天皇も位置と役割を与えられ、また、そうした政治的な仕掛けのもとで、寺院も宗派の別を問うことなく現世的な役割を割り振られる。形而上的な世界観の問題を凍結することによって、政治は徹底して現世化され、形式的儀礼の次元で世界を統合するのである。

学術文庫版へのあとがき

文庫への収録に際し「あとがき」の執筆を求められた時点では既に一段落、の感があるが、ひところ、天皇の生前退位をめぐる話題が世上を賑わせることがあった。生前退位の可否自体がどれほど大きな問題かはさておき、皇位継承者の途絶の可能性と相俟って、天皇という地位の存立と継承、担われるべき役割をめぐって、種々の議論が交わされる機会となったことは疑いない。

本書が扱った「中世」という時代を通じて、皇位の直系継承を目指す生態学的競争が展開され、その結果生み出された「家」としての構造は、やがて皇室典範という形で「法的」に基礎づけられて現在へと至る。皇位継承が直系へと収束したことによって、争いの生じる余地は狭められ継承の安定性は高まったに違いないが、同時に、直系の断絶というリスクを潜在させることにもなった。そのリスクに対処するひとつの方法が、正系が絶えた時に皇位を傍系に移すのではなく、傍系から猶子・養子の形で継嗣を入れて直系継承を擬制し、正系と傍系のステイタスの差異は保存する仕掛けであった。世襲親王家のような仕組みは、（そもその意図の如何は措き）傍正の別を固定しつつバックアップの可能性を保存する安全装置としての機能を持ったわけである（同様の仕組みは徳川将軍家にも観察される）。

そうした安全装置が喪われれば、リスクはいずれ顕在化する。明治二十二年皇室典範は「皇族は養子をすることができない」と定め、現皇室典範もこれに倣っており、そこには非皇統の竄入を遮断し純血性を維持しようとする意図が込められていたのであろうが、直系維持の条件を厳しくする効果を持った。そして戦後に傍系宮家の多くが廃されたことによって、いよいよ皇位継承は「たった一つのバスケット」に依存することになった。皇位継承の有資格者となる男系男子の枯渇が現実的な可能性となりつつある現今の状況は、そうしたことのほぼ必然的な帰結である。ではどうするのか。現皇族以外の遠縁男系男子による継承や、あるいは女系の可能性を含め、有資格者の範囲をどう拡大するか、そこで直系はどう担保されるのか、あるいはされないのか。

畢竟《ひっきょう》そのことは、天皇にどのような役割を負わせ何を継承させるのかという、「天皇の本質」問題に帰着する。「本質」をめぐる問いは、「古典」モデルの再々構築へと向かうのか、それとも新しい何かを生み出すのか。その如何は、問いが「主権の存する日本国民の総意」へと投げ返されたときに、私たちがどう応じるのかにかかることになる。そこで歴史が何らかの指針を示すことになるのかどうか。歴史学を業とする者として、その役割を過大視する愚は避けたいが、「歴史」に囚われないためにこそ歴史学が必要とされることは、もしかしたらあるかもしれない。

二〇一八年　二月

新田一郎

参考文献

第一部

河内祥輔『日本中世の朝廷・幕府体制』（吉川弘文館、二〇〇七年）
同『古代政治史における天皇制の論理』（吉川弘文館、一九八六年。増訂版、二〇一四年）
同『頼朝の時代――一一八〇年代内乱史――』（平凡社、一九九〇年。（改題）『頼朝がひらいた中世――鎌倉幕府はこうして誕生した』ちくま学芸文庫、二〇一三年）
同『保元の乱・平治の乱』（吉川弘文館、二〇〇二年）
同『中世の天皇観』（山川出版社、二〇〇三年）
同「学芸と天皇」永原慶二編『講座・前近代の天皇　4』（青木書店、一九九五年）
同「朝廷・幕府体制の成立と構造」水林彪他編『王権のコスモロジー』（弘文堂、一九九八年）
同「御家人身分の認定について」『鎌倉遺文研究』七、二〇〇一年
同「中世前期の政治思想」宮地正人他編『政治社会思想史（新体系日本史4）』（山川出版社、二〇一〇年）
同「後醍醐天皇をどのように見るか」『東海史学』四八、二〇一四年
和田英松「院政に就て」『国史学』一〇、一九三二年（『国史説苑』明治書院、一九三九年）
竹内理三『律令制と貴族政権・第二部（貴族政権の構造）』（御茶の水書房、一九五八年）
同『日本の歴史6　武士の登場』（中央公論社、一九六五年、中公文庫、一九七三年）
下向井龍彦『日本の歴史07　武士の成長と院政』（講談社、二〇〇一年、講談社学術文庫、二〇〇九年）
田中文英『平氏政権の研究』（思文閣出版、一九九四年）
樋口健太郎『中世摂関家の家と権力』（校倉書房、二〇一一年）

五味文彦「平氏軍制の諸段階」『史学雑誌』八八─八、一九七九年
同『院政期社会の研究』（山川出版社、一九八四年）
保立道久『平安王朝』（岩波新書、一九九六年）
三浦周行『鎌倉時代史』早稲田大学出版部、一九一六年（『日本史の研究　新輯一』岩波書店、一九八二年）
龍　粛『鎌倉時代（上・下）』（春秋社、一九五七年）
宮地直一「清和源氏と八幡宮との関係（四〜七）」『史学雑誌』二〇─七〜九・一二、一九〇九年
鎌倉市史編纂委員会編『鎌倉市史　社寺編』（吉川弘文館、一九五九年）
佐藤進一『日本の中世国家』（岩波書店、一九八三年）
同『日本中世史論集』（岩波書店、一九九〇年）
石井　進『日本中世国家史の研究』（岩波書店、一九七〇年）
上横手雅敬『日本中世政治史研究』（塙書房、一九七〇年）
同『鎌倉時代政治史研究』（吉川弘文館、一九九一年）
田中　稔『鎌倉幕府御家人制度の研究』（吉川弘文館、一九九一年）
義江彰夫『鎌倉幕府守護職成立史の研究』（吉川弘文館、二〇〇九年）
佐々木文昭『中世公武新制の研究』（吉川弘文館、二〇〇八年）
三田武繁『鎌倉幕府体制成立史の研究』（吉川弘文館、二〇〇七年）
高橋典幸『鎌倉幕府軍制と御家人制』（吉川弘文館、二〇〇八年）
石田一良『愚管抄の研究　その成立と思想』（ぺりかん社、二〇〇〇年）
橋本義彦『平安貴族社会の研究』（吉川弘文館、一九七六年）
村井章介『中世の国家と在地社会』（校倉書房、二〇〇五年）
新田英治「鎌倉後期の政治過程」『岩波講座日本歴史6（中世2）』（岩波書店、一九七五年）
森　茂暁『鎌倉時代の朝幕関係』（思文閣出版、一九九一年）

石井清文「北条泰時時房政権の成立（Ⅰ・Ⅱ）」『政治経済史学』三七〇・三七七、一九九七年・一九九八年
山本博也「関東申次と鎌倉幕府」『史学雑誌』八六―八、一九七七年
古澤直人『鎌倉幕府と中世国家』（校倉書房、一九九一年）
本郷和人『中世朝廷訴訟の研究』（東京大学出版会、一九九五年）
細川重男『鎌倉政権得宗専制論』（吉川弘文館、二〇〇〇年）
北条氏研究会「北条氏系図考証」安田元久編『吾妻鏡人名総覧』（吉川弘文館、一九九八年）
森　幸夫「得宗家嫡の仮名をめぐる小考察」阿部猛編『中世政治史の研究』（日本史史料研究会企画部、二〇一〇年）
田中義成『南北朝時代史』（明治書院、一九二二年。講談社学術文庫、一九七九年）
平田俊春『吉野時代の研究』（山一書房、一九四三年）
同『南朝史論考』（錦正社、一九九四年）
辻善之助『日本文化史Ⅳ』（春秋社、一九五二年）
村田正志『南北朝史論』中央公論社、一九四九年（『村田正志著作集一』思文閣出版、一九八三年）
同『南北朝論』至文堂、一九五九年（『村田正志著作集三』思文閣出版、一九八三年）
森　茂暁『南北朝期公武関係史の研究』（文献出版、一九八四年）

第二部

新田一郎『日本の歴史11　太平記の時代』（講談社学術文庫、二〇〇九年）
同「継承の論理」『岩波講座・天皇と王権を考える2　統治と権力』（岩波書店、二〇〇二年）
同「建武政権と室町幕府体制」『新体系日本史1　国家史』（山川出版社、二〇〇六年）
同「中世後期の政治思想」『新体系日本史4　政治社会思想史』（山川出版社、二〇一〇年）
同『相撲の歴史』（講談社学術文庫、二〇一〇年）

加地宏江『中世歴史叙述の展開』（吉川弘文館、一九九九年）
家永遵嗣「室町幕府の成立」『学習院大学研究年報』54、二〇〇八年
小川剛生『二条良基研究』（笠間書院、二〇〇五年）
飯倉晴武『地獄を二度も見た天皇　光厳院』（吉川弘文館、二〇〇二年）
森　茂暁『南北朝期公武関係史の研究』（文献出版、一九八四年）
上川通夫「中世の即位儀礼と仏教」『日本史研究』三〇〇、一九八七年
平泉　澄『中世に於ける精神生活』（至文堂、一九二六年）
本郷恵子「中世における政務運営と諸官司の空間」高橋昌明編『院政期の内裏・大内裏と院御所』（文理閣、二〇〇六年）
三田村雅子『記憶の中の源氏物語』（新潮社、二〇〇八年）
京楽真帆子「『寝殿造』はなかった」朝日新聞社編『歴史を読みなおす』12、一九九四年
森　茂暁『南朝全史』（講談社選書メチエ、二〇〇五年）
井上宗雄『中世歌壇史の研究　南北朝期』（明治書院、一九六五年）
家永遵嗣『室町幕府将軍権力の研究』東京大学日本史学研究室、一九九五年
高岸　輝『室町王権と絵画』（京都大学学術出版会、二〇〇四年）
森　茂暁『闇の歴史、後南朝』（角川書店、一九九七年）
村井章介『中世日本の内と外』（筑摩書房、一九九九年）
桜井英治『日本の歴史12　室町人の精神』（講談社学術文庫、二〇〇九年）
河内祥輔『中世の天皇観』（山川出版社、二〇〇三年）
小川剛生「伏見宮家の成立」松岡心平編『看聞日記と中世文化』（森話社、二〇〇九年）
今谷　明『武家と天皇』（岩波書店、一九九三年）
桃崎有一郎「書評　菅原正子著『中世の武家と公家の「家」』」『史学雑誌』一一八―一一、二〇〇九年

水林　彪「近世天皇制研究についての一考察」『歴史学研究』五九六・五九七、一九八九年
木下　聡「武家と四職大夫」『日本史研究』五四九、二〇〇八年
大藪　海「戦国期における武家官位と守護職」『歴史学研究』八五〇、二〇〇九年
二木謙一『中世武家儀礼の研究』（吉川弘文館、一九八五年）
本郷恵子『将軍権力の発見』（講談社選書メチエ、二〇一〇年）
橋本政宣『近世公家社会の研究』（吉川弘文館、二〇〇二年）
菅原正子『中世公家の経済と文化』（吉川弘文館、一九九八年）
水野智之『室町時代公武関係の研究』（吉川弘文館、二〇〇五年）
奥野高広『皇室御経済史の研究』（前篇＝畝傍書房、一九四二年。後篇＝中央公論社、一九四四年）
同　　『戦国時代の宮廷生活』（続群書類従完成会、二〇〇四年）
富田正弘「室町殿と天皇」『日本史研究』三一九、一九八九年
芳賀幸四郎『東山文化の研究』（河出書房、一九四五年）
脇田晴子『天皇と中世文化』（吉川弘文館、二〇〇三年）
萩原龍夫『中世祭祀組織の研究』（吉川弘文館、一九六二年）
新城常三『社寺参詣の社会経済史的研究』（塙書房、一九六四年）
兵藤裕己『太平記《よみ》の可能性』（講談社学術文庫、二〇〇五年）
桜井英治『日本中世の経済構造』（岩波書店、一九九六年）
速水　融『近世日本の経済社会』（麗澤大学出版会、二〇〇三年）
立花京子「信長への三職推任について」『歴史評論』四九七、一九九一年
海老沢有道『増訂切支丹史の研究』（新人物往来社、一九七一年）
木場明志「暦道賀茂家断絶の事」北西弘先生還暦記念会編『中世社会と一向一揆』（吉川弘文館、一九八五年）
ゲオルク・シュールハンマー（安田一郎訳）『イエズス会宣教師が見た日本の神々』（青土社、二〇〇七年）

朝尾直弘「天下人と京都」朝尾直弘・田端泰子編『天下人の時代』（平凡社、二〇〇三年）
神田千里『宗教で読む戦国時代』（講談社選書メチエ、二〇一〇年）
渡辺　浩『日本政治思想史』（東京大学出版会、二〇一〇年）
同　「『御威光』と象徴」『思想』七四〇、一九八六年

年表

治世は執政の上皇または天皇。〇印の数字は閏月を示す

西暦	治世	天皇	将軍	国内事項	東アジア世界
一〇四五	後冷泉	後冷泉		1後朱雀上皇死去。後朱雀の次男（後三条）立太弟。	
一〇六二				9前九年の役終結す。	
一〇六八	後三条	後三条		4後冷泉天皇死去。	
一〇六九				2延久の荘園整理令を発布。	宋、王安石の新法施行。
一〇七二		白河		12譲位。実仁親王立太弟。	
一〇七三	白河			5後三条上皇死去。	
一〇八六		堀河		11譲位。	
一〇八七				12後三年の役終結す。	
一一〇七		鳥羽		7堀河天皇死去。	
一一一五					女真の阿骨打、金を建国。
一一一九				5鳥羽天皇の長男（崇徳）誕生。	
一一二〇				11白河上皇、関白藤原忠実を勅勘に処す。	
一一二三		崇徳		1譲位。	
一一二五					金、遼を滅ぼす。
一一二六					高麗、金に服属す。
一一二七					金、北宋を滅ぼす。南宋建国。
一一二九	鳥羽			7白河上皇死去。	
一一四一		近衛		12譲位。	
一一五〇				9藤原忠実、長男の摂政忠通を義絶す。	
一一五一				1藤原頼長、内覧就任。	
一一五五		後白河		7近衛天皇死去。	

一一五六	（後白河）			7鳥羽上皇死去。保元の乱起こる。	
一一五八	二条	二条		8譲位。藤原基実、関白就任。	
一一五九				12平治の乱起こる。	
一一六五	後白河	六条		6譲位。7二条上皇死去。	
一一六六				7摂政藤原基実死去。 10後白河上皇の六男（高倉）立太子。	
一一六七				2平清盛、太政大臣就任、5辞任。	
一一六八		高倉		2譲位。平清盛出家。	
一一七〇					高麗に武臣政権成立。
一一七七				6平清盛、西光を殺害し、藤原成親を流罪にす。	
一一七九	高倉			11治承三年政変（平清盛、後白河上皇を幽閉）。	
一一八〇		安徳		2譲位。5以仁王事件。8源頼朝、挙兵。	
一一八一	後白河			1高倉上皇死去。②平清盛死去。	
一一八三		後鳥羽		7平家都落ち。11法住寺殿合戦。	
一一八四			源頼朝	1頼朝勢力、源義仲を破り京都に進出。	
一一八五				3壇浦の戦（平家滅亡）。10源義経挙兵事件。	
一一八九				9源頼朝、奥州藤原氏を滅ぼす。	
一一九〇				11源頼朝上洛。	
一一九二	後鳥羽		〈将軍宣下〉	3後白河上皇死去。7源頼朝、征夷大将軍就任。	
一一九五				3源頼朝上洛。東大寺大仏殿供養。	
一一九八		土御門		1譲位。3法然『選択本願念仏集』を著す。	
一一九九			源頼家	1源頼朝死去。	
一二〇〇				4後鳥羽上皇の三男（順徳）立太弟。	
一二〇三			源実朝	9源頼家、伊豆国修善寺に幽閉される。	
一二〇五				⑦北条時政失脚。北条義時、執権就任。	

西暦	治世	天皇	将軍	国内事項	東アジア世界
一二〇六					モンゴル、チンギス＝ハン即位。
一二一〇		順徳		11譲位。	
一二一九			藤原頼経	1源実朝、鶴岡八幡宮で殺される。	
一二二〇				（この年）慈円『愚管抄』を著す。	
一二二一	後高倉	仲恭(廃) 後堀河		4譲位。九条道家摂政。5承久の乱起こる。 7後堀河天皇践祚。近衛家実摂政。後鳥羽上皇等流罪。	
一二二三	後堀河			5後高倉院死去。	
一二二四				6北条泰時・時房、執権・連署に就任。	
一二二八				12九条道家、関白就任。	
一二三一				10土御門上皇、阿波国で死去。	モンゴル、高麗に侵入開始。
一二三二		四条		8幕府、『御成敗式目』を制定す。10譲位。	
一二三四	四条			8後堀河上皇死去。	モンゴル、金を滅ぼす。
一二三八				2将軍藤原頼経上洛。	
一二三九				2後鳥羽上皇、隠岐国で死去。	
一二四二	後嵯峨	後嵯峨		1四条天皇死去し、後高倉院系皇統断絶す。後嵯峨天皇践祚。6北条泰時死去。北条経時、得宗を嗣ぐ。9順徳上皇、佐渡国で死去。	
一二四四			藤原頼嗣		
一二四六		後深草		1譲位。3北条経時、執権を弟時頼に譲る。④経時死去。 7前将軍藤原頼経、京都に送還される。	
一二四七				6宝治合戦起こる（三浦泰村一党滅亡）。	
一二五二			宗尊親王		
一二五八				8後嵯峨上皇の五男（亀山）立太弟。	高麗、モンゴルに服属。

一二五九		亀山		11譲位。	
一二六三				11北条時頼死去。北条時宗、得宗を嗣ぐ。	
一二六六			(源)惟康	7将軍宗尊親王、京都に送還される。	
一二六八				1高麗使、モンゴル国書を持参す。8亀山天皇の次男（後宇多）立太子。	
一二七〇					高麗三別抄、モンゴルに抵抗。
一二七一				9モンゴル使趙良弼、来日す。	モンゴル、国号を元とす。
一二七二	亀山			2後嵯峨上皇死去。	
一二七四		後宇多		1譲位。10元軍、博多湾に来襲す（文永の役）。	
一二七五				9元使杜世忠を処刑す。11後深草上皇の次男（伏見）立太子。	
一二七九					元、南宋を滅ぼす。
一二八一				5元軍、北九州に来襲す（弘安の役）。	
一二八四				4北条時宗死去。北条貞時、得宗を嗣ぐ。	
一二八五				11霜月騒動起こる（安達泰盛一党滅亡）。	
一二八七	後深草	伏見		10譲位。	
一二八九			久明親王	4伏見の長男（後伏見）立太子。	
一二九〇	伏見			2後深草上皇、政務を伏見天皇に譲る。	
一二九七				3幕府、「徳政令」を発布す。	
一二九八		後伏見		7譲位。8後宇多上皇の長男（後二条）立太子。	
一三〇一	後宇多	後二条		1譲位。8伏見上皇の三男（花園）立太子。	
一三〇四				7後深草上皇死去。	
一三〇五				9亀山上皇死去。	
一三〇八	伏見	花園	守邦親王	8後二条天皇死去。9後宇多の次男（後醍醐）立太子。	

西暦	治世	天皇	将軍	南朝	国内事項	東アジア世界
一三一一					10北条貞時死去。北条高時、得宗を嗣ぐ。	
一三一三	後伏見				10伏見上皇、政務を後伏見上皇に譲る。	
一三一七					9伏見上皇死去。	
一三一八	後宇多	後醍醐			2譲位。3後二条天皇の長男（邦良）立太子。	
一三二一	後醍醐				12後宇多上皇、政務を後醍醐天皇に譲る。	
一三二四					6後宇多上皇死去。9正中の変起こる。	
一三二六					3皇太子邦良親王死去。7後伏見上皇の長男（光厳）立太子。	
一三二八						元で天暦の内乱起きる。
一三三一	後伏見	光厳			8元弘の変起こる（後醍醐天皇捕らえられる）。	
一三三二					3後醍醐天皇、隠岐に流罪。	
一三三三	後醍醐	後醍醐			5鎌倉幕府滅亡。6後醍醐天皇、京都に帰還。	
一三三四					1大内裏造営のため、紙幣発行と諸国正税等二十分の一徴収などを計画。8二条河原落書。	
一三三五					7中先代の乱。11後醍醐天皇、足利尊氏追討を命ず。	
一三三六	光厳	光明		後醍醐	6光厳院政開始。8光明天皇践祚。10後醍醐帰京。11成良親王、皇太子となる。『建武式目』答申。12後醍醐天皇、吉野へ。南北朝分立。皇太子成良を廃す。	
一三三八			足利尊氏		8足利尊氏、征夷大将軍となる。益仁親王、皇太子となる。	
一三三九				後村上	8南朝後醍醐天皇死去、後村上天皇践祚。	

一三四〇					5北朝「暦応雑訴法」を定む。	
一三四二					12土岐頼遠、誅殺される。	
一三四六					2二条良基、氏長者・関白となる。	
一三四八		崇光			10譲位。直仁親王、皇太子となる。	
一三五〇					11観応の擾乱始まる。	
一三五一					11正平一統。崇光天皇廃位。皇太子直仁を廃す。	
一三五二	後光厳	後光厳			②正平一統破綻。3足利義詮、京都を奪還。8後光厳天皇践祚。	
一三五四					4北畠親房死去。	
一三五五					8光明上皇帰京。	
一三五七					2光厳・崇光両上皇と直仁親王、京都へ帰還。	
一三五八			足利義詮		4足利尊氏死去。12足利義詮、将軍となる。	
一三六六					12二条良基「年中行事歌合」を催す。	
一三六七					12足利義詮死去。	
一三六八			足利義満	長慶	3南朝後村上天皇死去、長慶天皇践祚。6「応安半済令」。12足利義満、将軍となる。	明王朝成立。
一三七一		後円融			3譲位。この頃『太平記』成る?	明帝、懐良を「日本国王」に封ず。
一三七二					8今川了俊、大宰府を攻略し懐良親王を逐う。	明使、博多に到るも今川了俊に捕らえられる。
一三七三					この頃、二条良基『思ひのままの記』成る。	明使、京都に達し足利義満に謁す。
一三七四	後円融				1後光厳上皇死去。	
一三七八					3足利義満、室町殿に移る。	
一三七九					④康暦の政変。7伊勢貞継、政所執事となる	

西暦	治世	天皇	将軍	南朝	国内事項	東アジア世界
					(これ以後伊勢氏が同職を世襲)。	
一三八一					12『新葉和歌集』成る。	
一三八二		後小松			4譲位。	
一三八三					1足利義満、源氏長者となる。6足利義満「准三宮」宣下。 この頃、南朝後亀山天皇践祚。	
一三八八				後亀山	6二条良基死去。	
一三九二					⑩南朝後亀山天皇、神器を後小松天皇に引き渡す。南北朝合一。	
一三九三	(足利義満)				4後円融上皇死去。	
一三九四			足利義持		2後亀山に「太上天皇」号宣下(一三九七年に辞退)。12足利義満、太政大臣となり、将軍位を義持に譲る。	
一三九五					6足利義満、太政大臣を辞し出家。	
一三九八					1崇光上皇死去。4これより先、足利義満、北山殿に移る。5伏見宮栄仁親王出家。	
一三九九					10応永の乱。	7大内義弘、百済王孫を称し朝鮮に土田の賜与を乞う。
一四〇一					2土御門東洞院内裏焼亡。	5足利義満、明に遣使。
一四〇二					11土御門東洞院内裏の造営成る。	2明使京都に到る。義満を「日本国王」に封ず。
一四〇六					12足利義満室日野康子、後小松天皇准母となる。	
一四〇八	後小松				3後小松天皇、北山殿行幸。5足利義満死去。	

				足利義持嗣立。	
一四〇九				10足利義持、北山殿より三条坊門邸に移る。	9足利義持、明との通交を停止。
一四一〇				5斯波義将死去。11後亀山上皇出奔。	
一四一二		称光		8譲位。	
一四一四				8北畠満雅、「南方上野親王」を擁し挙兵。	
一四一六				9後亀山上皇帰京。	
一四一九					6応永の外寇。
一四二三			足利義量	3足利義持、義量に将軍位を譲る。4足利義持出家。8足利義持、足利持氏征討を策し今川範政に旗を授く。	
一四二四				4後亀山上皇死去。	
一四二五				2小川宮死去。足利義量死去。将軍位は空位となる。7伏見宮貞成親王出家。	
一四二八		後花園		1足利義持死去。義宣（義教）が後嗣に立てられる。7称光天皇死去、後花園天皇践祚。8北畠満雅、南朝裔小倉宮を奉じ挙兵。9正長の土一揆。	
一四二九			足利義教	3足利義教、将軍となる。	
一四三二					8義教、明に遣使。
一四三三	後花園			10後小松上皇死去。	6明帝、義教を「日本国王」に封ず。
一四三四				8貞成親王『椿葉記』成る。	
一四三五				6三宝院満済死去。	
一四三八				8永享の乱。	
一四四一				6足利義教死去（嘉吉の乱）。9嘉吉の徳政一揆。	
一四四二			足利義勝	11足利義勝、将軍となる。	

西暦	治世	天皇	将軍	国内事項	東アジア世界
一四四三				7足利義勝死去。9禁闕の変、神器奪わる。	
一四四九			足利義政	4足利義成（義政）、将軍となる。	
一四五六				8伏見宮貞成親王死去。	
一四五七				12長禄の変、神器は翌年京都に戻る。	
一四五八				3『公武大体略記』成る？	
一四六四		後土御門		7譲位。	
一四六六					朝鮮に祥瑞現象。西国諸氏、賀使を送る。
一四六七				5応仁・文明の乱始まる。天皇・上皇は室町殿に避難。	
一四七〇	後土御門			12後花園上皇死去。	
一四七一				8西軍、「南帝」を陣に迎う。	
一四七三			足利義尚	12足利義尚、将軍となる。	
一四七六				11室町殿焼亡。天皇は北小路邸に避難。	
一四七七				11応仁・文明の乱終息。	
一四七九				12天皇、土御門内裏に還幸。	
一四九〇			足利義材（義稙）	1足利義政死去。7足利義材、将軍となる。	
一四九三				4明応の政変。足利義材を廃す。この頃より公家衆の長期在国が増える。	
一四九四			足利義高（義澄）	12足利義高、将軍となる。	
一五〇〇	後柏原	後柏原		9後土御門天皇死去。10後柏原天皇践祚。	
一五〇八			足利義尹（義稙）	7足利義尹、将軍位に復す。	

一五〇九				9『大内問答』成る。	
一五二一			足利義晴	3後柏原天皇、即位礼を挙行。12足利義晴、将軍となる。	
一五二六	後奈良	後奈良		4後柏原天皇死去、後奈良天皇践祚。	
一五三六				2後奈良天皇、即位礼を挙行。	
一五四三					8ポルトガル人、種子島に来航。
一五四六			足利義輝	12足利義輝、将軍となる。	
一五四九					7フランシスコ=ザビエル、鹿児島で布教開始。
一五五七	正親町	正親町		9後奈良天皇死去。10正親町天皇践祚。	
一五六〇				1正親町天皇、即位礼を挙行。	
一五六八			足利義栄	2足利義栄、将軍となる。9織田信長、足利義昭を奉じて入京。	
			足利義昭	10足利義昭、将軍となる。	
一五七三				7織田信長、足利義昭を追放す。	

天皇系図

1 現在の天皇を基準にして、「正統《しょうとう》」を太線の縦軸に表した。

2 猶子・養子として「正統」を継承する措置がとられた例（後花園・霊元・光格）については、その擬制的「正統」の系統を二重線（＝）で示した。

3 天皇の代数は、江戸時代の朝廷における数え方を用い、それを明治以降にも延長させた。

4 宮内庁所管『皇統譜』による歴代天皇表と天皇系図は、1巻、2巻、3巻に収録されている。

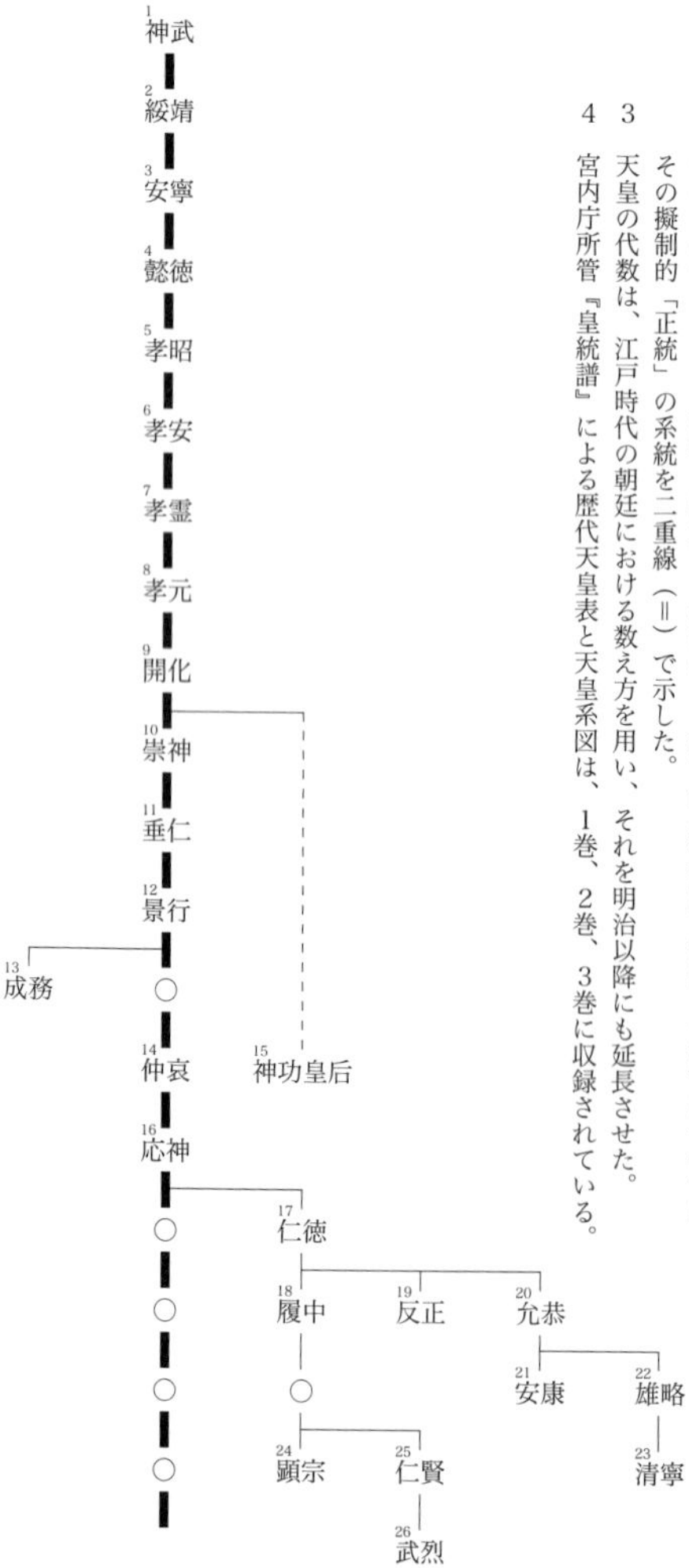

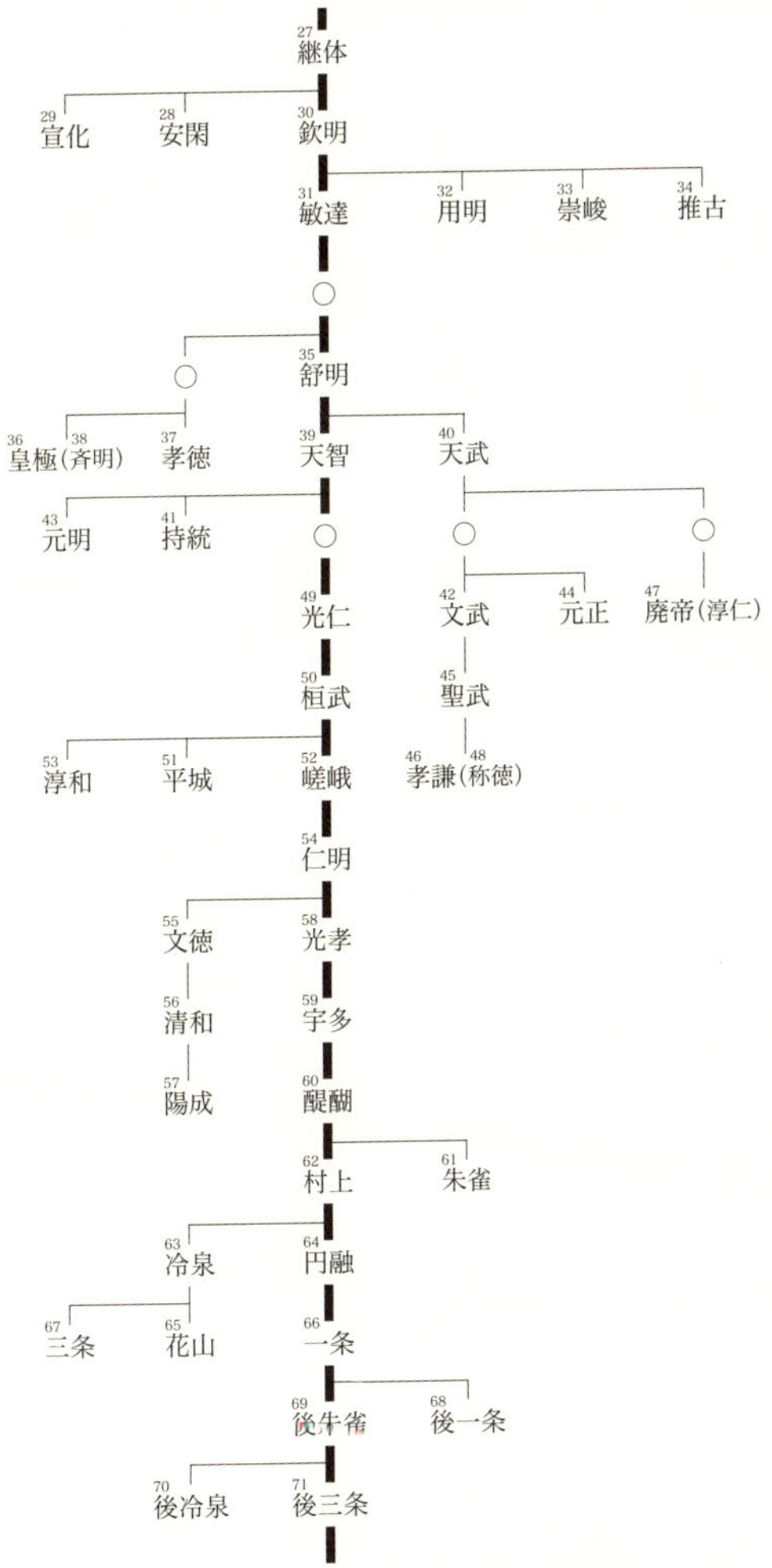

27 継体
29 宣化
28 安閑
30 欽明
31 敏達
32 用明
33 崇峻
34 推古
35 舒明
36 皇極 38 (斉明)
37 孝徳
39 天智
40 天武
43 元明
41 持統
49 光仁
42 文武
44 元正
47 廃帝(淳仁)
50 桓武
45 聖武
53 淳和
51 平城
52 嵯峨
46 孝謙 48 (称徳)
54 仁明
55 文徳
58 光孝
56 清和
59 宇多
57 陽成
60 醍醐
62 村上
61 朱雀
63 冷泉
64 円融
67 三条
65 花山
66 一条
69 後朱雀
68 後一条
70 後冷泉
71 後三条

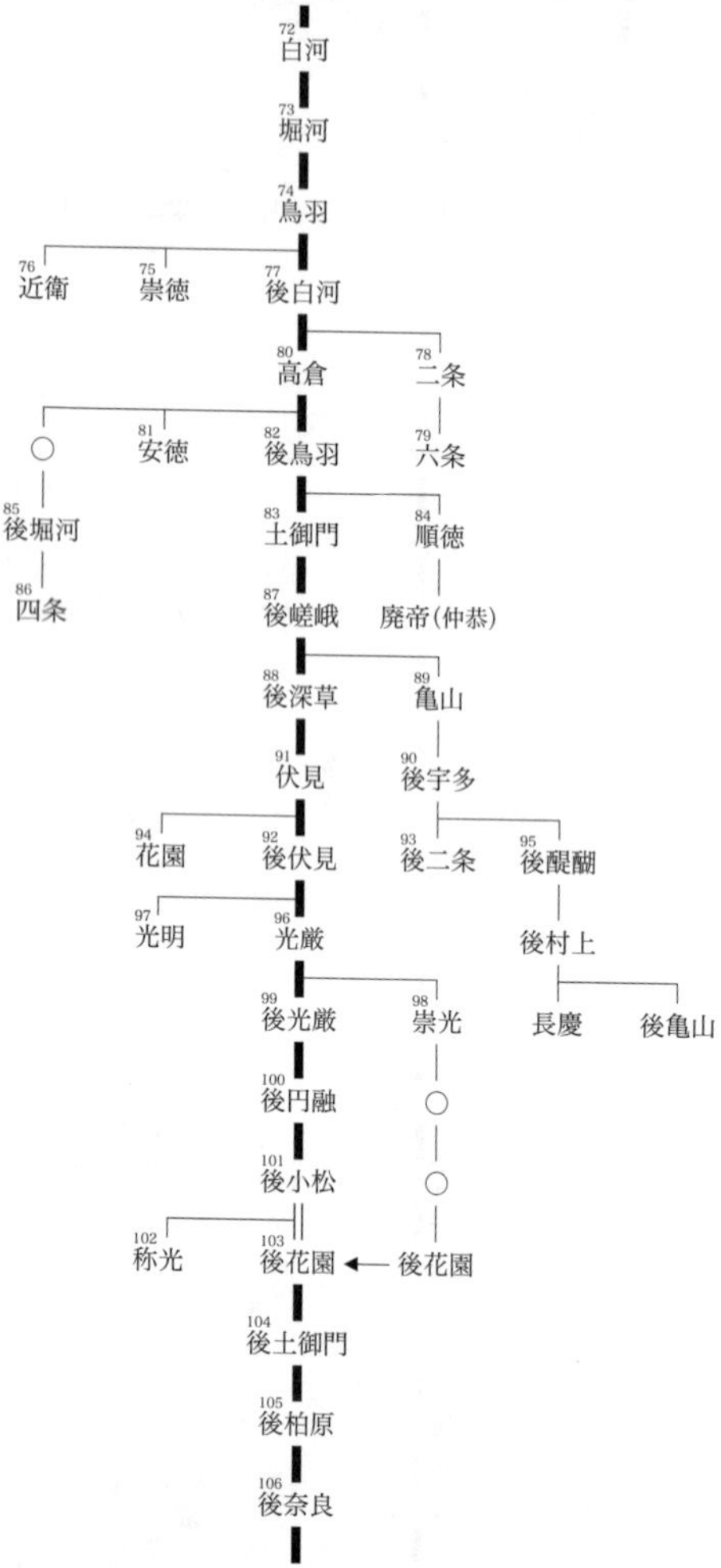

72 白河
73 堀河
74 鳥羽
76 近衛
75 崇徳
77 後白河
80 高倉
78 二条
79 六条
○
81 安徳
82 後鳥羽
85 後堀河
86 四条
83 土御門
84 順徳
87 後嵯峨
廃帝(仲恭)
88 後深草
89 亀山
91 伏見
90 後宇多
94 花園
92 後伏見
93 後二条
95 後醍醐
97 光明
96 光厳
後村上
99 後光厳
98 崇光
長慶
後亀山
100 後円融
○
101 後小松
○
102 称光
103 後花園
後花園
104 後土御門
105 後柏原
106 後奈良

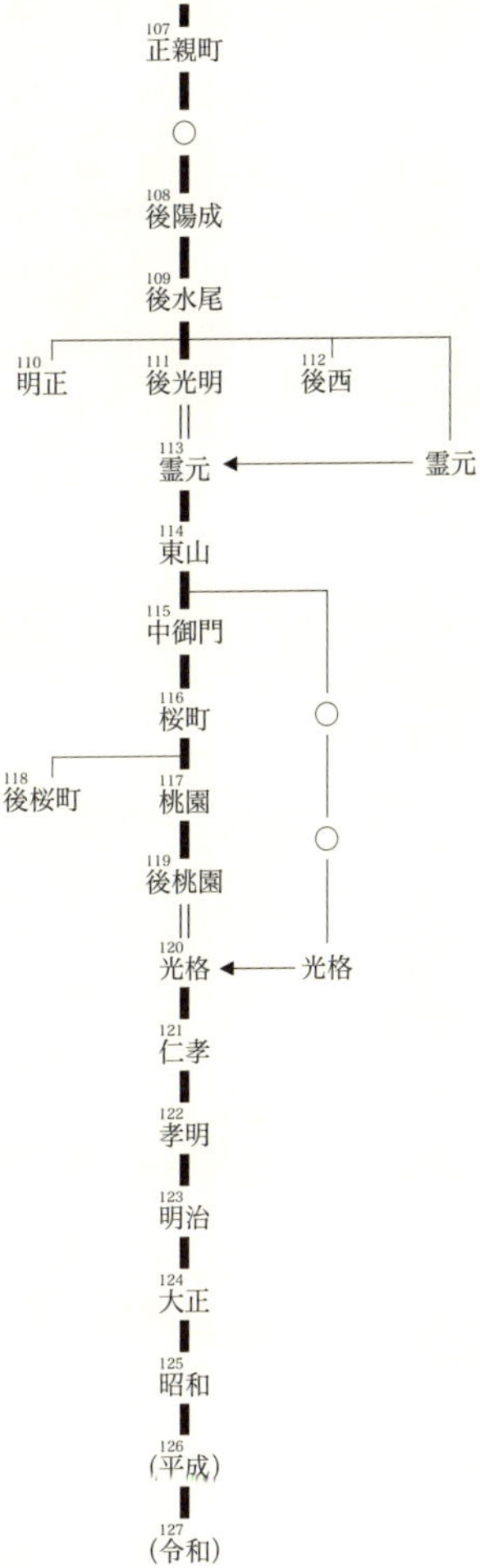
107 正親町
108 後陽成
109 後水尾
110 明正
111 後光明
112 後西
113 霊元
霊元
114 東山
115 中御門
116 桜町
118 後桜町
117 桃園
119 後桃園
120 光格
光格
121 仁孝
122 孝明
123 明治
124 大正
125 昭和
126 (平成)
127 (令和)

ら行

わ行

ま行

や行

は行

な行

た行

さ行

か行

索引

あ行

KODANSHA

本書の原本は、二〇一一年三月、小社より刊行されました。

河内祥輔（こうち　しょうすけ）

1943年生まれ。東京大学大学院人文科学研究科博士課程中退。北海道大学教授、法政大学教授を経て北海道大学名誉教授。主著に『保元の乱・平治の乱』『中世の天皇観』『日本中世の朝廷・幕府体制』などがある。

新田一郎（にった　いちろう）

1960年生まれ。東京大学大学院人文科学研究科博士課程中退。東京大学教授。日本法制史専攻。主著に『日本の歴史11　太平記の時代』『中世に国家はあったか』『相撲の歴史』など。

講談社学術文庫

定価はカバーに表示してあります。

天皇の歴史4

天皇《てんのう》と中世《ちゅうせい》の武家《ぶけ》

河内祥輔《こうちしょうすけ》　新田一郎《にったいちろう》

2018年3月9日　第1刷発行
2024年5月17日　第3刷発行

発行者　森田浩章
発行所　株式会社講談社
東京都文京区音羽2-12-21 〒112-8001
電話　編集（03）5395-3512
販売（03）5395-5817
業務（03）5395-3615

装　幀　蟹江征治
印　刷　慶昌堂印刷株式会社
製　本　株式会社国宝社

ISBN978-4-06-292484-9

「講談社学術文庫」の刊行に当たって

これは、学術をポケットに入れることをモットーとして生まれた文庫である。学術は少年の心を養い、成年の心を満たす。その学術がポケットにはいる形で、万人のものになることは、生涯教育をうたう現代の理想である。

こうした考え方は、学術を巨大な城のように見る世間の常識に反するかもしれない。また、一部の人たちからは、学術の権威をおとすものと非難されるかもしれない。しかし、それはいずれも学術の新しい在り方を解しないものといわざるをえない。

学術は、まず魔術への挑戦から始まった。やがて、いわゆる常識をつぎつぎに改めていった。学術の権威は、幾百年、幾千年にわたる、苦しい戦いの成果である。こうしてきずきあげられた城が、一見して近づきがたいものにうつるのは、そのためである。しかし、学術の権威を、その形の上だけで判断してはならない。その生成のあとをかえりみれば、その根は常に人々の生活の中にあった。学術が大きな力たりうるのはそのためであって、生活をはなれた学術は、どこにもない。

開かれた社会といわれる現代にとって、これはまったく自明である。生活と学術との間に、もし距離があるとすれば、何をおいてもこれを埋めねばならない。もしこの距離が形の上の迷信からきているとすれば、その迷信をうち破らねばならぬ。

学術文庫は、内外の迷信を打破し、学術のために新しい天地をひらく意図をもって生まれた。文庫という小さい形と、学術という壮大な城とが、完全に両立するためには、なおいくらかの時を必要とするであろう。しかし、学術をポケットにした社会が、人間の生活にとってより豊かな社会であることは、たしかである。そうした社会の実現のために、文庫の世界に新しいジャンルを加えることができれば幸いである。

一九七六年六月

野間省一

畑井　弘著
物部氏の伝承
大和朝廷で軍事的な職掌を担っていたとされる物部氏。既存の古代史観に疑問をもつ著者が、記紀の伝承や物部氏の系譜を丹念にたどり、朝鮮語を手がかりに一族の謎に包まれた実像の解読を試みた独自の論考。

1865

E・B・スレッジ著／伊藤　真・曽田和子訳（解説・保阪正康）
ペリリュー・沖縄戦記
「最も困難を極めた上陸作戦」と言われたペリリュー戦。泥と炎にまみれた沖縄戦。二つの最激戦地で米海兵隊の一歩兵が体験した戦争の現実とは。夥しい生命を奪い、人間性を破壊する戦争の悲惨を克明に綴る。

1885

酒井シヅ著
病が語る日本史
古来、日本人はいかに病気と闘ってきたか。糖尿病に苦しんだ道長、ガンと闘った信玄や家康。糞石や古文書は何を語るのか。病という視点を軸に、歴史上の人物の逸話を交えて日本を通覧する、病気の文化史。

1886

網野善彦著（解説・大津　透）
日本の歴史00　「日本」とは何か
柔軟な発想と深い学識に支えられた網野史学の集大成。列島社会の成り立ちに関する常識や通説を覆し、日本のカタチを新たに描き切って反響を呼び起こした力作。本格的通史の劈頭、マニフェストたる一冊。

1900

岡村道雄著
日本の歴史01　縄文の生活誌
旧石器時代人の遊動生活から縄文人の定住生活へ。日本文化の基層を成した、自然の恵みとともにあった豊かな生活、そして生と死の実態を最新の発掘や研究の成果から活写。従来の古代観を一変させる考古の探究。

1901

寺沢　薫著
日本の歴史02　王権誕生
巨大墳丘墓、銅鐸のマツリ、その役割と意味とは？　稲作伝来、そしてムラからクニ・国へと変貌していく弥生・古墳時代の実態と、王権誕生・確立へのダイナミックな歴史のうねり、列島最大のドラマを描く。

1902

日本の歴史・地理

熊谷公男著
日本の歴史03
大王《おおきみ》から天皇へ
王から神への飛躍はいかにしてなされたのか？ なぜ天下を治める「大王」たちは朝鮮半島・大陸との貪欲な関係を持ったのか？ 仏教伝来、大化改新、壬申の乱……。試練が体制を強化し、「日本」が誕生した。

1903

渡辺晃宏著
日本の歴史04
平城京と木簡の世紀
日本が国家として成る奈良時代。大宝律令の制定、和同開珎の鋳造、遣唐使、平城宮遷都、東大寺大仏の建立……。木簡、発掘成果、文献史料を駆使して、日本型律令制成立への試行錯誤の百年を精密に読み直す。

1904

坂上康俊著
日本の歴史05
律令国家の転換と「日本」
藤原氏北家による摂関制度、伝統的郡司層の没落と国司長官の受領化――。律令国家の誕生から百年、国家体制は変容する。奈良末期～平安初期に展開した「古代の終わりの始まり」＝古代社会の再編を精緻に描く。

1905

大津 透著
日本の歴史06
道長と宮廷社会
平安時代中期、『源氏物語』などの古典はどうして生まれたのか。藤原道長はどのように権力を掌握したのか。貴族の日記や古文書の精緻な読解により宮廷を支えた国家システムを解明、貴族政治の合理性に迫る。

1906

下向井龍彦著
日本の歴史07
武士の成長と院政
律令国家から王朝国家への転換期、武装蜂起の鎮圧にあたる戦士として登場した武士。源氏と平氏の拮抗を演出し、強権を揮う「院」たち。権力闘争の軍事的決着に関与する武士は、いかに政権掌握に至ったのか。

1907

大津 透／大隅清陽／関 和彦／熊田亮介／丸山裕美子／上島 享／米谷匡史著
日本の歴史08
古代天皇制を考える
古代天皇の権力をはぐくみ、その権威を支えたものは何か。天皇以前＝大王の時代から貴族社会の成立、院政期までを視野に入れ、七人の研究者が、朝廷儀礼、天皇祭祀、文献史料の解読等からその実態に迫る。

1908

日本の歴史・地理

山本幸司著
日本の歴史09
頼朝の天下草創

幕府を開いた頼朝はなぜ政権を掌握できたのか。古代から中世へ、京都から東国へ、貴族から武士へ。幕府の職制、東国武士の特性、全国支配の地歩を固めた北条氏の功績など、歴史の大転換点の時代像を描く。

1909

筧《かけひ》 雅博著
日本の歴史10
蒙古襲来と徳政令

二度の蒙古来襲を乗り切った鎌倉幕府は、なぜ「極盛期」に崩壊したのか？ 徳政令は衰退の兆しを示すものなのか。「御謀反」を企てた後醍醐天皇の確信とは――。鎌倉後期の時代像を塗り替える、画期的論考。

1910

新田一郎著
日本の歴史11
太平記の時代

後醍醐の践祚、廃位、配流、そして建武政権樹立。足利氏との角逐、分裂した皇統。武家の権能が拡大し、構造的な変化を遂げた、動乱の十四世紀。南北朝とはいかなる時代だったのか。その時代相を解析する。

1911

桜井英治著
日本の歴史12
室町人の精神

三代将軍足利義満の治世から応仁・文明の乱にかけての財政、相続、贈与、儀礼のしくみを精緻に解明し、幕府の権力構造に迫る。中世の黄昏、無為と恐怖と酔狂に彩られた混沌の時代を人々はどのように生きたのか？

1912

久留島典子著
日本の歴史13
一揆と戦国大名

室町幕府の権威失墜、荘園公領制の変質で集権的性格が薄れる中世社会。民衆はどのように自立性を強めていったのか。守護や国人はいかにして戦国大名に成長したのか。史上最も激しく社会が動いた時代を分析。

1913

大石直正／高良倉吉／高橋公明著
日本の歴史14
周縁から見た中世日本

国家の求心力が弱かった十二～十五世紀、列島「周縁部」としての津軽・十三湊、琉球王国、南西諸島では交易を基盤とした自立的な権力が形成された。京都中心の国家の枠を越えた、もう一つの中世史を追究。

1914

日本の歴史・地理

池上裕子著
日本の歴史15
織豊政権と江戸幕府

一五六八年の信長の上洛から一六一五年の大阪夏の陣での豊臣氏滅亡までの半世紀。戦国時代から続いた乱世の中で民衆はどのように生き抜いたのか？　天下統一・覇権確立の過程と社会構造の変化を描きだす。

1915

横田冬彦著
日本の歴史16
天下泰平

中世末期から続いた戦乱が終わり、「徳川の平和」が実現。泰平の世はどのように確立したのか？　新しく生まれた諸制度の下、文治が始まり情報と知が大衆化した〈書物の時代〉が出現する過程を追う。

1916

吉田伸之著
日本の歴史17
成熟する江戸

十八世紀。豪商などが君臨する上層から、貧しい乞食僧や芸能者が身分的周縁を形作った最下層まで、さまざまな階層が溶け合う大都市・江戸。前近代の達成である成熟の諸相をミクロの視点で鮮やかに描き出す。

1917

井上勝生著
日本の歴史18
開国と幕末変革

十九世紀。一揆、打ち壊しが多発し、「開国」「尊皇」「攘夷」「倒幕」が入り乱れて時代は大きく動いた。幕府が倒壊への道を辿るなか、沸騰する民衆運動に着目し、世界史的視野と新史料で「維新前夜」を的確に描き出す。

1918

鬼頭　宏著
日本の歴史19
文明としての江戸システム

貨幣経済の発達、独自の〈物産複合〉、プロト工業化による地方の発展、人口の停滞と抑制——。環境調和的な近世社会のあり方が創出した緑の列島の持続的成長モデルに、成熟した脱近代社会へのヒントを探る。

1919

鈴木　淳著
日本の歴史20
維新の構想と展開

短期間で近代国家を作り上げた新政府は何をめざし、新たな政策・制度を伝達・徹底したか。五箇条の御誓文から帝国憲法発布までを舞台に、上からの変革と人人の自前の対応により形作られてゆく「明治」を活写。

1920

《講談社学術文庫　既刊より》

日本の歴史・地理

1921
佐々木 隆著
日本の歴史21
明治人の力量
帝国憲法制定、議会政治の進展、条約改正、軍事力強化と朝鮮半島・大陸への関与など、西欧列強に伍する強国を目指した近代日本。帝国議会の攻防の日々や、調整者としての天皇など新知見を満載して実像に迫る。

1922
伊藤之雄著
日本の歴史22
政党政治と天皇
東アジアをめぐる国際環境のうねりのなか、近代日本の君主制は変容していった。その過程で庶民は何を感じ、どう行動したか。明治天皇の死から五・一五事件による政党政治の崩壊までを、斬新な視角で活写する。

1923
有馬 学著
日本の歴史23
帝国の昭和
窮乏する農村とモダンな帝都という二重構造のなか、指導層と大衆は何を希求したか。「満蒙権益」を正当化し、日中戦争を戦い敗戦に到った論理と野望。帝国日本と日本人にとっての〈戦争〉の意味を問い直す！

1924
河野康子著
日本の歴史24
戦後と高度成長の終焉
戦後とはどのような時代だったのか。敗戦から再出発し、平和と民主主義を旗印に復興への道を歩み経済大国へ。そして迎えたバブルの崩壊。政党政治を軸に内政・外交に激しく揺れた戦後の日本を追う。

1925
C・グラック／姜尚中／T・モーリス＝スズキ／比屋根照夫／岩崎奈緒子／T・フジタニ／H・ハルトゥーニアン著
日本の歴史25
日本はどこへ行くのか
近代日本の虚構と欺瞞を周縁部から問い直す。単一民族史観による他者排斥、アイヌ・沖縄、朝鮮半島の人人を巻き込んだ「帝国」日本の拡張。境界を超えた視点から「日本」のゆくえを論じる、シリーズ最終巻。

1953
関 晃著（解説・大津 透）
帰化人 古代の政治・経済・文化を語る
日本が新しい段階に足を踏み入れ、豊かな精神世界を展開することを可能にした大陸や半島の高度な技術・知識を伝えた帰化人とは？ 古代東アジア研究の傑作として、今なお変わらぬ輝きを放ち続ける古典的名著。

天皇と日本史を問い直す、新視点の画期的シリーズ

学術文庫版

天皇の歴史

全10巻

【編集委員】大津透　河内祥輔　藤井譲治　藤田覚

① 神話から歴史へ
大津 透

② 聖武天皇と仏都平城京
吉川真司

③ 天皇と摂政・関白
佐々木恵介

④ 天皇と中世の武家
河内祥輔・新田一郎

⑤ 天皇と天下人
藤井譲治

⑥ 江戸時代の天皇
藤田 覚

⑦ 明治天皇の大日本帝国
西川 誠

⑧ 昭和天皇と戦争の世紀
加藤陽子

⑨ 天皇と宗教
小倉慈司・山口輝臣

⑩ 天皇と芸能
渡部泰明・阿部泰郎・鈴木健一・松澤克行